Biologische Arbeitsbücher 47

Hans Ulrich Meyer
Friedrich Lütke Twenhöven
Klaus Kock

Lebensraum Wattenmeer

Quelle & Meyer Verlag Wiesbaden

Dr. Hans Ulrich Meyer
Dorfstr. 8
25889 Witzwort

Dr. Friedrich Lütke Twenhöven
Norderende 22
25853 Bohmstedt

Klaus Kock
Buernkrog 45
24107 Kiel

Die Deutsche Bibliothek - CIP-Einheitsaufnahme

Meyer, Hans Ulrich:
Lebensraum Wattenmeer/ Hans Ulrich Meyer; Friedrich Lütke Twenhöven; Klaus Kock. - Wiesbaden : Quelle und Meyer, 1994
(Biologische Arbeitsbücher ; 47)
ISBN 3-494-01219-9
NE: Lütke Twenhöven, Friedrich; Kock, Klaus:; GT

Einbandgestaltung: Klaus Neumann, Wiesbaden
Druck und Bindung: Allgäuer Zeitungsverlag, Kempten
Gedruckt auf chlorfrei gebleichtem Papier
Printed in Germany/Imprimé en Allemagne
ISBN 3-494-01219-9

Inhaltsverzeichnis

1 Einleitung

Einem Mädchen ist eine halbkreisförmige Kriechspur einer Plattmuschel auf der Wattoberfläche aufgefallen.

– *„Warum kommt die Muschel aus ihrem sicheren Versteck heraus, um auf dem Wattboden eine halbkreisförmge Wanderung zu unternehmen?"*
– *„Es war ihr langweilig, immer zu filtrieren und nichts zu sehen."*
– *„Sie hatte einen schlechten Platz - aber das Plankton ist doch eigentlich überall dasselbe."*
– *„Das ist ja Wahnsinn, die Vögel warten doch nur darauf, sie zu fressen!"*
– *„Das ist doch ganz klar, das ist eine Selbstmord-Muschel, die hat keinen Bock mehr!"*

In diesem Gespräch ist die Gruppe der Ursache des Phänomens auf die Spur gekommen. Die Oberflächenwanderung der Muschel wird durch einen Parasiten ausgelöst. Durch ihr unnormales Verhalten erhöht die Muschel die Chance gefressen zu werden und somit steigen die Erfolgsaussichten für den parasitischen Wurm, in den Endwirt, eine Möwe, zu gelangen.

Momente des spontanen Naturinteresses ergeben sich häufig im Watt. Warum gerade dort? Ein wichtiger Grund sind die allgegenwärtigen Lebensspuren, die neugierig machen. Auf dem unbewachsenen Wattboden fallen sie stärker ins Auge als auf dem Festland. Die Lebewesen sind gleichsam im Wattboden verpackt, und es macht Spaß, ihre Spuren zu entschlüsseln. Der Naturinteressierte findet außergewöhnlich **gute Beobachtungsmöglichkeiten** vor. Viele Spuren weisen über ihren Urheber hinaus auf ökologische Zusammenhänge hin. Die Urlauber, die zu uns an die Küste kommen, lernen schnell, daß Spuren im Watt immer etwas zu bedeuten haben, und werden aufmerksam für das Leben auf den zweiten Blick.

Im Watt kommt die Tatsache hinzu, daß es nur relativ **wenige Arten** gibt. Die Natur hat die didaktische Reduktion vorweggenommen. Anhand weniger, häufig vorkommender Arten lassen sich bereits wesentliche ökologische Beziehungen erschließen. Einige der Arten begegnen uns in **atemberaubend großer Anzahl**. Beim Bestaunen der riesigen Vogelschwärme drängen sich dem Betrachter von selbst ökosystemare Fragestellungen auf: „Warum können hier so viele leben?" Die Einzelbeobachtung verweist auf übergeordnete, oft **globale Zusammenhänge**.

„Da liegt der scheinbar faule Biologe an geeigneter Stelle im Gras und betrachtet, wie vor sich im geschützten Graben die Flut kommt und steigt. Das Wasser hebt sich sichtbar an, zieht (an einem Grashalm) einen negativen Meniskus gleichmäßig hinter sich her, bis dann eine kurze Zeitspanne kommt, in welcher der Anstieg des Wassers still zu stehen scheint, und schon bemerken wir, wie sich zwischen Ansatz des Meniskus und dem Wasserspiegel die-

selbe Ebene einstellt. Die Flut ist also schon gekentert, und plötzlich liegt der Ansatz des Meniskus auch schon höher als die sich deutlich wieder zurückziehende Wasserfläche. Das ganze dauert nur wenige Sekunden.“ [1)]

Im Watt kann es gelingen, daß sich Menschen, die im Alltag hektisch und unkonzentriert der Reizüberflutung zum Opfer fallen, die **Ruhe zur Beobachtung** finden. Der weite Horizont, die reizarme Landschaft und die ständige Veränderung im ewig gleichen Rhythmus der Gezeiten lassen die eigenen Probleme in den Hintergrund treten. Der defekte Walkman wird für einige Stunden vergessen. Die Eigengesetzlichkeit der Natur wird empfunden, man nimmt sich zurück und wird offen für die Beobachtung. Die Wattenlandschaft vermittelt ein Gefühl des **Eingebundenseins in die Natur.**

„Gerade haben wir Zehntausende von Vögeln beobachtet und versucht, sie zu zählen, haben sozusagen Natur hautnah erlebt. Jetzt, keine hundert Meter entfernt, bietet sich ein ganz anderes Bild: Vor uns liegen 200 m Spülsaum... Da gibt es Badeschaumflaschen aus Polen, ein Waschmittelkarton aus der CSSR, eine Glühbirne aus Belgien, eine leere Flasche französischen Cognacs, eine Zahnbürste...“

Die Ursprünglichkeit der Natur kontrastiert stark mit der Umweltzerstörung, die auch hier immer dramatischer und auch für Nichtfachleute immer offensichtlicher wird. Sowohl der Besucher aus Dresden als auch aus Freiburg fährt seinen Abwässern und seinem Müll hinterher, die „den Bach runtergegangen sind“.

Andererseits werden auch die vielfältigen **Bemühungen des Natur- und Umweltschutzes** auf engstem Raum erfahrbar. Die Notwendigkeit des Biotopschutzes, der Zaun, der den Strandurlauber vom brütenden Seeregenpfeifer trennt, wird ebenso einsichtig wie die Notwendigkeit, der Überdüngung des Meeres Einhalt zu gebieten und die Stoffkreisläufe in unserer Zivilisation stärker zu schließen.

Die drei Zitate aus der Praxis der Naturpädagogik umreißen die Intentionen dieses Buches. Es soll die Begegnung mit dem Lebensraum Wattenmeer vorbereiten, die vielfältigen Beobachtungs- und Erlebnismöglichkeiten aufzeigen und dem kundigen Wattliebhaber Zugang zu neuen Erkenntnisssen der Forschung verschaffen. Schließlich soll es handlungsfähig machen für ein politisches Engagement für diesen Lebensraum.

Mit diesen Zitaten sind auch die Zielgruppen umrissen, für die dieses Buch gedacht ist: Schülergruppen, Studenten, interresierte Besucher der Küste. Damit wendet sich das Buch an alle, die das Watt mit offenen Sinnen erleben und erfahren möchten und zugleich die naturwissenschaftlichen Zusammenhänge verstehen wollen.

Viele haben zum Enstehen dieses Buches beigetragen; den Genannten und vielen anderen möchten wir an dieser Stelle herzlich danken. Jens Enemark, Kalle Engels, Hubert Farke, Ivar Gram, Günther Heidemann, Ommo Hüppop,

---

[1)] Zitat aus RAABE 1981

Klaus Janke, Matthias Kundy, Gisela Lütke Twenhöven, Marlies Meyer-Jander, Reimert Neuhaus, Hans v. Wecheln. Unser besonderer Dank gilt Friederike Klein vom Lektorat des Quelle & Meyer-Verlages, die bei allen Fragen und Problemen viel Geduld bewies.

2 Der erste Schritt

2.1 Erleben

Der erste Schritt in die fremde und weite amphibische Welt des Wattenmeeres bietet die Möglichkeit eines besonders lebendigen Erlebens. Es ist schade, wenn diese Chance für ein inniges Empfinden und Wahrnehmen der Natur durch einen trockenen Vortrag oder durch ein achtloses Losmarschieren vertan wird. Beim Barfußlaufen erlebt man den welligen, im ständigen Wechsel zwischen Wasserbedeckung und Trockenfallen befindlichen Wattboden mit gänzlich neuen Empfindungen. Auch die ruhige, anders geartete Geräuschwelt, die sich sehr von der in der betriebsamen Welt auf der anderen Seite des Deiches unterscheidet, sollte beim ersten Schritt ins Watt aufgenommen und bewußt gemacht werden. Das Salz des Meeres kann man schmecken, nicht nur im Wasser, sondern auch in den Pflanzen. Der Queller reichert über den Sommer viel Salz in seinen Zellen an. Trotz des salzigen Geschmackes wurde er in vergangenen Jahrhunderten von den Bewohnern der Inseln als ein wichtiger Vitaminlieferant gegessen und schützte vor Skorbut. Es gibt viele Möglichkeiten, auf dem Weg ins Watt die Sinne zu öffnen und intensiv einzusetzen. Erst wenn diese Empfindungsfähigkeit über die Sinne geschult wird, kann mehr von der Natur wahrgenommen werden. In der Folge werden einige Übungen zum Einsatz der Sinne am und im Watt vorgestellt. Weitere Vorschläge für das Wattenmeer finden sich in IPTS & NPA (1993). Auch die Bücher von Cornell (1979, 1991) enthalten eine Fülle von Vorschlägen, die mit etwas Phantasie leicht auf die Küste übertragbar sind. Grundsätzlich ist allen diesen Übungen gemeinsam, daß sie in einer vertrauensvollen, offenen Atmosphäre stattfinden müssen. Eine unangenehme Empfindung z.B. bei der „Blinden Karawane" (siehe unten) in Form einer Qualle kann gegenüber dem momentanen Naturerlebnis und damit dem ganzen Wattenmeer eine reservierte, ablehnende Haltung aufbauen!

Übung 1: Wir belauschen die Natur

Material: Keines.

Dauer: 15 Minuten.

Durchführung: Diese Übung läßt sich gut an der Kante des Vorlandes oder an einem ruhigen Strandabschnitt durchführen. Die umgebende Natur wirkt mit einer Vielzahl von Reizen auf uns ein, und oft dominiert unser Auge so sehr, daß uns andere Sinneseindrücke kaum bewußt werden. Dies wird uns bei einem meditativen Innehalten besonders deutlich.

Wir setzen uns in ein bis zwei Metern Abstand zueinander hin, schließen die Augen und konzentrieren uns ganz auf das, was wir empfinden. Meist sind es jetzt Geräusche, die uns ein Bild von der Umgebung vermitteln, und sie treten ganz stark hervor. Es bleibt uns überlassen, ob wir uns auf der subjektiven Empfindungsebene bewegen wollen (schön, laut, harmonisch, schrill,...) oder ob wir die objektivierende Wahrnehmungsebene beschreiten (Was ist das für ein merkwürdiges Knistern? Hat da ein Austernfischer gerufen? Weshalb sind die Möwen so aufgeregt?). Nach drei bis fünf Minuten berichten wir über unsere Empfindungen bzw. Wahrnehmungen.

Weiterführung: Erzähle eine anschauliche Geschichte zu den wahrgenommenen Geräuschen.

Welche Geräusche gehören in die Natur, welche sind fremd? Hättest Du die fremden auch „sehend" bemerkt?

Welche inneren Empfindungen hattest Du (angenehm, unsicher,...)? Hast Du auch etwas gerochen oder gefühlt?

Übung 2: Geräusch-Landkarte

Material: Pro Gruppe ein Blatt Papier auf einem Klemmbrett, Bleistift.

Dauer: Mit Auswertung etwa 30 Minuten.

Durchführung: Auch diese Übung läßt sich gut an der Kante des Vorlandes oder an einem ruhigen Strandabschnitt durchführen. Suche Dir (evtl. mit ein bis zwei anderen) einen ruhigen Platz. Male mitten auf das Blatt ein Kreuz, das Deinen Platz symbolisiert. Schließe die Augen, atme gleichmäßig und versinke eine Minute in die Geräusche Deiner Mitwelt (siehe oben: Natur belauschen). Wenn Du Dich nun ganz auf die Laute Deiner Umgebung konzentrieren kannst, fertige eine Geräusch-Landkarte an. Öffne die Augen nur kurz zum Zeichnen. Gebe die Richtung und die Entfernung von Deinen Platz an und symbolisiere die Geräusche: z.B. Wellen durch Wellenlinien, Wind durch gerade Linien, einen Vogel durch ein Notenzeichen. Verwende die Zeit vor allem zum Lauschen, weniger zum Zeichnen.

Nach etwa 10 Minuten werden unsere Wahrnehmungen in gemeinsamer Runde ausgetauscht: Wieviele unterschiedliche Geräusche hast du gehört? Welche haben Dir gefallen, welche störten Dein Erleben? Welche Geräusche kannst Du gar nicht einordnen? Welche passen hierher? Was prägt die Geräuschwelt des Wattenmeeres?

Übung 3: Jede fühlt sich anders an

Material: Pro Teilnehmer eine Augenbinde und eine Muschelschale (unterschiedliche Arten), eine Quellerpflanze o.ä.

Dauer: Etwa 20 Minuten.

Durchführung: Mit den Augen erkennen wir Dinge um uns herum wieder. Aber geht das auch blind? Wir bilden Gruppen von 4 bis 8 Teilnehmern. Wir setzen uns in einen Kreis und legen die Augenbinden um. Ein Leiter gibt jedem Teilnehmer eines der Dinge („Dies ist Deine Muschel o.ä., lerne sie genau kennen"), und diese beschäftigen sich dann ausführlich damit, die meisten tastend, manche auch riechend. Nach einiger Zeit sammelt der Leiter die Dinge ein, legt sie in die Mitte, und bittet, die Augenbinden abzunehmen. „Suche Deine Muschel, Pflanze o.ä.“.

Ergebnis: Wir suchen zwar sehend, aber wir können unseren Gegenstand nur tastend identifizieren. Dabei haben wir fast immer alle Erfolg! Die Gegenstände der Natur haben in unserem Empfinden nun andere Qualitäten.

Variationen:
- Der Leiter legt ein oder zwei zusätzliche Dinge in die Mitte, so daß diese am Ende übrig bleiben.
- Lerne die Dinge sehend kennen und versuche, sie tastend zu identifizieren. Dieser Weg ist viel schwieriger und führt öfter zu Mißerfolgen. Er sollte deshalb nur zur Verdeutlichung und Ergänzung angewendet werden.

Übung 4: Blinde Karawane

Material: Augenbinden für die Teilnehmer, 30 m Wäscheleine, etwa 5 Stangen von etwa 1,20 m Länge (z.B. Grabforken, Eisenstangen für Weidezäune oder Holzstangen), 10 bis 15 Wäscheklammern und entsprechend viele Dinge, die tastend erkundet oder erkannt werden sollen.

Dauer: Abhängig von der Teilnehmerzahl; mit 10 Teilnehmern etwa 30 Minuten.

Durchführung: Dieser Tastparcours ist zwar etwas aufwendig aufzubauen, bereitet aber allen Teilnehmern ein intensives Erlebnis und zudem viel Spaß. Wir spannen die Leine an den Stangen entlang, markieren alle 2 bis 3 m mit einer Klammer eine Station und legen jeweils einen Gegenstand direkt darunter, den wir während unseres Aufenthaltes gefunden haben. In Frage kommen Muschel- und Schneckenschalen, Algen, Strandpflanzen, Müll aus dem Spülsaum (keine spitzen Scherben), eine Feder, „Schulpe“ von Tintenfischen, Bernstein,...

Den Teilnehmern wird vor Beginn der Aufbau erklärt. Viele fühlen sich ausgesprochen unsicher, wenn sie blind an einer Handlauf-Leine gehen sollen. Es sollte deshalb für die ersten Stationen die führende Hand von Sehenden angeboten werden. Es sollte möglichst nicht geredet werden.

In einem abschließenden Gespräch wird, wie bei „Wir belauschen..“ auf Empfindungen (das fühlte sich weich an) oder/und Wahrnehmungen (was war das?) eingegangen.

Übung 5: Blinde Raupe

Material: Augenbinden für die Teilnehmer.

Dauer: Etwa 20 Minuten.

Durchführung: Die Blinde Karawane hat ganz neue Eindrücke vermittelt, sie hat aber auch gezeigt, wie unsicher wir doch als Blinde sind. Wenn wir uns aber anderen anschließen, geht es viel einfacher. Barfußlaufen ist Voraussetzung, damit wir mit den Fußsohlen empfinden und wahrnehmen. An einem Strandabschnitt oder in einem geeigneten Wattgebiet wird die Raupe aufgebaut. Der Erste in der Raupe ist sehend, alle Nachfolgenden legen die Hände auf die Schultern des Vordermannes, und los geht's, aber bitte sehr langsam! Auch sollte der Sehende keine stufenähnlichen Unebenheiten aufsuchen, denn hier besteht Verletzungsgefahr. Eine scheinbar ebene Fläche weist mit einem Male spürbar große Höhenunterschiede auf. Und der Boden vermittelt Empfindungen, die ein Sehender kaum hat: rauh, kühl, feucht, wellig,... . Nach fünf Minuten, in denen möglichst nicht geredet wird (ganz ausschalten lassen sich gerade zu Beginn die unsere Unsicherheit verratenden Äußerungen nicht) bittet uns der Sehende, die Augen zu öffnen. Wir stellen uns in einen Kreis und reden über unsere Empfindungen/Wahrnehmungen.

2.2 Beobachten

Auf der ersten Exkursion sollte, wenn die Zeit es erlaubt, nicht sofort ein straffes biologisches Arbeitsprogramm begonnen werden. Neben dem Empfinden der Natur sollte der Blick geschärft werden, denn das Watt ist ein „Lebensraum auf den zweiten Blick“ (siehe Kock 1988); die kleinen Tiere und Pflanzen des Wattbodens und ihre Lebensspuren fallen nur bei genauerem Hinsehen auf. Eine Reihe dieser Spuren sind auf den Fotos dargestellt. Zur Übung der Beobachtungsfähigkeit sind einfache Aufgabenstellungen hilfreich:

– Ein mit einem Stock gezogener oder mit einem Stück roter Schnur gelegter Kreis um eine **Wattpfütze** von einem Meter Durchmesser lenkt die Aufmerksamkeit auf das versteckte Leben. Wieviele verschiedene Lebewesen oder Spuren von ihnen sind zu sehen? Ein Fachkundiger entdeckt oft 10 Arten von Tieren und Pflanzen mit bloßem Auge: Seegras, Darmtang, Kieselalgen, Kothäufchen verschiedener Borstenwurmarten, Schnecken, Muschelsiphone, Schalenklappen von Muscheln, Garnelen, Sandgrundeln,... . Bei genauerem Hinsehen fällt auf, daß die Siedlungsspuren in einer seichten Pfütze sich deutlich von dem nur wenige Zentimeter höher liegenden Watt unterscheiden: Seegras und Kothäufchen der Wattwürmer gibt es bereits in Landnähe. Garnelen überleben nur bei Wasserbedeckung, es hat sich mehr lockerer Detritus angesammelt,... .
– Im Wattenmeer als einem Lebensraum mit extremen Lebensbedingungen kommen relativ wenige Arten, dafür aber mit meist sehr **hoher Individuenzahl** vor. So sind riesige Mengen Wattschnecken in Wattpfützen, in Winkeln von Dämmen und Lahnungen usw. zusammengespült. Wieviele kommen auf einer Fläche von 10 x 10 cm vor? Es ist kaum zählbar. Blickt man durch die Röhre eines zusammengerollten Blattes Papier, wird das Gesichtsfeld focussiert, und man kann sich auf einen kleinen Ausschnitt konzentrieren. Zwischen den Gehäusen der Wattschnecken findet sich gelegentlich die räuberische Kopfschildschnecke *Retusa obtusa*. Wie häufig ist sie? Es kommt z.B. eine *Retusa* auf 100 Wattschnecken.

- Die meisten Tierarten, die das Watt als Lebensraum nutzen, hinterlassen charakteristische Siedlungs-, Fraß- oder sonstige **Spuren auf dem weichen Sedimentboden**. Ein Fachkundiger kann sehr viel aus diesen Spuren über Sedimentzusammensetzung, Strömungsexposition, Räuber-Beute-Beziehungen und weitere Zusammenhänge ablesen. Es ist wichtig, bei einer ersten Exkursion diese Oberflächenspuren zu suchen und zu deuten (siehe Fotos).
- An exponierten Sandstränden, nach Stürmen auch überall entlang der Küste, bietet die **Untersuchung des Spülsaumes** vielfältige Möglichkeiten zum Kennenlernen von Meerespflanzen und -tieren. Denn hier finden sich nicht nur Organismen aus dem Wattenmeer, sondern aus der ganzen Nordsee. Mit etwas Glück entdeckt man auch mit der Strömung weit aus dem Atlantik gereiste Arten, wie den Japanischen Beerentang (*Sargassum muticum*), den Riementang (*Himanthalia elongata*) oder die bis 7 cm große Riesen-Seepocke *Balanus hammeri* aus dem Nordatlantik. Zur Bestimmung der Funde haben sich die Bücher von Janke und Kremer (1988, 1991) bewährt. Es bieten sich eine Reihe von Möglichkeiten der Erkundung an. Auf jeden Fall sollte die Attraktivität des Angespüls für die Aufgabenstellung miteinbezogen werden, denn wer möchte nicht gerne ein Stück Bernstein, eine Flaschenpost oder einfach etwas Weitgereistes mit fremder Beschriftung finden.
  - Eine **Suchliste** (siehe Kap. 10), speziell für die zu erwartenden Funde formuliert, bietet Gruppen aller Altersstufen vielfältige Anleitung, den Spülsaum zu erkunden. Anschließend werden die Funde vorgeführt.
  - Im Spülsaum sind **Vertreter vieler Tierstämme** zu finden. So läßt sich eine Sammlung mit Vertretern möglichst vieler systematischer Gruppen anlegen: Teile von Schwämmen, Hohltieren, Moostierchen, Weichtieren, Borstenwürmern, Stachelhäutern und Wirbeltieren findet man fast immer.
  - Im Watt findet man nur wenig Großalgen; im Spülsaum werden hingegen im Sommerhalbjahr viele Algenarten angetrieben. Mit ihnen läßt sich ein Herbar anlegen.
- Leider hinterläßt auch hier unsere Zivilisation ihre vielfältigen Spuren in Form von **Müll**. Fanden sich vor zwanzig Jahren vor allem Holzteile oder Flaschenkorken, so überwiegen heute Kunststoffe im Treibsel. Dies führt nicht nur zu Schwierigkeiten bei der Entsorgung, denn bei der Abfuhr müssen diese Teile von den verrottenden Algen, Ästen usw. getrennt werden. Sie bilden vor allem auch eine Gefahr für Meeres- und Küstentiere. Gelegentlich können in Kunststoffnetzen strangulierte Seevögel gefunden werden. Einige Aufgabenstellungen sollen die vielfältigen Möglichkeiten aufzeigen, den Müll im Spülsaum zu untersuchen.
  - Es sollen Müllteile aus möglichst vielen Herkunftsländern gesammelt werden. Verpackungsmüll ist besonders häufig, und an seinen Aufdrucken verrät er sein Ursprungsland.
  - Es sollen die Anteile der verschiedenen Materialien bestimmt werden. Als Hilfsmittel benötigt man eine Federwaage (ca. 5 kp).
  - Besonders eindrucksvoll ist eine Müll-Ausstellung, die nach unterschiedlichen Themen gestaltet werden kann; der Phantasie sind keine Grenzen gesetzt.

- Bei Besuchen in Häfen sollte man sich über die rechtlichen Grundlagen der Abfallbeseitigung auf See und über die angebotenen Entsorgungsmöglichkeiten informieren. Nach internationaler Übereinkunft darf kein Müll von Schiffen in die Nordsee gekippt werden. Die Entsorgung in den Häfen ist aber heute kostenpflichtig, so daß die Versuchung zur illegalen Beseitigung auf See groß ist.

2.3 Was ist vorher zu beachten?

Bei einer Wattwanderung mit einer Gruppe muß jederzeit die **Sicherheit** gewährleistet sein. In jedem Jahr verunglücken Menschen im Wattenmeer tödlich. Gründe sind meistens Unkenntnis über Gezeiten, gefährliche Wetterverhältnisse und die Begehbarkeit des Wattes. Es gibt zwar noch keinen Wattführerzwang, aber wenn der Leiter nicht mit dem Watt und den örtlichen Gegebenheiten vertraut ist, und bei größeren Wanderungen in unbekannten und abgelegenen Bereichen, sollte ein Ortskundiger die Gruppen begleiten. Naturschutzverbände, Nationalparkbehörden (siehe Kap. 9) und auch örtliche Fremdenverkehrsverbände helfen hier weiter. Aber auch wenn man sich nur in Landnähe aufhalten will, gibt es eine Reihe wichtiger Verhaltensregeln, die unbedingt beherzigt werden müssen:

- Vor dem Weg ins Watt sollte man sich bei Einheimischen nach günstigen Stellen erkundigen.
- Bei Gruppenwanderungen sollte im Quartier angegeben werden, wo man sich aufhält und wann man zurückkehrt.
- Zur Ausrüstung gehören Uhr, Tidenkalender und Kompaß.
- Bei aufziehendem schlechtem Wetter oder gar bei Nebel oder Gewitter darf die Wanderung nicht angetreten werden bzw. sie muß sofort abgebrochen werden.
- Es sollte spätestens zwei Stunden vor Niedrigwasser gestartet werden; bei auflaufendem Wasser soll sich die Gruppe auf dem Rückweg befinden.
- Unterwegs ist besonders auf Priele zu achten; sie laufen bei Flut zuerst voll und können den Rückweg abschneiden.

Die **richtige Ausrüstung** ist bei einer Wattexkursion besonders wichtig. Wenn die Temperaturen es zulassen, sollte auf jeden Fall barfuß gelaufen werden; schon Wassertemperaturen von 14 Grad werden nach wenigen Schritten kaum mehr als unangenehm empfunden. Man geht bedeutend leichter als mit Gummistiefeln, mit denen man eher im Schlick steckenbleibt. Vor allem aber eröffnen sich ganz neue Empfindungen und Erlebnisse (siehe Kap. 2.2.). Allerdings können mit Muschelschalen bedeckte Flächen die Fußsohlen eines Fakirs erfordern; diese Flächen sollte man meiden. Falls beim Barfußlaufen Schnitte durch Muschelschalen auftreten, sollten diese nach der Wanderung gereinigt und mit einer desinfizierenden Salbe behandelt werden. Nicht das Meerwasser enhält Entzündungserreger, sondern der Staub des Landes. Es empfiehlt sich, immer

Foto 1: Freßtrichter und Kothaufen des Wattwurms. Foto: Kock

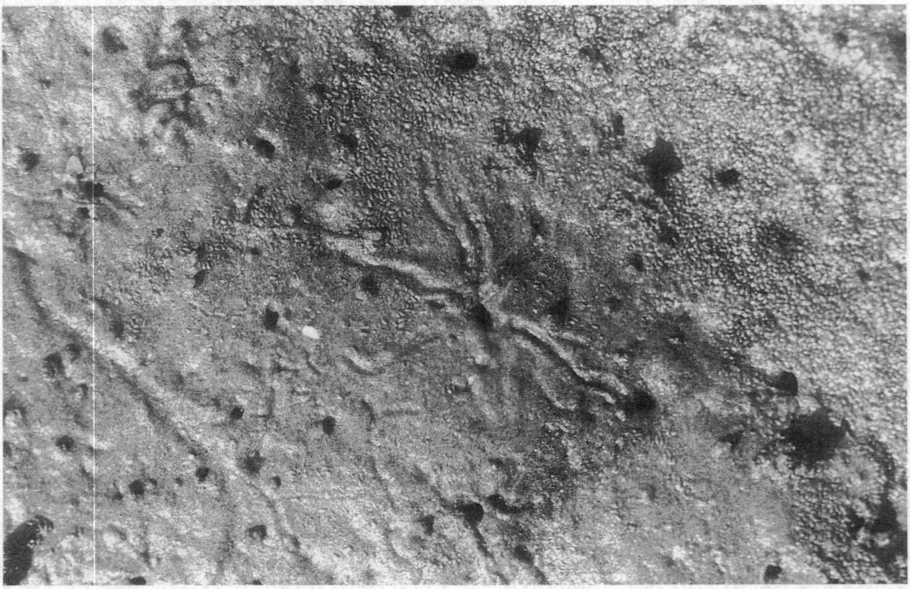

Foto 2: Sternförmige Fraßspuren des Seeringelwurmes;daneben Kothäufchen des Kotpillenwurmes und Löcher eingegrabener Wattschnecken. Foto: Kock

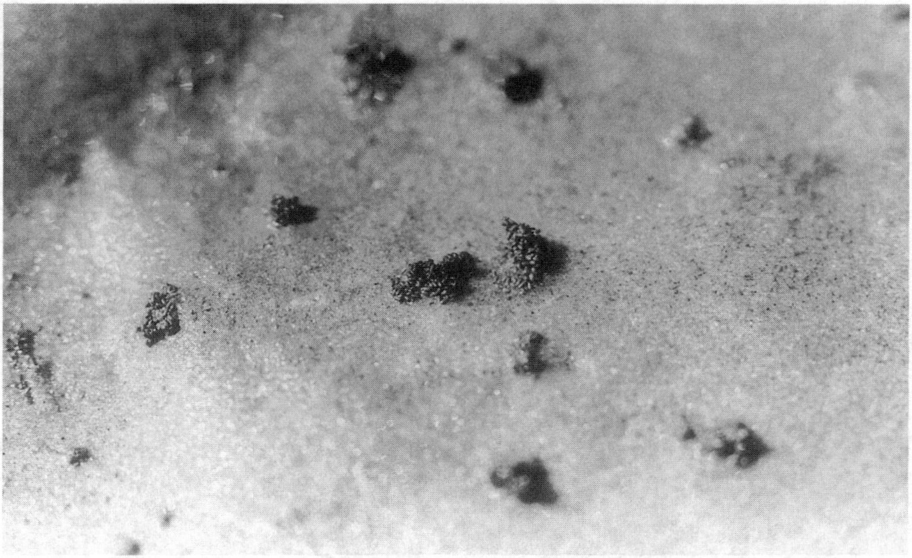

Foto 3: Kothaufen des Kotpillenwurms (Durchmesser etwa 5 mm). Foto: Kock

Foto 4: „Krone“ des Bäumchenröhrenwurms (Größe 1 - 3 cm). Foto: Kock

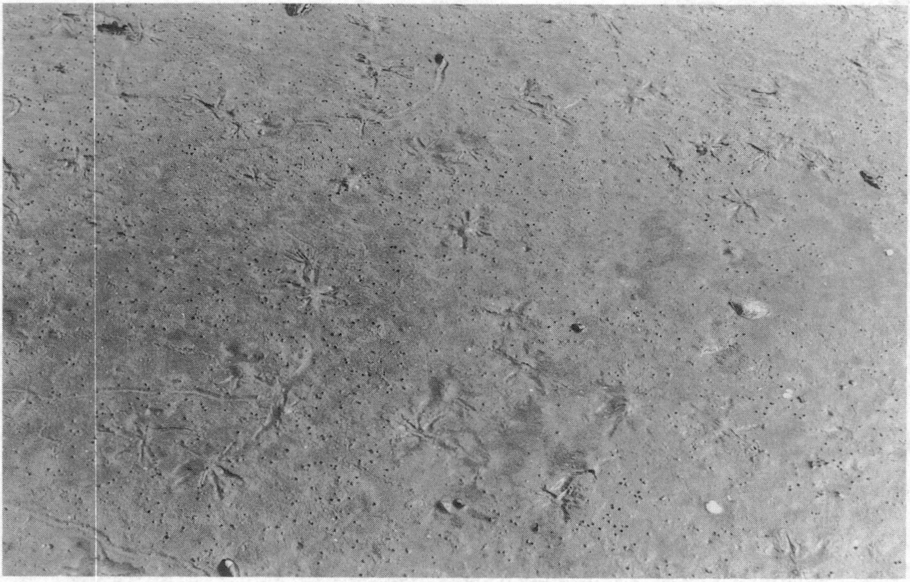

Foto 5: Sternförmige Spuren von Pfeffermuscheln (Durchmesser 5 - 8 cm). Foto: KOCK

Foto 6: Oberflächenkriechspur einer von Parasiten befallenen Plattmuschel. Foto: LÜTKE TWENHÖVEN

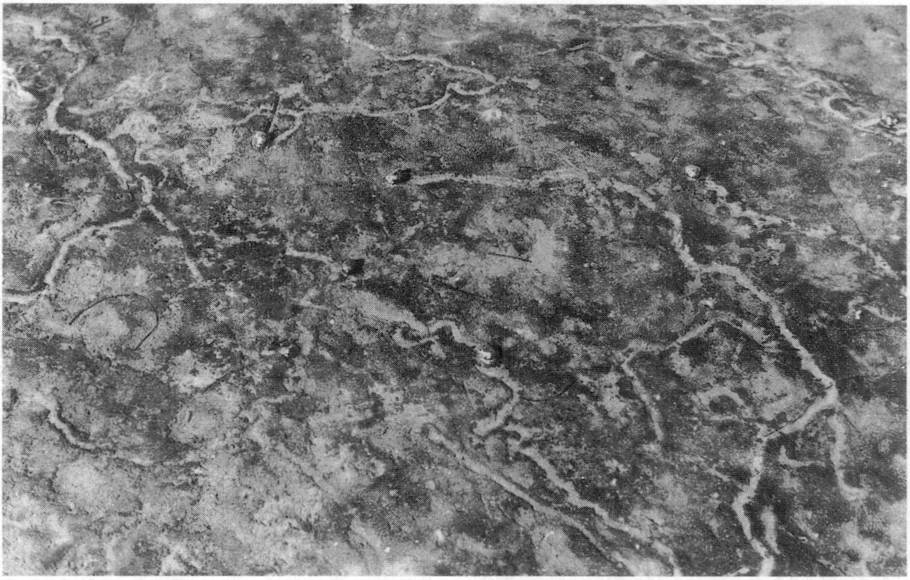

Foto 7: Kriechspuren von Strandschnecken in einem dichten Kieselalgenrasen. Foto: Kock

Foto 8: Sternförmige Spuren des Schlickkrebses (Durchmesser 5 - 10 mm). Foto: Kock

Foto 9: Sandhäufchen des Salzkäfers (Durchmesser 1 - 3 cm). Foto: KOCK

Foto 10: Fraßspuren der Dicklippigen Meeräsche in dichtem Kieselalgenrasen (Breite ca. 5 cm). Foto: KOCK

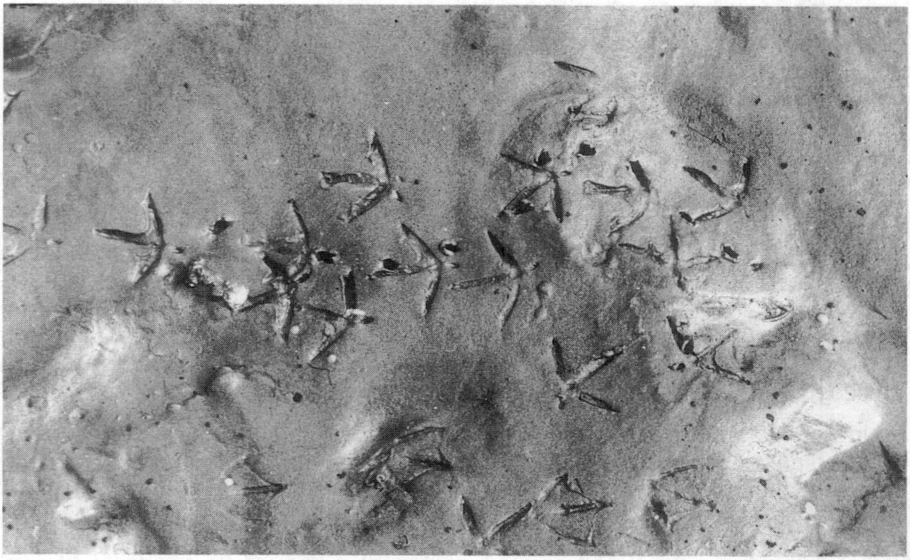

Foto 11: Fuß- und Stocherspuren eines Watvogels. Foto: KOCK

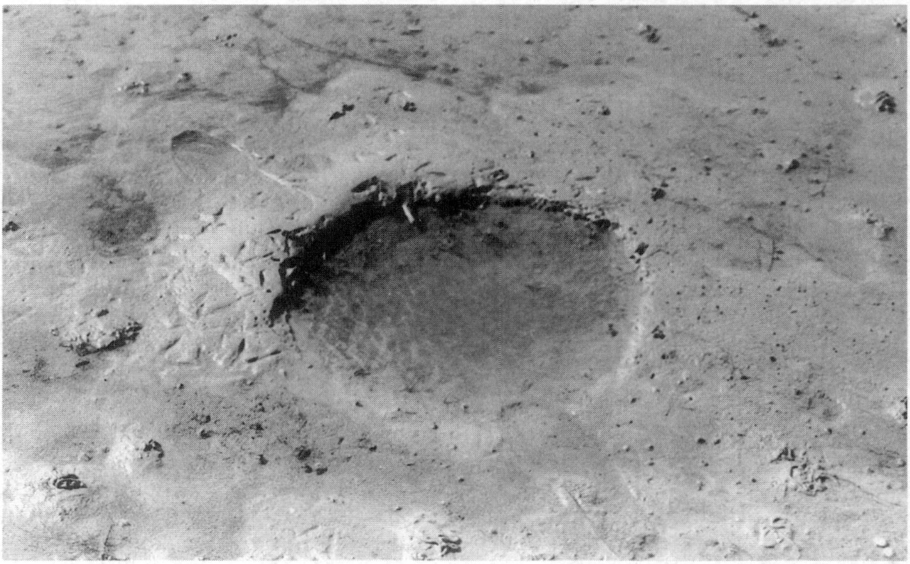

Foto 12: Trampelkuhle einer Lachmöwe (Durchmesser 30 - 50 cm). Foto: Kock

wärmende Oberbekleidung und einen Regenschutz mitzunehmen. Meistens ist es draußen im Watt kühler als vorher gedacht, da Wind und Wasserverdunstung die Haut auskühlen. In Anbetracht der hohen UV-Strahlung und dem damit erhöhten Hautkrebsrisiko muß ein Sonnenschutzmittel mit hohem Lichtschutzfaktor verwendet werden. Ein kleiner Rucksack ist hilfreich, um die Hände frei zu halten.

Geräte und Materialien

Es hängt natürlich von der jeweiligen Fragestellung ab, welche Arbeitsmaterialien man benötigt. Grundsätzlich sollten jedoch mehrere Ferngläser in der Gruppe mitgeführt werden. Vogelbeobachtungen sind ohne diese Hilfsmittel in der Weite des Wattenmeeres kaum möglich. Als vielfältig verwendbare Bestimmungshilfen für alle Pflanzen und Tiere haben sich die beiden Bücher von JANKE & KREMER erwiesen. Für einfache Untersuchungen braucht man immer

– eine oder mehrere Grabforken; sie sind besser als ein Spaten zur Untersuchung der Lebensgemeinschaften im Wattboden geeignet, da die Tiere weniger beschädigt werden;
– einige Küchensiebe aus Kunststoff, 20 cm Durchmesser; mit ihnen können Bodenproben in Prielen oder Wattpfützen durchgesiebt und auf tierische Besiedlung untersucht werden;
– einige weiße Schalen, etwa 10 x 20 cm groß; darin werden gesammelte Tiere und Pflanzen betrachtet und mit Federstahlpinzetten sortiert;
– einige Eimer und Probengläser zum Transport gesammelter Tier- und Pflanzenproben für die genauere Betrachtung und Untersuchung im Labor,
– Zollstöcke zum Vermessen von Tiefenprofilen und von Oberflächenspuren;
– Protokollpapier, wegen des Windes am besten auf Klemmbrettern.

Weitere Geräte und Materialien sind bei den Versuchen in den einzelnen Kapiteln angegeben. Besonders eindrucksvoll, wenn auch etwas aufwendig, ist der **Einsatz einer Gliep**. Dieses Gerät wurde in vergangenen Jahrhunderten von der Küstenbevölkerung verwendet, um für den Hausbedarf Krabben (Nordseegarnelen) zu fangen. Es kann aus Holz, Draht und feinmaschigem Netz selber hergestellt werden (Abb. 1); manche Institutionen verleihen diese Geräte auch. Man setzt die Gliep in tieferen Prielen ein. In Bauchtiefe wird das Netz möglichst schnell über den Grund geschoben. Im Fang finden sich viele interessante Tiere: Nordseegarnelen, kleine Schollen, Strandkrabben, Einsiedlerkrebse, Seesterne.

Grundsätzlich herrscht in den Nationalparks des Wattenmeeres ein Verbot für jegliche Eingriffe. Da die Behörden jedoch mit einer Fülle von Einzelnachfragen um **Erlaubnis zum Wattwurmgraben** überschüttet wurden, gilt heute folgende Regelung: Außerhalb der mit Betretungsverbot gekennzeichneten Kernzonen ist das Graben und Sammeln von wirbellosen Tieren zu nichtkommerziellen Zwecken überall im Wattenmeer erlaubt. Es sollte dabei selbstverständlich sein, daß nur soviele Organismen entnommen werden, wie unbedingt nötig sind. Grablöcher sollten wieder zugeschüttet werden. Auch sollten alle Tiere nach der Bestimmung, Beobachtung oder Untersuchung in ihren Lebensraum zurückgesetzt werden, so daß sie eine Überlebenschance haben. Bei vielen Untersuchungen muß man sich bewußt sein, daß man nicht reparable Schäden anrichtet und Organismen damit tötet: Ein wildes Drauflosgraben nach Wattwürmern wird viele Tiere zerschneiden und tödlich verletzen. Die aus 30 cm Tiefe ausgegrabene Sandklaffmuschel ist nicht mehr in der Lage, sich in die schützende Tiefe des Bodens zurückzuziehen; sie überlebt auch meist nicht, wenn sie wieder ins Grabloch gelegt und mit Sediment bedeckt wird. Solche Eingriffe sollten deshalb sehr bewußt und sparsam durchgeführt werden.

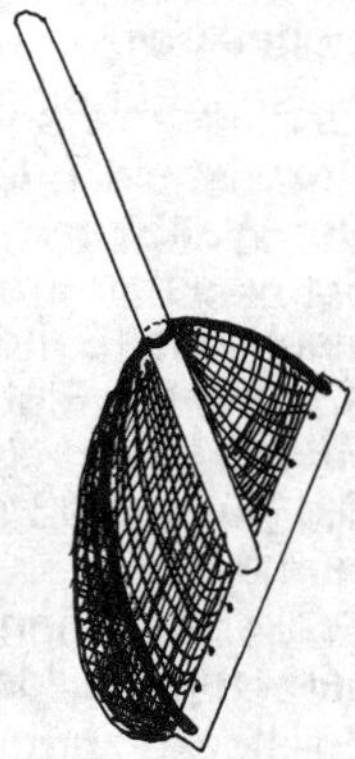

Abb. 1: Gliep zum Fangen von Krabben und Krebsen, kleinen Fischen usw. Eine Gliep kann leicht selber hergestellt werden. Man benötigt einen langen Besenstiel, eine Leiste z.B. 3 x 6 cm, 100 bis 150 cm lang, etwa 2 m stabilen, wenig biegsamen Draht und feines Netz mit 1 cm Maschenweite. Letzteres erhält man in Läden für Fischerei-Ausstattung. Wichtig beim Zusammenbau ist die stabile Verbindung zwischen Stiel und der Latte, mit der die Gliep über den Meeresboden geschoben wird.

3 Wat is Watt?

Das Wattenmeer erstreckt sich 500 km lang von Den Helder in den Niederlanden bis Esbjerg in Dänemark. Die Breite dieses Gürtels variiert zwischen 10 und 35 km. Während alle die Bereiche als Watt bezeichnet werden, die regelmäßig im Gezeitenrhythmus trockenfallen, ist das Wattenmeer nicht so scharf abzugrenzen. Im allgemeinen wird hierunter der gesamte Küstenraum vom Seedeich bis zur 10m-Tiefenlinie verstanden. Auch die Salzwiesen und Inseln werden in der Regel zum Wattenmeer gezählt.

Folgende Voraussetzungen müssen für die Ausbildung eines Wattenmeeres gegeben sein:

- Es müssen ständig feine Sedimente aus dem Meer herangeführt werden.
- Dazu ist ein Tidenhub von mindestens 1,50 m nötig.
- Der Wattboden muß vom Land zum Meer hin flach abfallen, damit sich die Schwebstoff-Fracht allmählich ablagern kann.
- Inseln oder Sandbänke müssen seeseitig vorgelagert sein. So bilden sich beim Kentern der Flut Ruhigwasserzonen, in denen die Sinkstoffe sedimentieren.
- Flüsse tragen ebenfalls Schwebstoffe heran.
- Die Küste muß sich allmählich absenken bzw. der Meeresspiegel muß langsam ansteigen, so daß immer neue Sedimentschichten aufgelagert werden.
- Schließlich können Watten nur im Klima der gemäßigten Breiten entstehen; in den Tropen bilden sich unter obigen Bedingungen Mangrove-Wälder.

Die Entstehungsbedingungen treffen selten auf der Erde zusammen. Nur zwischen Esbjerg und Den Helder tritt ein Wattenmeer so großräumig auf. Es wird zu Recht als einmaliger Lebensraum bezeichnet.

Die **Gezeiten** prägen diesen Küstenstreifen. Alle Lebewesen, die in einer Verbindung mit dem Wattenmeer stehen, richten ihren Rhythmus nach ihnen aus: nahrungssuchende Fische, stochernde Watvögel, filtrierende Muscheln, kriechende Wattschnecken ebenso wie Krabbenkutter auf der Fangfahrt, Badegäste und Wattwanderer. Durchschnittlich alle 12 Stunden und 25 Minuten tritt der höchste Wasserstand, das Hochwasser ein (siehe Abb. 2). Gut 6 Stunden herrscht Flut, also auflaufendes Wasser, danach fallen mit der Ebbe die Wattflächen wieder trocken. Die Differenz zwischen Hoch- und Niedrigwasser wird als Tidenhub bezeichnet. Für alle wichtigen Orte an der deutschen Nordseeküste sind die Hoch- und Niedrigwasserzeiten sowie der durchschnittliche Tidenhub in dem Tidenkalender verzeichnet, der vom Bundesamt für Seeschiffahrt und Hydrographie in Hamburg alljährlich herausgegeben wird.

Der Tidenhub schwankt von Ort zu Ort und von Tag zu Tag. Dies hat mehrere Gründe:

- In die Nordsee laufen durch den Kanal und nördlich um Schottland zwei Flutwellen aus dem Atlantik ein. Beide überlagern sich in ihrer Wirkung und können sich verstärken oder abschwächen. So entstehen unterschiedliche Tidenhübe. Vor Nordjütland bestehen nur wenige Dezimeter Unterschied zwischen Niedrig- und Hochwasser, vor Sylt sind es knapp 2 m, vor Cuxhaven 3 m.

- In engen Flußmündungen und in trichterförmigen Meeresbuchten staut sich die Flutwelle. So beträgt der Tidenhub vor der Halbinsel Eiderstedt etwa 2,8 m, wenige Kilometer weiter östlich im Inneren der Husumer Bucht 3,5 m.
- Durch auflandige Winde und Stürme wird mit jeder Gezeitenwelle mehr Wasser an die Küsten getrieben. Im Extremfall erhöht der Wasserstau bei Sturmfluten den Hochwasserstand auf mehr als 5 Meter über NN. Diese Ereignisse haben an der Küste vielfach zu schweren Katastrophen geführt.
- Bei Neumond und bei Vollmond verstärken sich die Anziehungskräfte von Mond und Sonne; die Flutwelle ist höher, und es treten Springtiden-Hochwasser (SpTHw) und Springtiden-Niedrigwasser (SpTNw) ein. Ihr Wasserstand liegt etwa einen halben Meter über dem Mitteltiden-Hochwasser (MTHw) bzw. unter dem Mitteltiden-Niedrigwasser (MTNw). Bei halbem Mond heben sich die Anziehungskräfte der Gestirne teilweise auf; das sogenannte Nipptiden-Hochwasser (NTHw) fällt niedriger aus, das Nipptiden-Niedrigwasser (NTNw) läuft nicht so weit ab (siehe Abb. 2).

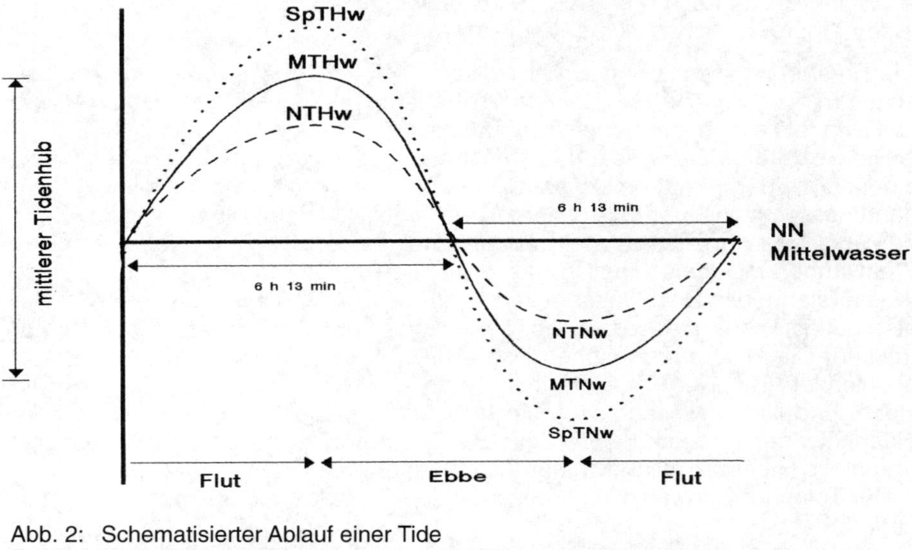

Abb. 2: Schematisierter Ablauf einer Tide

SpTHw	Springtiden-Hochwasser	NTNw	Nipptiden-Niedrigwasser
MTHw	Mittleres Tiden-Hochwasser	MTNw	Mittleres Tiden-Niedrigwasser
NTHw	Nipptiden-Hochwasser	SpTNw	Springtiden-Niedrigwasser

Das Wattenmeer weist nur eine **geringe Neigung** auf. Weniger als 1 % beträgt das durchschnittliche Gefälle vom Land bis zur seeseitigen Niedrigwasser-Linie. Der Wattensockel ist vielfach strukturiert. Die Verbindung zum Meer stellen tiefe und breite Rinnen her. In Niedersachsen heißen sie Seegatt, in Schleswig-Holstein Wattstrom. Sie verästeln sich in große und kleine Priele, die schließlich so flach werden, daß sie bei Niedrigwasser trockenfallen können. Mit der auflaufenden Flut dringt das Wasser zunächst in die Betten der Wattströme und die großen Priele mit hoher Geschwindigkeit ein. Erst dann tritt es über die Kanten und überflutet großflächig die Watten. Dabei verlangsamt sich die Strömungsgeschwindigkeit, und die mitgeführten Schwebstoffe sedimentieren. Etwa zwei Drittel der Fläche des Wattenmeeres fällt im Gezeitenrhythmus trocken, ein Drittel bleibt immer vom Wasser bedeckt.

4 Geologie und Geschichte

Das Wattenmeer ist erdgeschichtlich eine sehr **junge Landschaft**: Es hat sich erst nach der letzten Eiszeit ausgebildet und befindet sich weiterhin in einer großen Dynamik. Veränderungen erfolgen sehr schnell. Bei einem schweren Sturm können mehrere Dezimeter Wattboden sedimentiert oder erodiert werden. Priele können sich innerhalb weniger Jahre tief in den Wattboden eingraben und ihr Bett um etliche Meter verlagern. Die über 30 m tiefen Wattströme vor der schleswig-holsteinischen Küste sind erst wenige hundert Jahre alt.

Während der letzten (Weichsel-) Eiszeit lagen Skandinavien, die nördliche Nordsee, Teile der jütischen Halbinsel und der Ostseeraum unter einer dicken Eisdecke. Beim Abschmelzen wurden große Wassermassen frei. Die Schmelzsande bildeten nach Westen hin ein flach geneigtes Plateau, das zur Grundlage für die Watt- und Marschbildung wurde. Der Meeresspiegel stieg in den folgenden Jahrtausenden stark an: Vor 17000 Jahren lag er 120 m unter dem heutigen Niveau, vor 9000 Jahren 45 m und vor 4000 Jahren 3,5 m. Um 2000 v. Chr. hatte die Nordsee ihre größte Ausdehnung. Sie reichte bis an die Geeständer der norddeutschen Tiefebene. Lediglich einige Inseln, wie Sylt und Amrum, ragten heraus. Durch Sedimentationsvorgänge lagerte sich die alte Marsch mit bis zu 20 m Mächtigkeit ab. Von 2000 v. Chr. an bis zur Zeitwende stieg der Meeresspiegel kaum an. Vor den Küsten bildeten sich Strandwälle aus. Unter Ausschluß des Meerwassers konnten Niederungsmoore, teilweise sogar Bruchwälder und Hochmoore entstehen. Das mit der Flut aufschwimmende Moor von Sehestedt im Jadebusen ist wohl der bekannteste Zeuge für diese Epoche. Etwa mit Beginn unserer Zeitrechnung drang das Meer wieder stärker vor. Die Ursachen sind in einem Anstieg des Meeresspiegels und einem Absinken des Landes zu suchen. In dieser „Dünkirchener Transgression“ wurden schützende Inselketten und Strandwälle zerschlagen. Die Sturmfluthäufigkeit nimmt bis heute zu, und auch die höchsten Wasserstände steigen an (siehe Abb. 3). Seit etwa 1000 Jahren beeinflußt der Mensch durch den Deichbau zunehmend die Küstenlinie, so daß nur noch an wenigen Stellen eine naturbelassene Küstenstruktur vorkommt.

Die **erste Besiedlung** des heutigen Wattenmeergebietes erfolgte bereits in der Steinzeit. Anfangs lagen die Wohnstätten auf den erhöhten Uferbänken von Flüssen und auf Strandwällen. Allmählich wurden feste Siedlungen auf aufgeschütteten Warften oder Wurten angelegt. Die Deiche waren zunächst flache Wälle, die die Ernte vor Sommer-Sturmfluten sichern sollten. Etwa ab dem 14. Jahrhundert boten die Deiche entlang der südlichen Nordsee aus Sicht der Bewohner einigermaßen Schutz, so daß auf die Anlage von Warften verzichtet wurde. Schwere Sturmfluten, wie die „Manndränken“ 1362 und 1634, vernichteten aber immer wieder weite Landstriche. Viele Dörfer wurden zerstört und tausende Bewohner ertranken. Das Meer drang weit in besiedeltes Land vor und überflutete beispielsweise die Zuiderzee (heute Ijsselmeer), den Dollart und weite Teile des Jadebusens. Bis heute treten Sturmflutkatastrophen auf; so ertranken

1953 in Holland und 1962 in Hamburg Tausende von Menschen. Küstenschutz wurde zur Staatsaufgabe. Der Einsatz von Großmaschinen in diesem Jahrhundert ermöglichte die Eindeichung riesiger Flächen: Zuiderzee und Lauwerzee in den Niederlanden, die Leybucht in Niedersachsen, die Meldorfer Bucht und die Nordstrander Bucht in Schleswig-Holstein und die grenzüberschreitende Eindeichung zwischen Deutschland und Dänemark nahmen dem Wattenmeer mehrfach tausende Hektar Fläche weg. Erst seit den achziger Jahren dieses Jahrhunderts wird keine weitere Landgewinnung auf Kosten des Wattenmeeres mehr angestrebt. Dies ist sicher auch eine direkte Folge der internationalen Naturschutzbemühungen und der Einrichtung entsprechender Schutzgebiete im Wattenmeer.

Meeresspiegelanstieg

Infolge der heute noch andauernden Transgression nimmt die Häufigkeit der Sturmfluten und ihre durchschnittliche Scheitelhöhe in diesem Jahrhundert kontinuierlich zu (siehe Abb. 3). Als Folge wird der Wattsockel immer schmaler; vor Schleswig-Holstein weicht die 10 m-Tiefenlinie Jahr für Jahr um 10 bis 15 m in

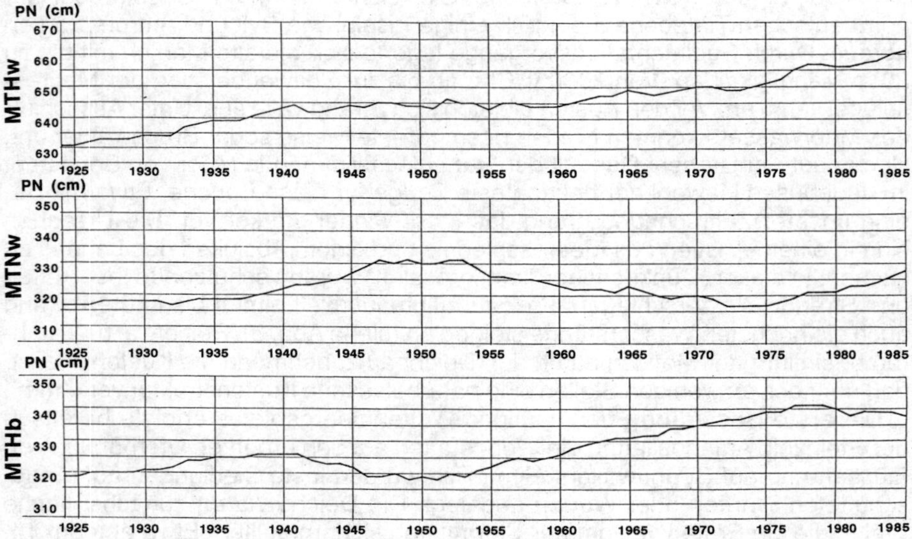

Abb. 3: Veränderungen der mittleren Wasserstände am Pegel Husum. Die Jahreswerte wurden als gleitendes Mittel aus 10 Jahren berechnet.

PN: Pegel-Null (mittlerer Meeresspiegel am Husumer Pegel heute 5m)
MTHw: Mittleres Tidenhochwasser
MTNw: Mittleres Tidenniedrigwasser
MTHb: Mittlerer Tidenhub
Zahlen: Amt für Land- und Wasserwirtschaft, Husum (unveröff.)

Richtung Land zurück. Durch diese Erosion wird die Energie der von der Nordsee her anlaufenden Wellen weniger gebremst, und die Bedrohung der Deiche an der Küste nimmt zu. Ging man in diesem Jahrtausend von einem Meeresspiegelanstieg um 25 cm pro hundert Jahren aus, so müssen diese Werte heute deutlich nach oben korrigiert werden. Bedingt durch den Anstieg der Kohlenstoffdioxid-Konzentration und anderer Treibhausgase erwärmt sich die Erdatmosphäre, die Eismassen der großen Gletscher schmelzen ab, und der Meeresspiegel steigt an. Die Temperaturausdehnung des erwärmten Wassers verstärkt diesen Effekt. Man rechnet heute mit mindestens 50 cm pro Jahrhundert. Dieser Anstieg kann keinesfalls mehr durch die Sedimentation im Wattenmeer kompensiert werden. Daher dürfte die Fläche der trockenfallenden Watten langfristig abnehmen. Weltweit hat der Meeresspiegelanstieg einschneidende Konsequenzen für die Menschheit: In Nordwest-Europa wären Ballungsräume wie in Holland oder um Hamburg bedroht. Die fruchtbaren Küstenbereiche und Flußästuarien in den besonders dicht besiedelten Ländern China und Bangladesh werden schon heute von verheerenden Überschwemmungs-Katastrophen heimgesucht.

5 Allgemeine Ökologie

Das Wattenmeer müßte eigentlich zu Unterrichtszwecken erfunden werden, wenn es nicht schon existierte. Im Vergleich zu anderen Lebensräumen ist es artenarm. Denn die extrem schwankenden Standortfaktoren erlauben nur relativ wenigen Tier- und Pflanzenarten, hier Fuß zu fassen. Die Kenntnis von ein bis zwei Dutzend Arten reicht für ein Erkennen und Verstehen der grundsätzlichen ökologischen Zusammenhänge aus. Die ökologischen Beziehungen sind aber trotzdem komplex und vernetzt.

Die hohe Produktivität des Lebensraumes und die ständig wechselnden ökologischen Bedingungen begünstigen wenige Arten, die meist in hoher Individuenzahl vorkommen. Es gibt keine Tierarten, die ausschließlich im Watt vorkommen. Vielmehr prägen Opportunisten das Artenspektrum. Die Entwicklung des Ökosystems wird durch unperiodische Ereignisse, wie Sturmfluten und Eiswinter immer wieder unterbrochen. So findet **keine langfristige Sukzession** statt.

Die **Grenzlinie zwischen Meer und Land** ist für die Verteilung von Arten von besonderer Bedeutung. Nur wenige Wirbellose können diese Barriere ohne weiteres überschreiten. Die Grenze ist so einschneidend, daß ganze Stämme, Klassen oder Ordnungen nur in einem der beiden Lebensräume vorkommen: Stachelhäuter besiedeln nur marine Lebensräume. Unter den Gliederfüßern kommen Krebstiere fast ausschließlich im Meer, Insekten fast nur an Land und im Süßwasser vor. Ursache ist die osmotische Wirkung des Meerwassers; nur wenige wirbellose Arten haben eine so hohe Anpassungs- oder Regulationsfähigkeit entwickelt, daß die Barriere regelmäßig überschritten werden kann. Im Wattenmeer selbst leben fast ausschließlich Meeresorganismen. Landpflanzen, wie Queller und Schlickgras, und Landtiere, wie der Salzkäfer *Bledius*, dringen nur wenig über die Grenze in das Eulitoral vor. Umgekehrt besiedeln wenige Meeresorganismen, wie Seeringelwurm, Wattschnecke und Kieselalgen des Meeres, supralitorale Bereiche.

Der Flutstrom trägt Organismen und Detritus aus der Nordsee ein. In den Nahrungsketten des Wattenmeeres wird diese Fracht umgesetzt. Das Wattenmeer wird daher als ein **Import-Ökosystem** bezeichnet, das auf Zufuhr an organischer Substanz von außen angewiesen ist. Umgekehrt werden Nährsalze, die aus der Remineralisierung der organischen Substanz freiwerden, in die Nordsee zurücktransportiert. Das Wattenmeer stellt für das einströmende Nordseewasser quasi eine Kläranlage mit mechanischer und biologischer Stufe dar.

Im Watt treten besonders **intensive Stoffumsetzungen** auf. Eine hohe Lichteinstrahlung auf den trockenfallenden Watten ermöglicht den Kieselalgen des Wattbodens hohe Photosyntheseraten. Zugleich bilden die Grenzflächen Wasser-Sediment und Wasser-Luft Bereiche, in denen Remineralisationsvorgänge schnell ablaufen. Diese intensiven Umsetzungen werden dadurch beschleunigt, daß Ebbe und Flut immer wieder Wasserkörper mit den gelösten Stoffe austauschen.

Durch Ebbe und Flut **schwanken ökologische Faktoren** kurzfristig in ihrer Ausprägung. Trockenfallende Watten erwärmen sich viel schneller und sind bei Regen der Aussüßung ausgesetzt. Wasserbedeckte Flächen zeigen hingegen geringe Schwankungen dieser Umweltfaktoren. Die wattbewohnenden Tiere schützen sich vor extremen Schwankungen durch das Leben im Sediment des Wattbodens, durch dicke verschließbare Schalen und Panzer oder durch periodisches Zu- und Abwandern mit den Gezeiten.

In den trockenfallenden Bereichen sind die **Nahrungsbeziehungen** eng vernetzt, werden die Nahrungsquellen intensiv genutzt. Bereits innerhalb der Wirbellosenfauna herrschen enge Nahrungsbeziehungen, wie viele Versuche beweisen. Hinzu kommt bei Wasserbedeckung der Wegfraß durch Fische und Eiderenten, während des Trockenfallens der Feinddruck durch Watvögel und Möwen. Schließlich greift heute der Mensch durch Muschel-, Krabben- und Schollenfischerei in die Nahrungsketten ein.

Wegen der Vielfalt der das Ökosystem steuernden Faktoren ergibt sich ein **kleinräumiges Mosaik** ganz unterschiedlicher Lebensräume. Dies trägt zur Attraktivität dieses Lebensraumes für ökologische Studien bei. Viele Faktoren können als Gradient untersucht werden, wie die Wasserbedeckungszeit und die Sedimentzusammensetzung auf den Watten oder die Höhenzonierung in einer Salzwiese. Die Auswirkung einzelner ökologischer Faktoren kann an prägnanten Arten gut im Experiment oder in Form von Freilandbeobachtungen erkundet werden. Die Nahrungsbeziehungen erschließen sich durch Beobachtungen und Untersuchungen im Aquarium exemplarisch; Freilandbeobachtungen geben aber auch hier viele Einblicke in das komplexe Gefüge.

5.1 Salzgehalt

Im Wasser des freien Ozeans sind etwa 36 g Salz pro Liter Wasser gelöst, das entspricht einem Salzgehalt von 36 ‰. In der Nordsee nimmt dieser Wert zur inneren Deutschen Bucht hin ab, denn hier wirkt die Zufuhr durch die großen Flüsse Rhein, Elbe und Weser aussüßend. Im Wattenmeer selber herrschen meist Salzgehalte zwischen etwa 23 und 30 ‰. Im Frühjahr , wenn die Abflußmengen der Flüsse am höchsten sind, sinkt der Salzgehalt in der Deutschen Bucht vor allem in der Umgebung von Flußmündungen. In Buchten mit verringertem Wasseraustausch, wie dem Dollart, sinkt der Salzgehalt generell ab. Salzgehaltsschichtungen, wie sie in küstennahen Meeresgebieten und in Brackwassermeeren häufiger zu beobachten sind, spielen im Wattenmeer keine Rolle. Die Gezeitenströme durchmischen den flachen Wasserkörper regelmäßig.

Großräumig ist der Salzgehalt im gesamten Wattenmeer recht ähnlich. Kleinräumig treten vor allem während der Trockenliegezeit größere Schwankungen auf:

– Kräftige **Regenfälle** süßen die Wattpfützen kurzfristig aus; der Salzgehalt kann um 10 ‰ abnehmen. In den tieferen Sedimentschichten, in denen die meisten

Tiere des Wattbodens siedeln, wirkt sich dies allerdings kaum aus. Die Kieselalgen und die Meiofauna der obersten Sedimentschichten müssen diese Veränderung des Milieus aber ertragen können.

- Bei intensiver **Sonneneinstrahlung** steigt der Salzgehalt in kleinen Pfützen durch Verdunstung. Dieser Effekt kann in flachen Tümpeln nahe der Hochwasserlinie zum Auskristallisieren von Salz führen. In den obersten Zentimetern des Sedimentes des Eulitorals kann der Salzgehalt des Porenwassers deutlich ansteigen. In den supralitoralen Salzwiesen ergibt sich durch Überflutung und Versickerung sowie anschließender Verdunstung eine erhebliche Salzanreicherung (10 ‰ sind keine Seltenheit).
- In Frostwintern erhöht sich der Salzgehalt auf den flachen Wattbereichen, weil das Süßwasser als Eis ausfriert. Beim Abschmelzen des Eises kommt es wiederum zur Aussüßung. Aber auch dieser Einfluß wirkt nur kleinräumig, da das ein- und ausströmende Nordseewasser alle größeren Schwankungen ausgleicht.
- Wattsedimente haben je nach Korngrößenzusammensetzung unterschiedliche Salzgehalte im Porenwasser. Ein hoher Anteil von feinkörnigen Silt- und Tonpartikeln führt zu höheren Salzgehalten im Boden. Denn die Niederschläge dringen kaum ein, die Evaporation bleibt aber unverändert.

Die wechselnden Salzgehalte bedingen eine Selektion der stenohalinen Formen. Im Eulitoral siedeln unter den wirbellosen Tieren daher vorwiegend **euryhaline Arten**. Wirbeltiere sind aufgrund ihrer Fähigkeit zur Osmoregulation kaum vom Problem wechselnder Salzgehalte betroffen. Seevögel nehmen durch Ringelwürmer, Muscheln und andere Meerestiere zwar salzhaltige Nahrung auf. Sie sind dann aber in der Lage, durch die Schnabeldrüse eine konzentrierte Salzlösung auszuscheiden. Bei Möwen kann oft beobachtet werden, daß kleine Tröpfchen dieser Sole an der Schnabelspitze hängen. Osmoregulation schafft für Stoffwechselvorgänge konstante Bedingungen, sie erfordert aber zum Ausgleich einen höheren Energieaufwand.

Wirbellose Tiere haben unterschiedliche Strategien zur Regulation des Innenmilieus bei wechselnden Salzgehalten entwickelt. Ringelwürmer, Weichtiere und einige Krebse reagieren auf veränderte Salzgehalte mit Volumenzunahme und anschließender Ionenregulation (siehe Untersuchung 2): Verringert sich der Salzgehalt im Außenmedium, so nehmen die Tiere aufgrund des höheren osmotischen Wertes der Körper- und Zellflüssigkeit Wasser auf; ihr Volumen vergrößert sich. Daraufhin scheiden sie Körperflüssigkeit mit den darin enthaltenen Salzen aus, bis sich die Innenkonzentration der Außenkonzentration wieder angeglichen hat. Diese Arten reagieren also poikilosmotisch.

Homoiosmotische Arten haben die Fähigkeit zur aktiven **Osmoregulation**. Ein Beispiel ist die Strandkrabbe. Sie kann gegenüber der Umgebung ein hyperosmotisches Innenmedium aufrechterhalten. Sinkt der Salzgehalt der Umgebung und dringt Wasser osmotisch in den Körper ein, so scheidet sie ständig Wasser aus. Ionenverluste des Körperinneren gleicht sie durch aktive Ionenaufnahme aus dem Meerwasser mittels ihrer Kiemen aus.

Die Auswirkungen des Bodensalzgehaltes auf die Salzwiesenpflanzen sowie eine vereinfachte Meßmethode werden im Kap. 6.11. behandelt.

Untersuchung 1: Messung des Salzgehaltes (Labor, Freiland)

Die genaue Salzgehaltsbestimmung erfolgt über eine Chloridtitration; sie ist aber sehr aufwendig. Es bieten sich zwei einfache Methoden an, die Genauigkeiten von etwa 1 ‰ Unterschied zum tatsächlichen Salzgehalt erreichen. Die Messungen können sowohl im Freiland als auch im Labor durchgeführt werden. Die Gefäße zum Aufnehmen und Transportieren der Wasserproben sollten mit dem Probenwasser gespült werden. Die Messung von Salzgehalten ist überall dort sinnvoll, wo kurzfristige Schwankungen an einem Ort oder einem Gradienten entlang eines Profiles auftreten:

- Entlang einer Flußmündung wird ein Profil von Salzgehaltsmessungen durchgeführt.
- An einem tidebeeinflußten Fluß wird während einer Flut- oder Ebbeperiode gemessen.
- Im Watt wird der Salzgehalt im ablaufenden und im auflaufenden Wasser von Prielen vergleichend bestimmt.
- Vor und nach einem Regenguß werden Wasserproben aus kleine Wattpfützen untersucht.
- Die Salzgehalte in kleinsten Wattpfützen und größeren Prielen werden miteinander verglichen, wenn bei warmem Wetter das Niedrigwasser in der Mittagszeit liegt.

a) Leitfähigkeit: Die Leitfähigkeit von verdünnten Salzlösungen steigt mit dem Gehalt an gelösten Ionen. Sie wird mit einer Leitfähigkeitssonde (einfache Modelle mit einem notwendigen Meßbereich von 0 bis 50 mS/cm sind im Lehrmittelhandel erhältlich) bestimmt und mit Hilfe von Abb. 3 in ‰ Salzgehalt umgerechnet.

b) Dichtebestimmung: Mit der Konzentration an gelösten Salzen ändert sich die Dichte des Meerwassers, eine Beobachtung, die jeder Badende von der Küste kennt: Im Meer schwimmt es sich leichter als im Süßwasser. Im Lehrmittelhandel sind spezielle Aräometerspindeln mit Thermometer erhältlich, die den Dichtebereich des Meerwassers von etwa 1 bis 1,03 g/cm^3 abdecken. Da die Dichte neben dem Salzgehalt auch von der Temperatur abhängt, muß der gesuchte Wert aus einer Kurvenschar für unterschiedliche Wassertemperaturen extrapoliert werden (siehe Abb. 4).

Untersuchung 2: Volumenregulation von Wattwürmern (Labor)

Wattwürmer besitzen als poikilosmotische Tiere die Fähigkeit zur Volumenregulation. Sie sind zudem weitgehend euryhalin, so daß sie bei diesem Versuch keinen Schaden nehmen. Gelegentlich schnürt das Tier allerdings die letzten Hinterleibsringe ab, was jedoch zu keiner Beeinträchtigung führt; dies muß aber bei der Wägung berücksichtigt werden. Große Seeringelwürmer (*Nereis diversicolor*) sind ebenfalls geeignet.

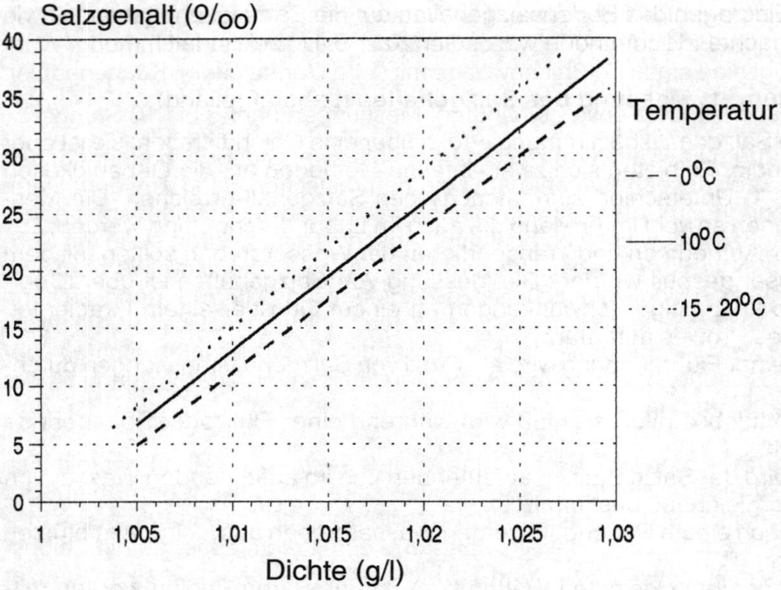

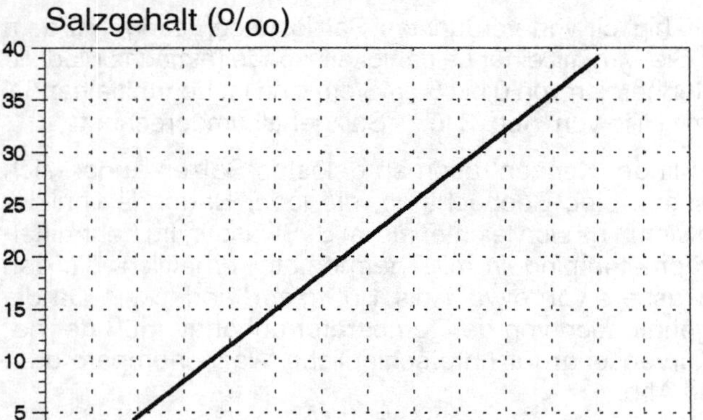

Abb. 4: Messung des Salzgehaltes im Meerwasser.
Oben: Zusammenhang zwischen Dichte und Salzgehalt.
Unten: Zusammenhang zwischen Leitfähigkeit und Salzgehalt.

Material: Einige große Exemplare des Wattwurmes, Seewasser (etwa 30 ‰), Glasschalen, Meßzylinder 100 ml oder Gerät zur Salzgehaltsbestimmung, Waage (es genügt eine einfache Balkenwaage mit 0.1 g Genauigkeit), Küchenpapier.

Dauer: Versuchsansatz etwa 20 Minuten, Messungen über 5 bis 10 Stunden.

Durchführung: Die Wattwürmer werden ein bis zwei Stunden in einer flachen Schale mit Seewasser gehalten, damit sie den restlichen Sand aus dem Darm abgeben können. Zu Untersuchungsbeginn werden sie mit Küchenpapier abgetupft, und ihr Frischgewicht wird bestimmt. Anschließend werden sie in mit Süßwasser verdünntes Seewasser überführt. Der Salzgehalt sollte etwa bei 15 ‰ liegen. Steht keine Möglichkeit zur Salzgehaltsmessung zur Verfügung, so kann Seewasser um die Hälfte mit Leitungswasser verdünnt werden. Das Frischgewicht der Würmer wird in den ersten beiden Stunden alle 30 Minuten, später über mindestens 6 Stunden einmal pro Stunde bestimmt. Vor jeder Wägung ist der Wurm trockenzutupfen

Auswertung: Die Entwicklung der Masse wird gegen die Zeit dargestellt. Die Massenzunahme in Prozent der Ausgangsmasse verdeutlicht den Ablauf der Volumenregulation (Abb. 5): Nach dem Überführen der Tiere in Wasser mit reduziertem Salzgehalt steigt das Volumen und damit die Masse, da die Leibeshöhlenflüssigkeit höher konzentriert ist als das umgebende Wasser; Wasser strömt osmotisch ein. Nach einigen Stunden hat sich ein Gleichgewicht in den Konzentrationen eingestellt, und die Tiere scheiden isotonische Flüssigkeit aus der Leibeshöhle aus. Im allgemeinen erreicht der Wattwurm nach zwölf Stunden wieder sein Ausgangsvolumen.

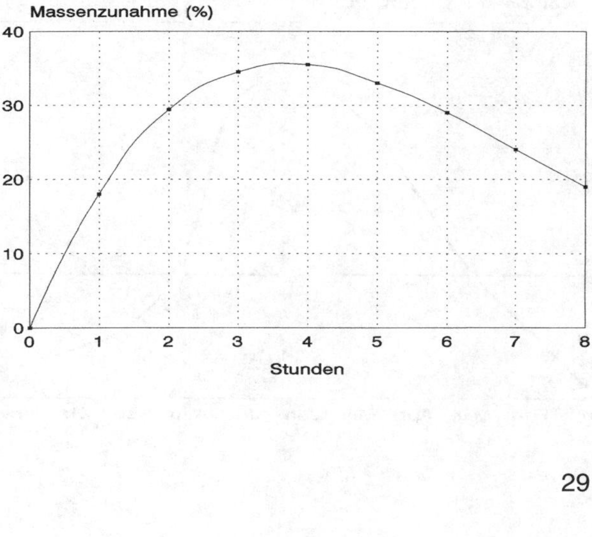

Abb. 5: Volumenregulation von Wattwürmern; Darstellung eines Versuchsergebnisses.

5.2 Temperatur

Badegäste am Wattenmeer wissen es genau: Liegt das Hochwasser im Sommer in den Abendstunden, dann ist das Wasser deutlich wärmer als bei Mittaghochwasser. Trockenfallende Wattböden erwärmen sich unter der sommerlichen Sonneneinstrahlung stärker als das Wasser. Es sind im Schlick Oberflächentemperaturen von über 30 °C meßbar. Das auflaufende Wasser nimmt die Wärme von den aufgeheizten Wattflächen auf. Dies gilt aber nur im Sommer, im Winter kühlen trockenfallende Flächen stärker ab als wasserbedeckte. Die Eisbildung in extrem kalten Wintern erfolgt zunächst in Flußmündungen mit geringerem Salzgehalt und auf den flachen Wattgebieten, die leicht auskühlen. Eisschollen frieren bei jedem Trockenfallen am Wattboden fest. So wird in Eiswintern die Bodenlebensgemeinschaft in den oberen Schichten ausgelöscht. Die Jahres-Temperaturamplitude schlägt im Wattenmeer deutlich weiter aus als in der freien Nordsee (Abb. 6): Der Wasserkörper des Wattenmeeres ist im Vergleich zum Nordseewasser im Sommer wärmer, im Winter kälter.

Auch kleinräumig treten **extreme Temperaturänderungen** im Flachwasser des Wattenmeeres auf: Flache Wattpfützen erwärmen sich im Sommer rasch. Im Winter dagegen kühlen sie schnell aus. Aber wie für die Salzgehaltsschwankungen gilt auch für die Temperatur, daß bereits wenige Zentimeter tief im Wattboden recht ausgeglichene Verhältnisse herrschen. Das Leben im Wattboden schützt vor starken Temperaturschwankungen. Die an der Oberfläche siedelnden Formen müssen stärkere Temperaturänderungen ertragen können. Miesmuscheln überleben einige Tage lang leichten Frost ebenso wie Temperaturen über 30 °C.

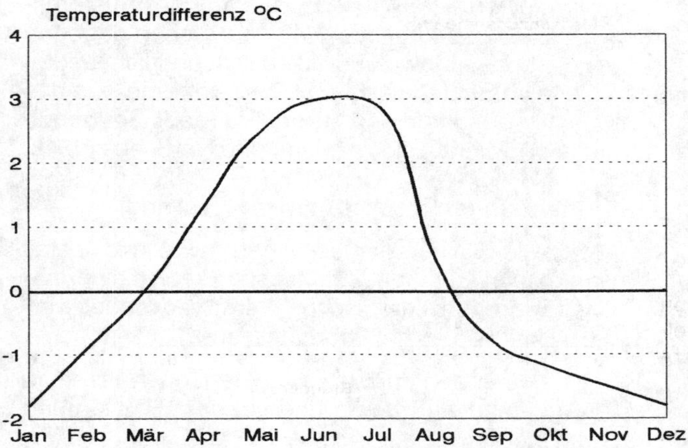

Abb. 6: Abweichung der Wassertemperatur des Wattenmeeres von der Nordsee (Oberflächentemperatur im Jahresgang).

Einschneidender als die kurzzeitigen Schwankungen wirken sich die **jahreszeitlichen Änderungen** der Temperatur auf die wirbellosen Tiere aus: Bei wechselwarmen Organismen verringern sich die Stoffwechselleistung und das Wachstum mit sinkender Temperatur. Entsprechend verringern sich die pflanzliche und die tierische Produktion in den kühleren Monaten deutlich. Zudem besteht die Gefahr des Erfrierens in den obersten Bodenschichten. Bodentiere haben sich im Wattenmeer auf verschiedene Weise angepaßt:

- Auswanderung: Eine Reihe von Arten lassen sich im Herbst in tiefere, sublitorale Bereiche verdriften oder wandern aktiv aus. Dies sind vor allem solche Arten, die auf dem Wattboden oder in den obersten Schichten leben. Wattschnecken (*Hydrobia ulvae*) nutzen ihre Fähigkeit, sich an das Oberflächenhäutchen des Wassers zu heften und lassen sich mit dem ablaufenden Wasser in tiefere Regionen treiben. Strandkrabben wandern im Oktober in die Tiefe der Wattströme, Nordseegarnelen und junge Plattfische verlassen weitgehend das Wattenmeer und überwintern im Küstenvorfeld. Bei starker Vereisung frieren die Eisschollen an der Sedimentoberfläche fest. Bodentiere werden im Eis eingeschlossen oder ersticken ohne Sauerstoffzufuhr.
- Tieferes Eingraben: Ausgewachsene Wattwürmer verharren tief und damit weitgehend frostsicher im Wattboden. Bei starkem Frost graben sie sich wie die Seeringelwürmer tiefer ein.
- Rasche Neubesiedlung nach Eiswintern: In Eiswintern erfrieren oder ersticken die Bodenbewohner unter den Eisschollen, oder sie werden von treibenden Schollen mitgetragen und an Land geworfen. Solche Situationen gleichen die Populationen durch hohe Vermehrungsraten und rasche Neubesiedlung aus den „Populationsreserven" des tieferen Wassers im folgenden Jahr aus.

Die geringe Siedlungsdichte der Wirbellosen im **Winter** hat einschneidende Konsequenzen für die Folgekonsumenten: Unter den stochernden Watvögeln verbleiben vor allem Arten mit einem sehr langen Schnabel im Watt, weil nur sie tief im Boden eingegrabene Würmer erbeuten können: ein Teil der Austernfischer und der Großen Brachvögel; kurzschnäbelige Watvögel ziehen dagegen fort. Sogar die Anzahl der allesfressenden Möwen reduziert sich deutlich. Lediglich die Eiderenten finden tauchend im Sublitoral solange ihre Nahrung, wie das Wattenmeer eisfrei ist: Muscheln, Seesterne und Strandkrabben. Seehunde meiden bei Frost das Wattenmeer und ziehen sich in die offene Nordsee zurück.

Untersuchung 1: Temperaturmessungen im Wattenmeer (Freiland)

Temperaturmessungen sind ebenso wie Salzgehaltsmessungen im Freiland überall dort sinnvoll, wo größere Schwankungen auftreten. Zur Messung kann ein normales Alkohol-Thermometer ebenso wie ein elektronisches Gerät verwendet werden. Es sollte eine Ablese-Genauigkeit von einem Grad, besser 0,1 °C haben.

- Vergleich der Temperatur des ablaufenden und des auflaufenden Wassers in einem Priel. Dies kann während einer Wattwanderung auf dem Hinweg und auf dem Rückweg durchgeführt werden.

– Messung der Temperaturerhöhung in einer kleinen Wattpfütze über mehrere Stunden im Hochsommer bei Sonneneinstrahlung.
– Vergleich der Temperaturen in einer kleinen Wattpfütze, in einer größeren Wasserfläche, in einem fließenden Priel und in einem Wattstrom im Sommer.
– Erstellung eines Vertikalprofiles im Boden. Im Sommer bei intensiver Sonneneinstrahlung wird im Schlickwatt ein 25 cm tiefes Loch gegraben. Die Temperatur wird an der Oberfläche, in 5, 10, 15 und 20 cm Tiefe im Boden gemessen. Sand- und Schlickwatten können gut verglichen werden.

Untersuchung 2: Auswirkungen der Temperatur auf die Aktivität (Labor)

Alle wechselwarmen Wirbellosen des Wattbodens sind in ihrer Aktivität von der Temperatur abhängig. Die Schlagfrequenz der Beine von Seepocken und Häufigkeit der Irrigationsbewegung des Seeringelwurmes sind gut zu beobachtende temperaturabhängige Aktivitäten.

Material: Mehrere Seepocken auf ihrem Substrat, z.B. auf Muschelschalen, kleinen Steinen oder Ästen der Uferbauwerke, mehrere kleine Schalen mit belüftetem Seewasser, Thermometer, Kühlschrank, Stoppuhr.

Dauer: Etwa 1 Stunde.

Durchführung: Die Schlagfrequenz der Beine der Seepocken wird in Abhängigkeit von der Temperatur gemessen. Dazu werden jeweils mehrere Tiere in Schalen mit belüftetem Seewasser von unterschiedlicher Temperatur, z.B. 5, 10, 15, 20 °C gegeben (die Belüftung ist wichtig, da sonst der Effekt des Sauerstoffmangels die Schlagaktivität beeinflußt).

Auswertung: Die Schlagaktivität wird in einer Graphik aufgetragen. Sie steigt bei diesen wechselwarmen Tieren mit der Temperatur. Eine entsprechende Untersuchung zur Wirkung der Temperatur kann mit dem Seeringelwurm durchgeführt werden. Man mißt entsprechend der Untersuchung 7 in Kap. 6.2 die Häufigkeit der Irrigationsbewegungen der Tiere bei unterschiedlichen Wassertemperaturen. Auch hier ist das Tier im Rahmen der physiologisch verträglichen Temperaturen, also bis etwa 22 °C, mit steigender Temperatur aktiver.

5.3 Wasserbedeckungszeit

Die Wasserbedeckungszeit steht in direktem Zusammenhang mit der Lage zur Niedrigwasserlinie und zur Hochwasserlinie. Hochliegende, landnahe Wattbereiche (oberer Gezeitenbereich) haben eine kurze Wasserbedeckungszeit; umgekehrt fallen tiefliegende Watten an den Rändern der großen Wattströme (unterer Gezeitenbereich) nur kurze Zeit trocken. Die Wasserbedeckungszeit kann also zwischen wenigen Minuten und 12 Stunden betragen. Da das Wattenmeer überwiegend von Organismen mariner Herkunft besiedelt wird, ist die Wasserbedeckungszeit ein entscheidender Verteilungsfaktor für die vorkommenden Arten:

– Grundsätzlich schwanken bei kürzerer Wasserbedeckungszeit Temperatur und Salzgehalt in den obersten Sedimentschichten stärker. Deshalb wird der obere Gezeitenbereich eher von Arten besiedelt, die bezüglich der genannten Faktoren euryök sind. Tiefer im Boden verringern sich diese Schwankungen, jedoch verschlechtern sich dann andere Lebensbedingungen, wie z.B. der Sauerstoffgehalt. Großalgen des Eulitorals, wie der Meersalat (*Ulva lactuca*) oder der Blasentang (*Fucus vesiculosus*) sind in der Lage, längere Austrocknung zu überleben. Mikroalgen des Wattbodens, vor allem die Diatomeen, vertragen das periodische Trockenfallen ohne Probleme. Sie sind in der Lage, sich bis zu 10 cm Tiefe in den Boden zurückzuziehen und verharren dort in Ruhestadien.
– Die Wasserbedeckungszeit beeinflußt die Verteilung verschiedener Ernährungstypen der Wirbellosen im Wattenmeer. Für die Arten, die als **Suspensionsfresser** Plankton und Detritus aus dem freien Wasser fischen, ist eine längere Wasserbedeckungszeit günstiger. So wachsen Herzmuscheln im unteren Gezeitenbereich schneller als im mittleren. Der Bäumchenröhrenwurm benötigt mehr als 6 Stunden Wasserbedeckungszeit. Umgekehrt finden **Depositionsfresser** ihre Nahrung an Meiofauna, Mikroflora, Detritus, Bakterien und gelösten organischen Molekülen im oberen Gezeitenbereich. Denn hier sedimentieren mehr mit dem Flutstrom eingetragene Sinkstoffe, und das schlickige Sediment hat einen erheblich höheren Anteil an organischer Substanz als Sandböden im unteren Gezeitenbereich.
– Die Wasserbedeckungszeit beeinflußt das **Feindspektrum**. Beim Trockenfallen üben die Vögel einen starken Fraßdruck auf die Bodentiere aus. Watvögel stochern im Boden, Möwen sammeln auf der Wattoberfläche, und Enten durchseihen die obersten Sedimentschichten; sie alle schöpfen einen erheblichen Anteil der Sekundärproduktion des Benthos ab. Mit der Flutwelle wandern große Mengen an Fischen und Krebstieren auf die Wattflächen. Vor allem junge Plattfische, Strandkrabben und Nordseegarnelen fressen Meiofauna, Schwanzenden von Wattwürmern, Siphone von Muscheln und Tiere der obersten Sedimentschichten.

Untersuchung 1: Bestimmung der Wasserbedeckungszeit (Freiland)

Vorbemerkung: Die Ermittlung der Wasserbedeckungszeit kann wichtig sein zum Verständnis der Zusammensetzung der Lebensgemeinschaften an bestimmten Stationen im Watt (siehe Untersuchunge 1 und 2 in Kapitel 5.9). Die errechnete Wasserbedeckungszeit ist natürlich nur für die am Beobachtungstag herrschenden Bedingungen gültig. Sagt der Seewetterbericht einen normalen Tidenstand voraus, kann auf die durchschnittliche Wasserbedeckungszeit geschlossen werden.

Material: 5 bis 10 Bambusstäbe ca. 2 m lang und mit weit sichtbaren Wimpeln, Uhr, Fernglas.

Dauer: 6 Stunden (!); kann z.B. parallel zu einer Salzwiesenuntersuchung durchgeführt werden.

Durchführung: Bei Niedrigwasser wird ein Profil von einer möglichst tief liegenden Stelle (nahe Niedrigwasserlinie, Prielkante) und der Hochwasserlinie mit Bambusstäben gesteckt. Die weit entfernten müssen unbedingt mit sichtbaren Fahnen markiert werden. Die Abstände der Stangen werden abgeschritten.

Mit dem Fernglas wird beobachtet, wann die auflaufende Flut die einzelnen Stangen erreicht hat. Die Zeit wird notiert. Mit Hilfe des genauen Hochwassertermins aus dem Tidenkalender wird die Wasserbedeckungszeit der einzelnen Stationen berechnet.

5.4 Wasserbewegung

Jede auflaufende Flutwelle verursacht eine Wasserbewegung. Sie kann unterstützt werden durch Sturm und Brandungskräfte. Wasserbewegungen bewirken eine Sortierung der Sedimente: Je geringer die Wasserbewegung ist, desto eher können sich feinere Sedimente ablagern. An den Stränden der freien Nordsee, die im Vergleich zu den Wattflächen steiler abfallen, lassen die Brandungskräfte nur die Sedimentation von groben Sanden oder Kiesen zu. Die Wasserbewegung in den Prielen führt hingegen eher zur Erosion; es können Strömungsgeschwindigkeiten von einem bis mehreren Metern pro Sekunde auftreten.

Stürme bewirken eine starke Wellenbewegung; sie wirbeln die obersten Sedimentschichten der Flachwassergebiete des Wattenmeeres auf und sortieren die Materialien neu. Feinere Sedimente lagern sich erst wieder in den Buchten der inneren Wattenbereiche ab. So können viele Zentimeter Wattsediment an einem Tag abgetragen oder aufgelagert werden.

Tab. 1: Eigenschaften verschiedener Sedimente des Wattenmeeres.

	Schlickwatt	Schlicksand (Mischwatt)	Sandwatt
Korngrößen	über 50% Silt und Ton	5 bis 50% Silt und Ton; Feinsand	überwiegend Feinsand, unter 5% Silt
Gehalt an organ. Substanz	5 bis 10%	1 bis 5%	unter 1%
Porenraum	sehr klein	klein	groß
Wassergehalt	über 50%	um 30%	unter 20%
Lagekonstanz	sehr groß	groß	mäßig bis gering
Bindigkeit	sehr groß	groß	gering
Trockenliegezeit	bis zu 11 Std.	6 bis 8 Std.	0 bis 6 Std.

Auf der Wattoberfläche finden sich oft **Rippelmarken**, die durch Wasserbewegung hervorgerufen wurden. Unter Wasser entstehen durch Wellenbewegung scharfkantige langgestreckte Wellenrippeln. Sie prägen in sandigen Gebieten oft das Bild der Watten. In den Außenbereichen haben sie relativ hohe Kämme. Im inneren Wattenmeer sind sie flacher und haben aufgrund der geringen Wellenlänge des Seeganges nur wenige Zentimeter Abstand. Neben diesen Wellenrippeln gibt es auch Strömungsrippeln. Sie erscheinen flach und eher buckelig als linienförmig. Beim Auftauchen werden sie abgeflacht. Rippelmarken stehen grundsätzlich quer zur Strömungs- oder Wellenrichtung. Je größer sie sind, desto größer ist die Wasserbewegung.

5.5 Sediment

Schlick ist schmierig und klebrig, riecht meist modrig oder faulig und hat eine undefinierbare dunkle Farbe. Läuft man barfuß hindurch, so fühlt er sich feuchtglipschig und kühl an, und man sinkt oft knöcheltief ein. Diese Eindrücke gewinnen Wattläufer von dem flächenmäßig weniger verbreiteten, aber doch prägenden Sediment des Wattenmeeres. „Schlick" ist ein Sammelbegriff für ganz unterschiedliche feinkörnige und bindige Sedimente des Schlick- und Mischwattes. Die Eigenschaften beruhen auf Korngrößenzusammensetzung, Wassergehalt und Gehalt an organischer Substanz; Wasserbedeckungszeit und Wasserbewegung beeinflussen wiederum diese Faktoren. Aufgrund der Korngrößenzusammensetzung unterscheidet man Sand-, Misch- und Schlickwatten (siehe Abb. 7 und Tab.1).

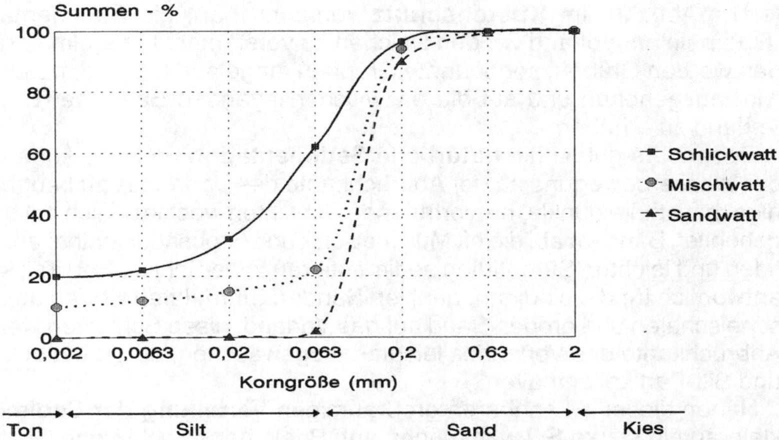

Abb. 7: Kornsummenkurven der Sedimente verschiedener Watt-Typen (in Massen-%). Die Werte der einzelnen Fraktionen werden als Summenprozente addiert.

Ein Kennzeichen für die Art des Wattbodens ist die **Stärke der Oxidationszone**, die als helle Schicht über der dunkelgrauen bis schwarzen Reduktionszone liegt. Die helle, gelbliche Farbe stammt von Eisenoxidhydraten (annähernde Summenformel FeO(OH); es handelt sich um Verbindungen mit wechselnder Zusammensetzung), die sich unter Sauerstoffüberschuß ablagern. Tritt in den Sedimenten durch den Abbau organischer Substanz Sauerstoffmangel auf, so bildet sich durch Sulfatreduktion (bakterielle Desulfurikation durch *Desulfovibrio*) und durch den Eiweißabbau Schwefelwasserstoff (siehe Abb. 8), der am Geruch zu erkennen ist (siehe Untersuchung 3). In der sauerstoffarmen Reduktionszone werden gleichzeitig Fe^{3+} -Ionen zu Fe^{2+} -Ionen reduziert, und es bildet sich schwarzes Eisensulfid. In tieferen Schichten kann oftmals eine abgesetzte graue Zone von FeS_2 (Pyrit) unterschieden werden. Je feinkörniger das Sediment ist, desto weniger tief dringt Sauerstoff in die Poren ein. Im Schlickwatt ist die helle Oxidationszone nur wenige Millimeter dick. In grobkörnigen Sandwatten hingegen gelangt Sauerstoff tiefer ins Sediment; die Oxidationszone ist mehrere Zentimeter stark. Der von im Wattboden siedelnden Tieren erzeugte Atemwasserstrom trägt zusätzlich Sauerstoff in die tieferen Sedimentschichten.

Mit jeder Flutwelle werden Sedimente und Detritus von der Nordsee her eingetragen. Sie sedimentieren bei geringen Strömungsgeschwindigkeiten in Landnähe, wenn die Flut kentert. Das ablaufende Wasser ist daher in der Regel erkennbar klarer als das auflaufende. An Stränden, entlang den Strömungskanten von Wattströmen und an den Prallhängen von Prielen herrschen grobe Sedimente vor (siehe Untersuchungen 1 und 2). Wegen der höheren Strömungsgeschwindigkeit können sich aufgrund ihres Gewichtes nur gröbere Sandpartikel halten; Siltteilchen (0,002 bis 0,063 mm Korngröße) und Tonteilchen (unter 0,002 mm Korngröße) werden fortgespült. Insgesamt nimmt die durchschnittliche Korngröße der abgelagerten Wattsedimente vom Meer zum Land hin ab (siehe Abb. 9). Im **Küstenschutz** versucht man, die Sedimentation durch „Grüppeln" im Vorland vor den Deichen zu verstärken: In regelmäßigen Abständen werden Gräben, sogenannte Grüppen, angelegt. Der sedimentierte Schlick wird ausgehoben und auf die dazwischenliegenden Beete geworfen, um das Vorland zu erhöhen.

Besonders gut ist die **natürliche Sedimentation** und ihre Abhängigkeit von der Wasserbewegung an der Abbruchkante des Vorlandes zu beobachten. Wenige mm starke dunkle, hervortretende Schichten wechseln sich mit dünnen ausgehöhlten Bändern ab, die oft Muschelschill und Grobsande enthalten. Bei Springtiden und leichten Sturmfluten sedimentieren feine Schlick-Partikel; sie sind verantwortlich für die bindigen, dunklen Bänder. Sturmfluten werfen aber auch Muschelschalen und groben Sand auf das Vorland; diese Schichten werden an der Abbruchkante des Vorlandes leichter ausgewaschen, da sie kaum bindige Ton- und Silt-Partikel enthalten.

Neben dieser erkennbaren großräumigen **Verteilung der Sedimente** treten kleinräumig starke Schwankungen auf: Priele haben schlickige Gleithänge und gegenüber sandige Prallhänge. In kleinen Senken und zwischen Seegrasbüscheln nehmen die feineren Partikel zu. Hinzu kommen biogene Sediment-

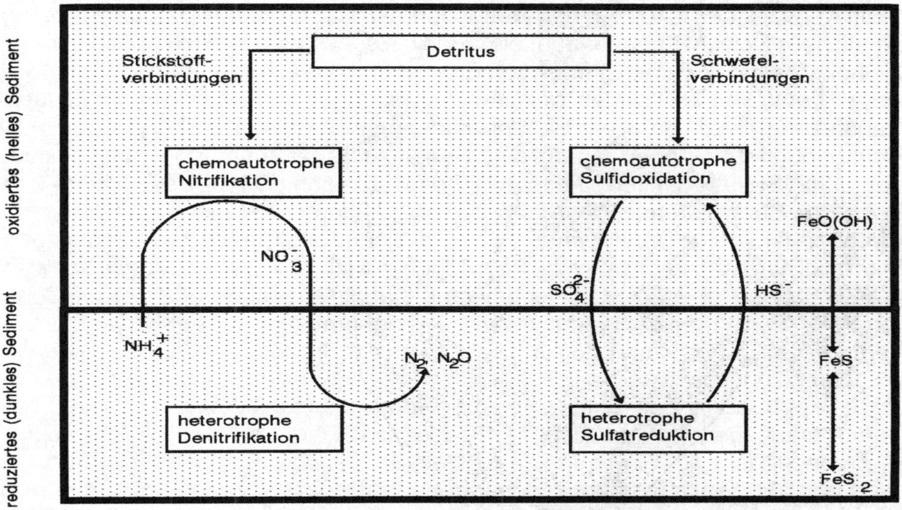

Abb. 8: Chemische Vorgänge im Wattboden, vereinfacht.

veränderungen durch die Wühltätigkeit der Tiere. Wattwürmer haben einen besonders großen **Bioturbationseffekt** auf die Sedimente. Durch ihre Fraßtätigkeit werden Feinsande an die Oberfläche befördert. Grobe Schillpartikel wandern so immer weiter in die Tiefe, bis sie unter den Siedlungshorizont der Wattwürmer endgültig abgelagert werden (siehe Kap. 6.2, Abb. 21). Miesmuscheln, in großer Siedlungsdichte auch Herzmuscheln, fördern durch Pseudofaecesabgabe (siehe Kap. 6.1, Abb. 18) die Ablagerung von Feinsedimenten an der Oberfläche. Dieser biogene Schlick ist in der Regel reich an organischer Substanz.

Durch **Stürme** können mehrere Dezimeter Wattsediment in kürzester Zeit abgetragen oder auch umgelagert und sedimentiert werden. Auch können Priele in wenigen Monaten ihr Bett weit verlagern. So treten in Erosionsbereichen oft alte Torf- oder Kleischichten an die Wattoberfläche, die vorher von Wattsedimenten bedeckt waren. Sie sind Zeugen einer Zeit, in denen die heutigen Wattflächen Land, Süßwasser oder Moor waren. Muschelfriedhöfe von Sandklaffmuscheln sind ebenfalls Zeugen solcher plötzlichen großräumigen Erosionen im Wattenmeer (siehe Kap. 6.1), denn die großen Muscheln siedeln normalerweise in 20 bis 30 cm Tiefe im Wattboden.

Die Sedimentzusammensetzung bestimmt oftmals das Muster der tierischen Besiedlung im Wattboden. Manche Arten bevorzugen Sandwatt, andere treten gehäuft im Mischwatt auf, wie der Wattwurm und die Herzmuschel. Etliche Arten haben im Schlickwatt ihre höchste Siedlungsdichte, wie der Kotpillenwurm. Die Häufigkeit der Tierarten des Wattbodens ändert sich in der Regel deutlich mit

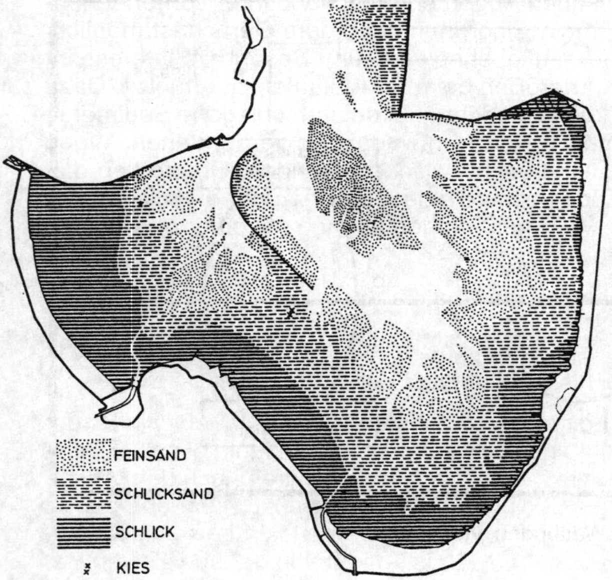

Abb. 9: Sedimente im Jadebusen-Watt. Zum Land hin nehmen die feinen Anteile zu (aus REINECK 1978).

der Sedimentzusammensetzung (siehe Abb. 13, Kap. 5.9). Bei Untersuchungen zur Artenzusammensetzung und zur Häufigkeit der Arten ist es daher sinnvoll, auch Angaben zur Sedimentzusammensetzung zu machen.

Untersuchung 1: Sedimentzusammensetzung (Freiland, Labor)

Sedimente lassen sich bereits durch Fühlen und Riechen unterscheiden. Um Besiedlungsunterschiede von bodenlebenden Tieren zu erklären, genügt im allgemeinen eine qualitativ-vergleichende Schlemmanalyse. Korngrößenanalysen zur Ermittlung von Kornsummenkurven sind zeit- und materialaufwendige Verfahren; für biologische Arbeiten mit Schülern sollten sie nur zur Demonstration eingesetzt werden.

a) Durch den direkten **Einsatz unserer Sinne** können bereits Unterschiede zwischen verschiedenen Sedimenten festgestellt werden: Sand- und Schlickwattproben werden zwischen den Fingern zerrieben. Neben der Körnigkeit vermögen wir auch die unterschiedliche Bindigkeit (Klebrigkeit) festzustellen. Mehrere Sedimentproben, z.B. Schlick aus den Grüppen oder aus einer Miesmuschelbank, Mischwattproben, feinsandige Proben aus dem *Arenicola*-Watt und grobsandige Proben von Stränden, in Petrischalen gefüllt, lassen sich auch mit geschlossenen Augen entsprechend ihrer vorherrschenden Korngröße sortieren. Auch ein Einordnen nach dem Geruch ist möglich: Schlickige Proben riechen eher faulig, sandige kaum. Besonders interessant ist es, die unterschiedlichen Korngrößen beim Barfußlaufen zu erfühlen. Dazu wird eine 10 bis 50 m lange Strecke markiert, auf der verschiedene Sedimente vorkommen. Versuchspersonen werden entweder mit verbundenen Augen geführt oder laufen alleine entlang einer zwischen Stangen, Grabforken o.ä. gespannten Handleine. Am Ende beschreibt jeder Teilnehmer die mit den Füßen erfühlten Sedimente. Die Wahrnehmungen können mit einer qualitativen Schlemmanalyse überprüft werden.

b) Vereinfachte Schlemmanalyse (Freiland, Labor)

Material: Mehrere 100 ml-Meßzylinder, verschiedene Sedimentproben.

Dauer: Je nach Sedimentart 5 bis 60 Minuten.

Durchführung: Etwa 20 ml Sediment werden in einen 100 ml-Meßzylinder gegeben, mit Wasser auf 100 ml aufgefüllt und kräftig geschüttelt, bis alles Sediment suspendiert ist. Nun wird die Zeit bis zum ersten Klären nach dem Absetzen sowie bis zum weitgehenden Sedimentieren gemessen. Bei Sandproben ist dies nach wenigen Sekunden der Fall, mit Schlickproben kann es einige Minuten dauern. Wie stark der Überstand geklärt ist, hängt von der subjektiven Betrachtung des Beobachters ab. Wenn aber die gleichen Personen mehrere Proben vergleichen, relativiert sich dieser Fehler. Das sedimentierte Material zeigt entsprechend seiner Zusammensetzung oftmals eine Schichtung. Die Stärke dieser Schichten kann ebenfalls zur Charakterisierung des untersuchten Sedimentes herangezogen werden.

c) Korngrößenanalyse (Labor)

Hinweis: Hier wird ein vereinfachtes Verfahren mit volumetrischer Bestimmung der Fraktionen vorgestellt. Eine genaue Erstellung von Kornsummenkurven wird über Sieben, Trocknen und Wägen der Fraktionen durchgeführt.

Material: Becherglas 1000 ml, mehrere Meßzylinder 100 und 500 ml, Siebsatz aus rostfreiem Edelstahl mit den genormten Maschenweiten 0.063, 0.2, 0.63 und 2.0 mm.

Dauer: Etwa 2 Stunden.

Durchführung: 100 bis 300 g Sediment werden in einem großen Becherglas mehrfach geschüttelt; der Überstand wird jeweils in einen großen Meßzylinder dekantiert. Er enthält den Silt- und Tonanteil (< 0,063 mm Korngröße), dessen Volumen nach einer Sedimentationsdauer von etwa einer Stunde abgelesen wird. Der grobkörnige Rest des Sedimentes wird nacheinander durch die Siebe gespült. Das Volumen der einzelnen Fraktionen wird in Meßzylindern bestimmt. Dann wird ihr prozentualer Anteil an der Sedimentprobe errechnet. Die Werte werden als Summenprozente in Kornsummenkurven entsprechend Abb. 7 dargestellt.

Untersuchung 2: Profil eines Prieles, Korngrößenverteilung (Freiland)

Material: 2 Stangen, 10 bis 20 m Leine, Zollstock, Wasserwaage; mehrere 100ml-Meßzylinder zur Schlemmanalyse, Protokollbogen.

Dauer: Etwa eine Stunde.

Durchführung: Über einen kleinen Priel wird an einer deutlichen Biegung eine Leine waagerecht gespannt. Folgende Messungen werden durchgeführt und protokolliert bzw. maßstabsgerecht gezeichnet:

a) Es wird das Profil des Prieles gezeichnet (entlang der Leine wird alle 50 cm die Höhe Leine - Prielgrund gemessen.
b) Entlang dem Profil wird alle 50 cm Sediment entnommen und eine Schlemmanalyse durchgeführt.
c) Wo liegt grober Muschelschill? Dies wird in die Zeichnung eingetragen.

Auswertung: Priele stellen die natürlichen Entwässerungssysteme des trockenfallenden Wattes dar. Vor allem das ablaufende Wasser erreicht beachtliche Strömungsgeschwindigkeiten von stellenweise einem Meter pro Sekunde und mehr. Auf der Sohle des Priels können sich deshalb nur besonders grobe und schwere Partikel halten, wie zusammengespülter Muschelschill. In Mäandern treten kleinräumig verschiedene Strömungsgeschwindigkeiten auf. Es kommt zur Bildung von Prall- und Gleithang mit einer unterschiedlichen Sortierung der Sedimente. Am Gleithang lagern sich feinere, z.T. schlickige und stark wasserhaltige Sedimente ab. Am Prallhang findet Erosion statt, und es treten dort nur grobe Sande auf; oft sind durch den Abbruch Röhren und Bauten von Bodenbewohnern freigelegt.

Untersuchung 3: Nachweis von Sulfidionen und Schwefelwasserstoff (Labor,Freiland)

Material: Bleiacetatpapier, verdünnte Salzsäure, Becherglas.

Dauer: 5 Minuten.

Durchführung: Etwas dunkelgefärbtes, sulfidhaltiges Sediment wird in einem Becherglas mit einigen Tropfen verdünnter Salzsäure versetzt. Es tritt der Geruch von Schwefelwasserstoff auf. Ein über das Becherglas gehaltener angefeuchteter Streifen Bleiazetatpapier färbt sich dunkel.

Auswertung: Salzsäure reagiert als starke Säure mit Sulfid-Ionen zu Schwefelwasserstoff. Dieser entweicht als Gas und reagiert auf dem Indikatorpapier mit den Blei-Ionen zu dunklem Bleisulfid.

Untersuchung 4: Oxidationszonen im Boden (Freiland)

Material: Zollstock, Grabforke, Protokollbogen.

Dauer: Je nach Fragestellung und Anzahl der Stationen 10 bis 60 Minuten.

Durchführung: An verschiedenen Stationen werden 20 bis 30 cm tiefe senkrechte Profile in den Boden gegraben. Die Stärke der Oxidationszone wird gemessen. Diese Untersuchung ist sinnvoll in Kombination mit einer einfachen Sedimentanalyse und einer Bestandsaufnahme der Bodentiere.

Ergänzung: Von den erkennbaren Röhren und Wohnbauten im Sediment wird eine maßstabsgetreue Skizze angefertigt, die auch die Lage und Stärke der Oxidationshüllen um die Röhren berücksichtigt.

Untersuchung 5: Sauerstoffzehrung und Belüftung von Sedimenten (Labor)

Material: Dunkle, schlickige Sedimentproben, 4 Bechergläser ca. 200 ml, 3 Magnetrührer, 1 Aquarienbelüfter mit Sprudelstein, Sauerstoffsonde oder Aquamerck-Sauerstoffsatz.

Dauer: Etwa drei Stunden, die Weiterführung (Probe I) ein bis zwei Tage.

Durchführung: Drei Bechergläser (I bis III) werden mit je 20 ml Schlicksediment und 150 ml Seewasser, das vierte (IV) zur Kontrolle ohne Sediment nur mit Seewasser gefüllt.
Die Bechergläser werden wie folgt im Dunkeln behandelt:

I. Aufrühren mit dem Magnetrührer, Belüftung
II. vorsichtiges Aufrühren mit dem Magnetrührer, ohne die Oberfläche zu verwirbeln, ohne Belüftung
III. ohne Magnetrührer, ohne Belüftung
IV. ohne Magnetrührer, ohne Belüftung

In Probe I wird die Farbänderung über 24 Stunden beobachtet. In den Proben II, III und IV werden über vier Stunden stündlich Sauerstoffmessungen durchgeführt (möglichst wenig verwirbeln, um einen Sauerstoffeintrag zu vermeiden).

Auswertung: In Probe I sollte sich nach spätestens 24 Stunden eine Hellfärbung des Sedimentes zeigen; Sulfidionen sind zu Sulfat oxidiert, und es erscheint die gelbliche Farbe des Eisenhydroxides. In den Proben II und III treten Sauerstoffzehrungsvorgänge auf. Dies beruht auf der Atmung der abbauenden Bakterien im Sediment. Die Mehrzahl dieser Destruenten sind fakultative Anaerobier, sie können also sowohl unter aeroben als auch unter anaeroben Bedingungen leben. In Probe II sinkt der Sauerstoffgehalt viel schneller als in Probe III, innerhalb weniger Stunden um einige mg/l, da durch das Aufwirbeln eine bessere Durchmischung von Bakterien und Sediment erreicht wird. Probe IV soll als Vergleichsprobe zeigen, daß die sauerstoffzehrenden Vorgänge vor allem im Sediment und weniger im Wasser stattfinden.

5.6 Sauerstoff

Beim Graben im Wattboden fällt der faulige Geruch auf. An eine dünne **Oxidationszone** schließt sich in der Tiefe die Reduktionszone an. Diese Abfolge beweist, daß im tieferen Boden kein Sauerstoff zur Verfügung steht. Generell unterscheiden sich die Lebensräume des Wassers von Landlebensräumen durch ihr geringeres Sauerstoffangebot. Die Luft enthält rund 21 Volumen-% Sauerstoff, also etwa 300 mg/l Luft. Je nach Temperatur lösen sich im Wasser nur etwa 10 mg/l. Zudem diffundiert der Sauerstoff in der Luft viel schneller als im Wasser; er kann an Land besser in den Boden eindringen als in das Bodensediment eines Gewässers. Der geringe Sauerstoffgehalt im Porenwasser des Wattbodens ist ein stark auslesender Faktor für die vorkommenden Organismen.

Der Sauerstoff wird vor allem auf drei Wegen für die Lebewesen des Wattenmeeres herangeführt:

- Durch Wind und durch Wellenbewegungen löst sich Sauerstoff aus der Luft im Meerwasser.
- Mit jeder Flutwelle wird sauerstoffreiches Wasser aus der Nordsee eingetragen.
- Die Kieselalgen sind die wichtigsten Sauerstoffproduzenten im Watt. An warmen Sommertagen kann man in flachen Wattpfützen viele kleine glänzende Gasbläschen sehen. Der produzierte Sauerstoff perlt infolge der Übersättigung des Wassers aus und wird von der die Algen umgebenden Schleimschicht festgehalten.

Das Wasser des Wattenmeeres ist meist mit Sauerstoff gesättigt. Fast alle Wirbellosen des Wattes leben aber im Boden. Sie haben eine hohe Biomasseproduktion und verbrauchen entsprechend viel Sauerstoff. Zusätzlich werden aus der Nordsee mit jeder Flutwelle Planktonorganismen und Detritus eingeschwemmt, die im Watt sedimentieren. Dort werden sie durch Mikroorganismen unter Sauerstoffverbrauch abgebaut (siehe Kap. 5.5, Untersuchung 5). Über das Porenwasser gelangt der Sauerstoff aber nur langsam in den Boden und kann den Bedarf der Lebewesen dort nicht decken. Auch beim Trockenfallen gelangt aus der Luft nicht genügend Sauerstoff in das Grundwasser des Bodens. Deshalb treten oft schon in wenigen Millimetern Tiefe dunkle anaerobe Sedimentschichten auf. In der Oxidationszone befinden sich zahlreiche Lebewesen: Meiofauna und Jugendformen der Makrofauna. Es ist die Zone mit den intensivsten Stoffumsetzungen im Wattboden. Ihre Stärke wird beeinflußt durch die Porösität des Sedimentes, durch den Gehalt an organischer Substanz, und durch die Temperatur. Im Winter sinkt der Verbrauch von Sauerstoff im Wattboden. Die Oxidationszone reicht tiefer, weil weniger sauerstoffzehrende Organismen vorhanden sind, und weil ihre Stoffwechselaktivität abfällt. In den vergangenen Jahren hat die Stärke dieser Schicht in vielen Regionen ständig abgenommen. Als Ursache ist die zunehmende Eutrophierung der Nordsee und des Wattenmeeres anzusehen. In ihrer Folge wird immer mehr Detritus abgelagert. Ein aerober Abbau findet dann nur in den dünnen obersten Schichten statt. Darunter erfolgt der Abbau anaerob. Seit einigen Jahren ist diese schwarze Reduktionszone in Form von „schwarzen Flecken“ direkt an der Sedimentoberfläche zu beobachten (siehe Kap. 7.3). Aber auch durch natürliche Bedingungen kann die Sauerstoffzufuhr in den Boden unterbunden werden. Bei starker Vereisung frieren die Eisschollen an der Sedimentoberfläche fest. Bodentieren ist es dann nicht möglich, an sauerstoffreiches Wasser zu gelangen.

Die wirbellosen Tiere passen sich in unterschiedlicher Weise an die schwierigen Sauerstoff-Verhältnisse im Wattboden an:

1. Einige Arten pumpen sauerstoffreiches Oberflächenwasser in ihre Gänge. Für Wattwürmer sind in Kap. 6.2 entsprechende Untersuchungen beschrieben. Der gelöste Sauerstoff läßt eine mehrere Millimeter dicke helle Oxidationshülle um die Bauten entstehen.
2. Die Arten besitzen einen ihrer Lebensweise angepaßten Sauerstoffverbrauch (Abb. 10): Oberflächenformen benötigen bezogen auf ihre Masse relativ viel Sauerstoff; tief im Boden siedelnde Formen, wie der Wattwurm und die Sandklaffmuschel, haben einen geringen Bedarf.

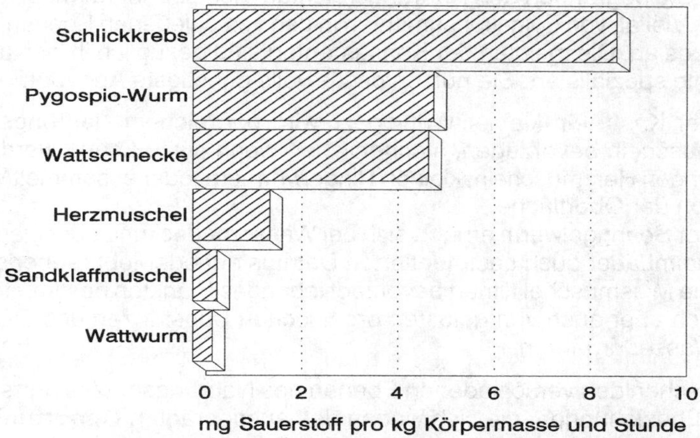

Abb. 10: Relativer Sauerstoffverbrauch verschiedener Bodentiere des Wattenmeeres.

3. Einige Arten können die Stoffwechselaktivität und damit den Sauerstoffbedarf reduzieren. So werden kurzfristig Perioden mit geringem Sauerstoffangebot überbrückt. Viele Oberflächenformen, wie Miesmuscheln, Strandschnecken oder Seepocken, verschließen beim Trockenfallen ihr Gehäuse; Miesmuscheln reduzieren dann den Herzschlag (siehe Abb. 19).
4. Wattwurm und Kotpillenwurm besitzen ein Hämoglobin, das eine besonders hohe Sauerstoff-Affinität aufweist. Sie können damit zusätzlich den giftigen Schwefelwasserstoff oxidieren und unschädlich machen.
5. Viele Arten zeigen die Fähigkeit zu einer Anaerobiose. Unter Sauerstoffmangel gewinnen sie die Stoffwechselenergie aus der Gärung. In der Regel tritt die Succinat-Gärung auf, durch die eine für Gärungen relativ hohe Energieausbeute erzielt wird. Sandklaffmuscheln können auf diese Weise einige Wochen tief im Boden ohne Sauerstoff überleben.

5.7 Biotische Faktoren

Aufgrund der im Tidenrhythmus periodisch und durch Stürme und Vereisung unperiodisch schwankenden Umweltfaktoren bilden sich im Wattenmeer keine stabilen Biozönosen aus; das Ökosystem zeigt viele Merkmale von jungen Sukzessionsstadien: hohe Produktivität, geringe Artenvielfalt mit großen Individuendichten, Opportunistenstrategien. Das Wattenmeer beherbergt kaum spezifisch an diesen Lebensraum angepaßten Arten. Stattdessen dominiert eine artenarme Nordseefauna. Die Formen zeichnen sich durch **weite Anpassungsfähigkeit** und durch **Opportunistentum** in Bezug auf Nahrung, Habitat und Fortpflanzung aus.

Nahrungsbasis für die Lebensgemeinschaften im Wattenmeer sind Bodendiatomeen, Phytoplankton und vor allem aus der Nordsee eingetragener Detritus. Sie begründen den Nahrungsreichtum des Lebensraumes. Es schließt sich eine Vielfalt von Folgekonsumenten in den verschiedenen Ebenen des Nahrungsnetzes an. Die meisten der Konsumenten sind bezüglich ihrer Nahrungsquellen wenig spezialisiert. Sie nutzen das jeweils günstigste Angebot:

- Der Knutt, ein kleiner Watvogel, wird bei reichem Nahrungsangebot Plattmuscheln bevorzugen, stochert aber, wenn diese knapp werden, auch nach jungen Herzmuscheln, kleinen Ringelwürmern, oder er sammelt Wattschnecken von der Oberfläche.
- Der Seeringelwurm ernährt sich bei Wasserbedeckung überwiegend filtrierend, nimmt aber auch sedimentierten Detritus auf oder lebt räuberisch.
- Die Miesmuschel filtriert bevorzugt lebendes Plankton bestimmter Größe, kann sich aber auch von gelösten organischen Substanzen und Detritus aus dem Wasser ernähren.

Zwischen den verschiedenen Ebenen des Nahrungsnetzes herrschen intensive Fraßbeziehungen, die sich wegen des ausgeprägten **Opportunismus bei der Nahrungssuche** auf solche Arten regulierend auswirken, die gerade in besonders großen Dichten vorkommen. Reise belegte dies eindrucksvoll mit seinen Käfigversuchen, bei denen auf Probeflächen mit geeigneten Maschenweiten bestimmte Freßfeinde ausgeschlossen wurden. In den in Abb. 11 gezeigten Versuchen fanden Vögel, Fische und Strandkrabben keinen Zugang zur Untersuchungsfläche. Der starke Anstieg der Bodentierzahlen in den geschützen Flächen verdeutlicht die Bedeutung des Wegfraßes für die Regulation der Populationen. Während heute viele Beispiele aus der terrestrischen Ökologie darauf hindeuten, daß die Menge der Beutetiere eher die Räuberpopulation reguliert als umgekehrt, werden im Wattenmeer Tiere des Bodens in hohem Maße durch Wegfraß reguliert.

Über die produktiven Sommermonate hinweg nutzen unterschiedliche Tiergruppen das Nahrungsangebot: Im Frühjahr und im Herbst rasten Millionen von Watvögeln und Enten und tanken hier ihren Energievorrat für die Reifung der Eier, für die langen Zugstrecken oder für die Mauser auf. In den Sommermonaten schöpfen vor allem Fische, Strandkrabben und Nordseegarnelen das reiche

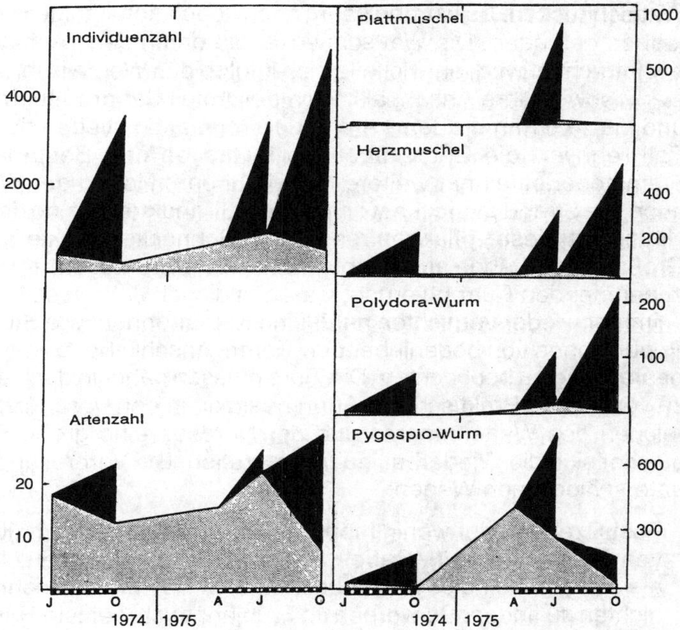

Abb. 11: Änderungen der Anzahlen von Bodentieren pro m² während der Abdeckung mit Käfigen von 1 cm Maschenweite zum Ausschluß von Feinden (verändert nach REISE 1981).
Dunkel schraffiert: Änderungen innerhalb des Käfigs, hellgrau: Kontrolle im umgebenden Watt, schwarzweiße Balken: Abdeckung durch Käfige. Die Käfigversuche wurden 1974 von Juli bis Oktober, 1975 von April bis Juli sowie von Juli bis Oktober durchgeführt.

Nahrungsangebot ab. Der Winter bietet bei stark verringerter Produktivität der Bodenlebewesen nur wenigen Konsumenten ausreichend Nahrung. Unter den Watvögeln verbleiben beispielsweise überwiegend langschnäbelige Arten im Watt, wie Großer Brachvogel und Austernfischer; sie können die dann tiefer im Boden siedelnden Nahrungstiere erbeuten.

Viele Wechselbeziehungen zwischen Räuber und Beute werden direkt oder indirekt von **Parasiten** beeinflußt. Diese spielen im Wattenmeer eine besondere Rolle, weil sich dort dicht lebende Populationen befinden, und weil sie durch die intensiven Freßbeziehungen rasch von einem Wirt zum nächsten gelangen. Eine Reihe von Saugwürmern (Trematoden) benutzen die Wattschnecke und die Strandkrabbe als Zwischenwirte, Seevögel als Endwirte. So beeinflussen sie sehr stark die Räuber-Beute-Beziehung Strandkrabbe - Wattschnecke: 1990 sank der *Carcinus*-Bestand auf weniger als 5% des Höchstbestandes von 1985. Ursache war ein hoher Befall mit Trematoden, erzeugt durch parasitenverseuchte

Wattschnecken. Es wurden kaum noch kopulationsfähige Weibchen der Strandkrabbe gefunden. Die Wattschnecke, die durch den Trematodenbefall weniger beeinträchtigt wird, entwickelte sich infolge des Wegfalls ihres Hauptfreßfeindes stark; sowohl ihre Anzahl als auch der Anteil der großen, mehr als einjährigen und bis zu 6 mm großen Tiere in der Population stiegen deutlich an. In diesem Fall reguliert die Beute über die Parasiten den Bestand der Räuber. Der Trematodenbefall hat weitere Auswirkungen: Neben der Wattschnecke wurde auch die Strandschnecke weniger von Strandkrabben dezimiert. Die steigende Häufigkeit dieser pflanzenfressenden Schnecken wirkte sich negativ auf die Großalgenbestände aus: Dichte Matten von Grünalgen, zum Teil eine Folge der zunehmenden Eutrophierung, waren in diesen Jahren seltener zu beobachten.

Immer wieder vernichten natürliche Katastrophen, wie Stürme oder Eiswinter, Populationen von bodenlebenden Tieren. Anschließend ist eine **rasche Wiederbesiedlung** zu beobachten. Die Tiere müssen daher in der Lage sein, sich schnell zu verbreiten. Praktisch alle Arten besitzen in den geschützten sublitoralen Bereichen des Wattenmeeres und der Nordsee eine große Populationsreserve, aus der sich die Wiederbesiedlung rekrutiert. Die Verbreitung geschieht auf sehr unterschiedlichen Wegen:

- Festsitzende oder wenig mobile Formen verbreiten sich über planktische Larven (siehe Kap. 6.8). Dabei wird ein hoher Larvenüberschuß produziert, und die Jungtiere sind sogar in suboptimalen Habitaten in sehr großen Siedlungsdichten zu finden. So werden im Frühjahr auch kleinste Hartsubstrate dicht mit millimeter-kleinen Seepocken besetzt, obwohl sie durch Umlagerung des Untergrundes nur geringe Überlebenschancen haben. Im Frühsommer findet man in manchen Jahren 20 000 und mehr kleine Herzmuscheln pro m^2 im Wattboden.
- Frei bewegliche Formen wandern über große Strecken. So findet man auf trockenliegenden Wattflächen kaum Strandkrabben. Fischt man aber mit einer Gliep in tieferen Prielen, so fängt man sie zu Dutzenden. Bei Flut wandern diese Tiere zur Nahrungssuche auf die Wattflächen.
- Viele Arten lassen sich regelmäßig mit den Tideströmungen verdriften. Dies geschieht vor allem nachts und ist demnach selten zu beobachten. Diese Verbreitung ermöglicht vielen Borstenwurm-, Schnecken- und Muschelarten eine rasche Verbreitung und beschleunigt die Neubesiedlung von Wattflächen.

Bezüglich der **Wahl des Siedlungssubstrates** besteht in der Regel ebenfalls eine weite ökologische Valenz. Viele Arten sind in fast allen Sedimenttypen zu finden, wie der Kiemenringelwurm *Scoloplos armiger*. Sie besetzen in opportunistischer Weise alle unbesiedelten Flächen. Neben dem Wegfraß treten dann weitere Wechselwirkungen mit anderen hier vorkommenden Arten ein:

- Der Wattwurm lagert durch seine Fraßtätigkeit stark das Sediment um. Andere Arten, die stabiles Sediment benötigen, wie der Schlickkrebs *Corophium volutator*, können hier nicht existieren (siehe Abb. 23, Kap. 6.2).
- Durch die Freßtrichter des Wattwurmes wird die Ansiedlung der Grünalgenmatten (vor allem *Enteromorpha*-Arten) gefördert, weil sich die jungen Pflan-

Tab. 2: Beispiele für eingewanderte bzw. eingeschleppte Arten:

Sandklaffmuschel	etwa 1600	eingeschleppt als Nahrungsmittel
Amerikanische Bohrmuschel	etwa 1900	eingeschleppt
Englisches Schlickgras	etwa 1920	eingeschleppt zum Küstenschutz
Pantoffelschnecke	etwa 1930	eingeschleppt
Australische Seepocke	etwa 1930	eingeschleppt über Ballastwasser
Amerikanische Schwertmuschel	1978	eingeschleppt über Ballastwasser
Dicklippige Meeräsche	nach 1950	zugewandert (Eutrophierung,Erwärmung)
Borstenwurm *Tharyx*	nach 1960	zugewandert (?)

Tab. 3: Arten, die abgenommen haben oder verschwunden sind:

Europäische Auster	um 1930	verschwunden durch Überfischung
„Seemoos“ (mehrere Arten von Hydrozoen)	dieses Jh.	stark reduziert durch Befischung und durch Fischereiaktivität
„Sandkoralle“ (Borstenwurm)	dieses Jh.	stark reduziert durch Grundnetze
Pfeffermuschel	letzte Jahrzehnte	stark reduziert durch Parasiten
Seegras	1934	Epidemie (Pilze)
verschiedene Rotalgenarten	letzte	zunehmende Wasser-
Jahrzehnte	trübung	

zen hier gut verankern können. Wachsen sie allerdings zu dichten Beständen heran, ersticken sie die Wattwurm-Populationen unter sich.

Seit etwa 100 Jahren wird der Lebensraum Wattenmeer wissenschaftlich untersucht. In diesem Zeitraum haben sich die Biozönosen stark verändert. In die Deutsche Bucht und ins Wattenmeer wanderten viele Arten ein, oder sie wurden eingeschleppt, z.B. als Larven im Ballastwasser von Schiffen. Sie haben sich hier teilweise fest etabliert. In Tabelle 2 sind einige Beispiele aufgeführt. Eine Reihe von Arten nahmen in ihren Beständen ab. Dies kann ohne bisher erkennbare Ursachen geschehen, wie bei der Pfeffermuschel. Oft ist die Abnahme oder das Verschwinden von Arten durch den Menschen verursacht (Tabelle 3).

5.8 Systemökologie

„Das Wattenmeer ist die Kläranlage der Nordsee“, so wird eine der biologischen Funktionen der flachen, periodisch überfluteten Flächen oft beschrieben. Bei einem Vergleich mit einer modernen Kläranlage fallen in der Tat viele Ähnlichkeiten auf, wie die Tabelle 4 verdeutlicht.

Es wird deutlich, daß die Reinigungsfunktion des Wattenmeeres mit der einer Kläranlage vergleichbar ist. Augenscheinlich bei diesem Vergleich wird aber auch der unterschiedliche Verbleib der Abbauprodukte. Während in einer modernen Kläranlage die freigesetzten Nährsalze aus dem System entzogen werden, stehen sie im Wattenmeer wieder dem natürlichen Stoffkreislauf zur Verfügung. Als Folge nimmt bei fortlaufendem Eintrag von eutrophierenden Stoffen die Menge der produzierenden und konsumierenden Organismen, der abbauenden Mikroorganismen und damit auch wieder die Menge der Nährsalze ständig zu. Dieser Effekt kann heute in der Deutschen Bucht ebenso wie im Wattenmeer beobachtet werden.

Aus den Überlegungen wird deutlich, daß das Wattenmeer ein **Import-Ökosystem** ist, in das ständig Stoffe von außen eingetragen werden, das aber auch ständig Stoffe abgibt. Mit jeder Flutwelle gelangen mit dem Nordseewasser mineralische Schwebstoffe, Planktonorganismen und organische Schwebstoffe (Detritus) ins Wattenmeer. Die organischen Materialien werden entweder von filtrierenden Organismen (Suspensionsfresser) aufgenommen; vor allem Muscheln und andere Filtrierer sind direkt auf das Phytoplankton angewiesen. Oder die Schwebstoffe sedimentieren in den ruhigen Flachwasserbereichen vor allem in Landnähe. Hier werden sie von Mikroorganismen (Bakterien, Pilze) abgebaut, oder sie dienen den im Wattboden lebenden Tieren als Nahrung; diese Depositionsfresser nehmen die sedimentierten organischen Partikel mitsamt den

Tab. 4: Vergleich der Funktionen von Kläranlage und Wattenmeer.

	Kläranlage	Wattenmeer
Abwässer	organische Belastung	organischer Detritus aus der Nordsee
mechanische Klärung	Sandfang, Absetzbecken, etc	Sedimentation in Ruhigwasserzonen
biologische Reinigung	Belüftung, (Sauerstoffzufuhr)	aerober Abbau in den obersten Sedimentschichten begünstigt durch Bioturbation und Sauerstoff aus der Luft und aus dem Flutwasser
Dritte Stufe	Nährsalz-Entzug durch verschiedene Verfahren	Binden der Nährsalze durch pflanzliche Produktion oder Rückführung in die Nordsee
Klärschlamm	Deponierung, Ausbringen auf Äcker	Ablagerung in tieferen Schichten als anaerober Schlick

daran haftenden Bakterien auf. Damit sind die aus der Nordsee stammenden organischen Stoffe in das Nahrungsnetz des Wattenmeeres eingebaut. Neben dem eingetragenen Detritus spielen natürlich auch Kieselalgen des Wattbodens und das Plankton des Wattenmeeres eine Rolle für die Folgekonsumenten; weidende Tiere, wie die in großen Siedlungsdichten lebende kleine Wattschnecke, sind auf den Kieselalgenrasen des Wattbodens angewiesen. Auffällig ist eine erhebliche Vergrößerung der Organismen von einer trophischen Ebene im Nahrungsnetz zur nächsten (Planktonorganismus - Wattwurm - Scholle - Seehund). Obwohl sich viele Konsumenten des Wattenmeeres aufgrund ihres Nahrungsopportunismus nicht immer eindeutig den trophischen Ebenen zuordnen lassen, läßt sich trotzdem ein grobes Schema des Energieflusses skizzieren (Abb. 12).

Von besonderer Bedeutung sind die abbauenden Organismen. So dürften Bakterien und auch die von ihnen freigesetzten gelösten organischen Moleküle für viele Lebewesen des Wattenmeeres eine wichtige Nahrung darstellen. Hier steht die Forschung aber erst am Anfang. Stoffaufnahmen und -umsetzungen sind von einer Fülle von Faktoren abhängig, die man im Labor kaum erfassen kann. Deshalb werden Stoffaustauschprozesse im Wattenmeer neuerdings durch Strömungskanal-Experimente erforscht. Dazu werden Tunnel aus Kunststoff über eine Lebensgemeinschaft im Watt gebaut. Das ein- und ausströmende Wasser kann an den Enden auf eine Reihe von Parametern hin untersucht werden. So ist die Bilanzierung des Einflusses der verschiedenen Watt-Lebensgemeinschaften auf die Stoffumsätze möglich. Die bisherigen Ergebnisse zeigen:

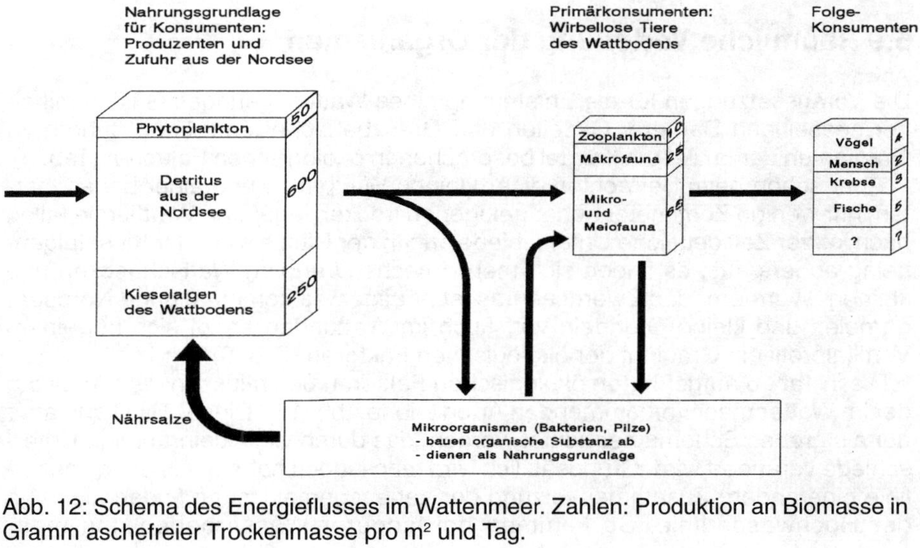

Abb. 12: Schema des Energieflusses im Wattenmeer. Zahlen: Produktion an Biomasse in Gramm aschefreier Trockenmasse pro m^2 und Tag.

- Seegrasbestände entziehen sowohl dem Sediment als auch dem freien Wasser Stickstoff-Verbindungen.
- Miesmuschelbänke setzen über die Faeces- und Pseudofaeces-Abgabe beson-ders viel Ammonium-Verbindungen frei. Die Algenvegetation auf der Bank und in der Umgebung profitiert davon. Kulturmuschelbänke beherbergen wegen ihrer kurzen Liegezeiten keine ausgeprägte Begleitflora. Deshalb exportieren diese Muschelbänke viel gelösten Stickstoff.
- Durch den intensiven Stoffumsatz im Wattboden werden vermutlich mehr Nährsalze freigesetzt als die Pflanzen im Wattenmeer aufnehmen können; sie werden in die Nordsee zurückgeführt.

Bei den vielfältigen Umsetzungsprozessen im Wattboden werden eine Reihe von **Stoffen in die Atmosphäre freigesetzt**, die das lokale und das globale Klima beeinflussen:

- Kohlenstoffdioxid, Methan und Lachgas fördern den Treibhauseffekt,
- Schwefelkohlenstoff und Lachgas beeinträchtigen die Ozonschicht,
- Schwefeldioxid bewirkt eine Versauerung des Regens,
- Dimethylsulfid fördert die Wolkenbildung.

Vor allem schwefelhaltige Verbindungen werden in größerem Maße als bisher vermutet emittiert. Dies ist auf die Tätigkeit der sulfatreduzierenden Bakterien zurückzuführen. Die hohen Sulfatkonzentrationen im Meerwasser schaffen ihnen einen Konkurrenzvorteil gegenüber anderen anaeroben Mikroorganismen. Die tatsächliche Bedeutung dieser Emissionen für das Klima kann aber bis heute nicht abgeschätzt werden.

5.9 Räumliche Verteilung der Organismen

Die Voraussetzungen für die Entstehung eines Wattes, geringes Gefälle mit einer seeseitigen Barriere, Gezeiten und Grenzbereiche Meer-Land, führen zu Gradienten der in diesem Kapitel besprochenen ökologischen Faktoren (Tab. 5).

Aber schon beim Betrachten einer kleinen Wattpfütze und einer benachbarten, nur wenige Zentimeter höher gelegenen trockenliegenden Wattfläche fallen nach kurzer Zeit deutliche Unterschiede auf: In der Pfütze sieht der Kieselalgenbelag anders aus, es finden sich mehr Kriechspuren von Wattschnecken und kleinen Würmern, das Zwergseegras ist häufiger, es kommen junge Nordseegarnelen und kleine Grundeln vor. Auch im Wattboden ergibt sich bei einem Vertikalprofil ein Gradient der ökologischen Faktoren (Tab. 6)

Die in Tab. 6 aufgeführten ökologischen Faktoren beeinflussen die Verteilung der im Wattenmeer vorkommenden Arten (siehe Abb. 13). Dieses Bild kann aber nur als grobes Schema betrachtet werden, das durch viele kleinräumige Unterschiede verändert wird. Grundsätzlich wird man jedoch nahe der Niedrigwasserlinie eine andere Zusammensetzung der Lebensgemeinschaft finden als nahe der Hochwasserlinie. So kommen bei längerer Wasserbedeckung mehr

Tab. 5: Gradienten wichtiger ökologischer Faktoren von der Niedrigwasser zur Hochwasserlinie.

Zunahme zur Hochwasserlinie hin:	Zunahme zur Niedrigwasserlinie hin:
Salzgehalts-Schwankungen	Wasserbedeckungszeit
Temperaturschwankungen	Wasserbewegung
Siltanteil im Sediment	Sauerstoff im Porenwasser
Fraßdruck durch Vögel	Fraßdruck durch Fische

Tab. 6: Gradienten wichtiger ökologischer Faktoren im Vertikalprofil des Wattbodens.

Zunahme zur Oberfläche:	Zunahme in die Tiefe:
Salzgehalts-Schwankungen	Lagestabilität des Sedimentes
Temperaturschwankungen	anaerobe Bedingungen, H_2S
Sauerstoffgehalt im Porenwasser	

Suspensionsfresser vor, da sie ihre Nahrung aus dem überstehenden Wasser beziehen. Nahe der Hochwasserlinie sind vor allem euryöke Arten mit kurzen Fortpflanzungszyklen und spezifischen Überlebensstrategien gegenüber dem langen Trockenfallen zu finden. Die Artenzahl nimmt zur Hochwasserlinie hin ab, da die Lebensbedingungen für Meerestiere immer extremer werden. Die dort überlebensfähigen Arten sind im allgemeinen mit höheren Individuenzahlen vertreten. Bei der Untersuchung der Lebensgemeinschaften können die verschiedenen prägenden Faktoren, wie Wasserbedeckungszeit und Sedimentzusammensetzung, mit berücksichtigt werden. Es werden großräumige Untersuchungen vorgeschlagen, die beliebig abgewandelt oder miteinander kombiniert werden können:

Untersuchung 1: Vergleich der Arten und Individuenzahlen im Wattboden nahe der Hochwasserlinie und nahe der Niedrigwasserlinie; möglichst ähnliche Sedimentstrukturen.

Untersuchung 2: Vergleichende Untersuchung der wichtigsten Faktoren und Analyse der Benthos-Lebensgemeinschaften an mindestens zwei Stationen unterschiedlicher Sedimentstrukturen.

Untersuchung 1: Arten und Individuenzahlen in unterschiedlichen Gezeitenbereichen (Freiland, ggf. Labor)

Vorbemerkung: Bei Arbeiten nahe der Niedrigwasserlinie ist die **Sicherheit bei auflaufendem Wasser** zu beachten.

Material: Grabforke, Sieb (großes Küchensieb, 1 mm Maschenweite), Zollstock, weiße Schalen, stumpfe Federstahlpinzetten, Stechrohr (Kunststoff-Abflußrohr, 5 bis 10 cm Durchmesser, 30 cm lang), ggf. Probengläser, Protokollbogen, ggf.

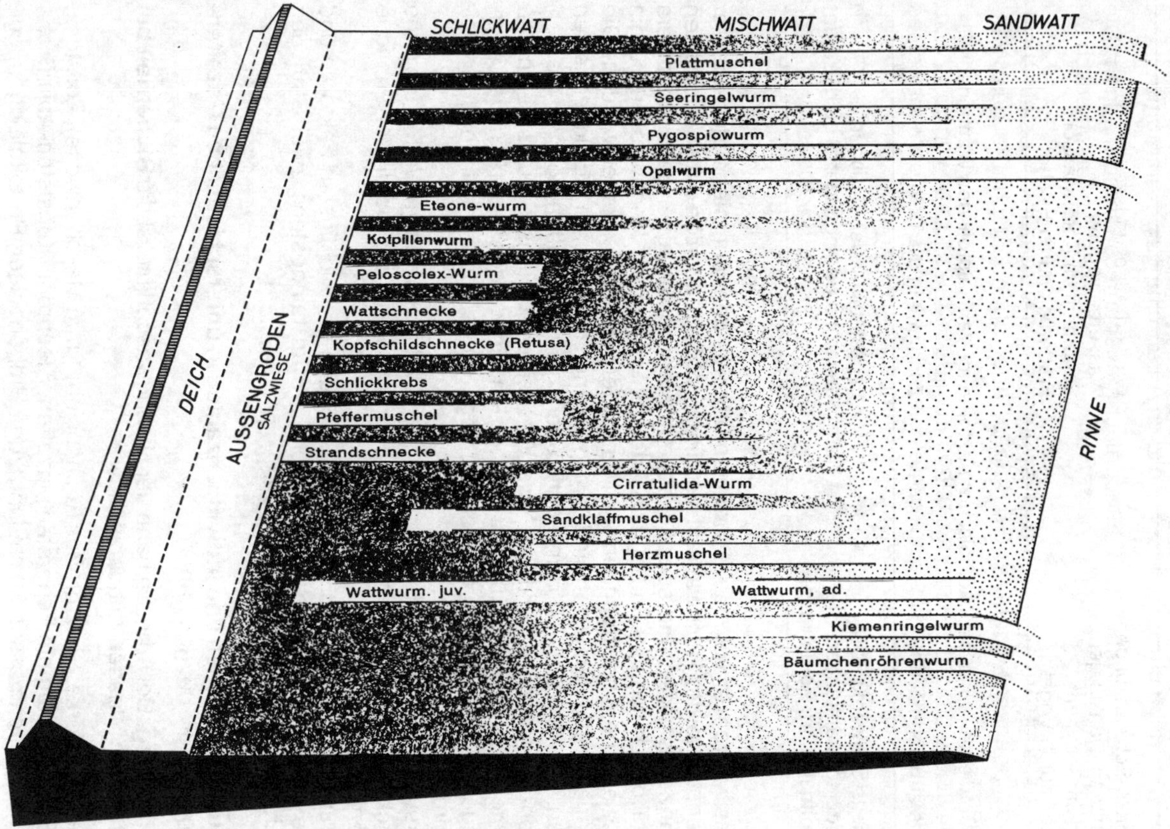

Abb. 13: Artenverteilung im Litoral (verändert nach Reineck 1978).

Bestimmungstabelle (bewährt hat sich Janke/Kremer 1988; es können auch Abbildungen der wichtigsten vorkommenden Formen als Kopie mitgenommen werden).

Dauer: Pro Station ca. 1 Stunde, zusätzlich Aufarbeitung im Kursraum.

Durchführung: Es wird 1 m^2 Wattoberfläche ausgemessen und markiert. Die vorkommenden Arten werden je nach Größe und Häufigkeit unterschiedlich erfaßt:
- Große auffällige Arten der Oberfläche werden direkt ausgezählt: Miesmuscheln, Strandschnecken, Seegras, Großalgen, aber auch Kotschnüre des Wattwurmes.
- Die Häufigkeit größerer Arten im Wattboden wird durch Abstecken von 20 x 20 cm Wattboden, Ausgraben des Sedimentes bis in 20 cm Tiefe und portionsweises Auswaschen im Sieb: Herzmuscheln, Plattmuscheln, Bäumchenröhrenwürmer, große Seeringelwürmer.
- Die Häufigkeit kleiner Arten wird mit dem Stechrohr erfaßt. Da sie nicht so tief im Boden siedeln, wird das Rohr nur 10 cm in den Boden gedrückt. Der Sedimentkern wird im Sieb in einem Priel ausgewaschen; die darin enthaltenen Tiere werden in einer weißen Schale ausgesammelt und gezählt. Falls notwendig werden sie in Probengläsern zur Bestimmung mitgenommen.

Zur Auswertung erfolgt die Umrechnung der Individuenzahlen aller gefundenen Arten auf 1 m^2. Artenzahlen und Individuenzahlen werden als Säulendiagramme dargestellt.

Weiterführung:
- Durch Laborversuche oder aus der Fachliteratur werden die Ernährungsformen der gefundenen Arten ermittelt. Welche Ernährungstypen herrschen an der Niedrigwasserlinie, welche an der Hochwasserlinie vor?
- Die kleinräumige Verteilung der Organismen im Watt kann durch parallele Untersuchungen nebeneinandergelegener Stationen im gleichen Habitat verdeutlicht werden.
- Beobachtung und genaue Bestimmung der Tiere unter dem Binokular.

Aus der Gegenüberstellung der ermittelten Daten werden die Charakteristika der untersuchten Stationen miteinander verglichen. Es zeigt sich deutlich, daß das auf den ersten Blick homogene Watt sehr unterschiedliche Lebensgemeinschaften beherbergen kann, die von einer Reihe von Faktoren bestimmt werden.

Untersuchung 2: Analyse der Lebensbedingungen im Watt (Freiland, ggf. Labor)

Vorbemerkung: Auch diese Untersuchung ist sinnvoll als Vergleich zweier Stationen mit unterschiedlichen Bedingungen, z.B. bezüglich der Sedimentbeschaffenheit. Dies kann in arbeitsteiligen Gruppen erfolgen. Man sollte auch hier dringend auf die **Gefahr bei auflaufendem Wasser** achten.

Material: Siehe Untersuchung 1; zusätzlich pro Gruppe 1 Thermometer, Probenröhrchen (Schnappdeckelgläser), Plastikbeutel für Sedimentproben, 100 ml

Meßzylinder für Schlemmanalyse und zur Bestimmung des Biovolumens (bzw. der Biomasse), Bambusstock 2 m, Fernglas und Uhr zur Bestimmung der Wasserbedeckungszeit.

Dauer: Pro Station 1 bis 2 Stunden; ggf. im Labor weitere Zeit für Kieselalgen, Meiofauna und Sedimentanalyse.

Durchführung:

a) Die Untersuchung der vorkommenden Arten wird entsprechend der Untersuchung 1 durchgeführt.

b) Biovolumen bzw. Biomasse: Ein 100 ml Meßzylinder wird genau auf 50 ml mit Seewasser gefüllt. Es wird die Wasserverdrängung jeweils mehrerer Individuen einer Art in Milliliter bestimmt. Diese Methode kann natürlich nur für die größeren Formen angewendet werden. Die Werte werden auf 1 m^2 umgerechnet. Aus dem Biovolumen kann annähernd die Biomasse berechnet werden:
   - für Borstenwürmer: Volumen (ml) x 0,18 = Biomasse (in mg aschefreier Trockenmasse)
   - für Muscheln und Schnecken: Volumen x 0,12 = Biomasse (in mg aschefreier Trockenmasse).

c) Die Sedimentanalyse mit einem vereinfachten Schlemmverfahren wird entsprechend der in Kap. 5.3 beschriebenen, Untersuchung 1 durchgeführt. Soll eine Kornsummenkurve erstellt werden, muß eine Sedimentprobe mitgenommen werden.

d) Im Wattboden wird ein vertikales Temperaturprofil entsprechend Kap. 5.2) erstellt.

e) Die Stärke der Oxidationszone sowie weitere erkennbare Schichtungen im Boden werden an einem 30 cm tiefen aufgegrabenen Profil ermittelt und protokolliert.

f) Die Verteilung von Meiofauna und Kieselalgen im Tiefenprofil wird durch eine Probennahme in verschiedenen Tiefen und Untersuchung im Labor ermittelt (siehe Kap. 6.4 bzw. 6.9).

g) Die Wasserbedeckungszeit wird entsprechend der Anleitung in Kap. 5.3 ermittelt.

h) Der Abstand von Wellen- und Strömungsrippeln wird vermessen und notiert.

6 Tiere und Pflanzen

6.1 Weichtiere – wechselnde Populationen

Eingraben oder sich aneinander festhalten, mit diesen beiden Strategien schützen sich Muscheln vor dem Verdriften. Wenn sie erst einmal freigespült sind, bieten die stabilen Schalenklappen keinen Schutz mehr vor Feinden. Zertrümmerte Schalen, sorgfältig geöffnete Gehäuse und auch Schalenreste in den Speiballen von Möwen zeigen, wie begehrt Weichtiere als Nahrung für andere Tiere sind. Umso mehr staunt man, daß sich manche Muscheln freiwillig aus dem Sediment ausgraben und an die Oberfläche wandern. „Suicide Muschel" meinte spontan eine Schülerin, als sie auf die seltsamen halbkreisförmigen Oberflächenspuren einer **Plattmuschel** aufmerksam gemacht wurde (siehe Foto in Kap. 2.2). Denn hier wird sie leichte Beute ihrer Freßfeinde; ihr Verhalten kommt also wirklich einem Selbstmord annähernd gleich. Weshalb tut die Muschel das, wenn es so gefährliche ist? Ein kleiner Parasit, ein Saugwurm (Trematode), befällt die Muscheln als Zwischenwirt und verursacht dort Sauerstoffmangel, so daß die Tiere an die Sedimentoberfläche kommen. Hauptwirt des Wurmes sind Meeresenten, und von denen gelangt er über den Kot ins Wasser und zu den Muscheln zurück.

Die Bedeutung des Parasitismus für die Populationen vieler wirbelloser Tiere im Wattenmeer wurde in der Vergangenheit unterschätzt (siehe Kap. 5.7). Die in schlickigen Böden einstmals häufige Pfeffermuschel ist weitgehend aus dem Wattenmeer verschwunden; mit großen Glück findet man gelegentlich einzelne Exemplare. Sie ist Primärwirt für den Saugwurm *Meiogymnophallus*; als Zwischenwirt fungiert die Herzmuschel und als Endwirt der Austernfischer. Mitte der siebziger Jahre nahm im Sylter Wattenmeer der Befall mit diesem Parasiten drastisch zu, und die Herzmuschelpopulation drohte zusammenzubrechen. Von einem Jahr zum anderen verschwand die Pfeffermuschel aus dem Wattenmeer; auch dies war vermutlich parasitenbedingt. Auf diese Weise wurde der Parasitenkreislauf unterbrochen, und die Herzmuschel- und Austernfischerbestände haben sich erholt und sind frei von dem Befall durch *Meiogymnophallus*.

Größere Exemplare vor allem der **Herzmuschel** und der **Sandklaffmuschel** verlassen nicht mehr freiwillig ihren Siedlungsort im Sediment. An ihnen lassen sich deshalb gut populationsdynamische Untersuchungen durchführen. In einer dichten Siedlung von Sandklaffmuscheln kommen in der Regel überwiegend Tiere einer Größe vor; sie stammen aus dem Larvenfall eines Jahres. Wenn sie die ersten kritischen Jahre überstehen, in denen sie nicht so tief im Boden siedeln, werden sie sehr alt (Untersuchung 10). Erst durch natürliche oder parasitäre Sterblichkeit oder durch Naturkatastrophen (Überdecken mit Sediment oder Freispülen nach einem Sturm) sterben sie ab, und es entsteht Raum für eine neue Besiedlung durch Larven. Diese Populationszyklen sind besonders gut bei der Herzmuschel untersucht worden. In den ersten drei Jahren nach der Ansiedlung der Larven werden sie von vielfältigen Freßfeinden verfolgt (siehe Abb. 14). Man kann sich im Watt leicht davon überzeugen, daß sie beliebte Nahrung des Austernfischers sind: Die Vögel suchen gezielt die Muscheln und öffnen sie mit einer bestimmten Strategie (siehe Kap. 6.6). Überstehen die Populationen die ersten kritischen Jahre, prägen sie 10 Jahre und länger die Bestände. Jungmuscheln haben dann wegen der Raumkonkurrenz und vielleicht auch durch das Wegfiltrieren der Larven durch die alten Tiere kaum eine Chance sich anzusiedeln.

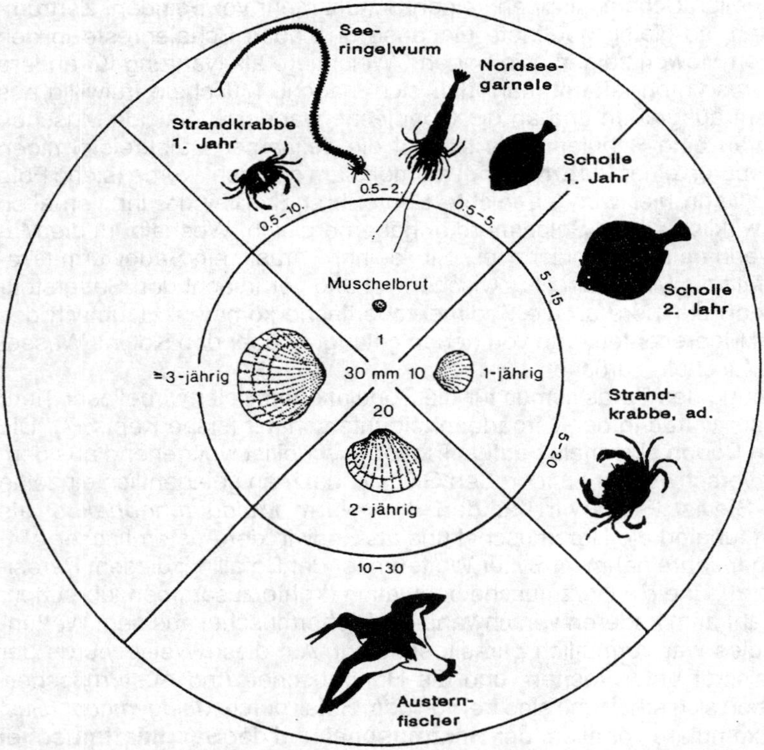

Abb. 14: Feindspektrum der Herzmuschel in verschiedenen Altersstufen (nach REISE 1981).

Auch **Miesmuscheln** haben erst einmal Probleme, sich auf dem flachen Wattboden anzusiedeln. Denn einerseits droht ihnen ein Verschütten durch sedimentierendes Material, andererseits ein Verdriften durch Strömungen. Miesmuscheln sind in der Lage, sich durch Byssusfäden aneinander zu heften. Dabei werden feste Gegenstände, wie Muschelschill, Steinchen oder auch Individuen anderer Muschelarten miteingesponnen (siehe Untersuchung 7). Das

Anheften der Byssusfäden kann gut im Labor beobachtet werden (siehe Untersuchung 6). Dieses Gespinst erreicht bereits eine erhebliche Lagestabilität. Werden sie gegen andere Muschelgespinste gerollt, können sie diese mit anknüpfen, bis sich lange Girlanden bilden. Diese verbinden sich schließlich zu einem viele Quadratmeter großen Netz. Damit ist die Grundlage für eine neue Muschelbank gelegt. Wie die anderen Muschelarten werden auch die Miesmuscheln stark durch Parasiten und Wegfraß dezimiert.

Unter den Weichtieren sollte die **Miesmuschel** (*Mytilus edulis*) als eine charakteristische Art des Wattenmeeres erarbeitet werden, denn sie zeigt vielfältige Anpassungen an die Bedingungen im Lebensraum. Zudem tritt die Art vielfach im Konflikt Naturschutz - menschliche Nutzungen ins Blickfeld. Sie soll deshalb in der Folge genauer vorgestellt werden.

Miesmuscheln sind getrenntgeschlechtlich. Ein Weibchen laicht von Mai bis Oktober mehrmals 5 bis 12 Millionen Eier ab. Durch diese hohen Nachkommenszahlen ist die Art in der Lage, die Dezimierung durch Wegfraß oder durch Katastrophen, wie Eiswinter oder schwere Stürme, schnell auszugleichen. Die Veliger-Larven können im Plankton mit den Strömungen verfrachtet werden (siehe Kap. 6.8, Abb. 37). Nach vier bis sechs Wochen erreichen sie eine Größe von etwa 0,25 mm und heften sich an feinfädigen Strukturen fest. Nesseltierkolonien, feinfädige Algen und die Sandkronen des Bäumchenröhrenwurmes sind im Sommer oft übersät von winzigen Muscheln, die man nur unter der Lupe erkennen kann. Nach einigen weiteren Wochen, mit einer Schalenlänge von 0,5 bis 0,6 mm wird dieses Siedlungssubstrat verlassen, und die Kleinstmuscheln verdriften erneut. Sie heften sich nun an gröberen Strukturen fest, wie Seepockenschalen, Byssusfäden anderer Miesmuscheln, Rhizomen und Blättern von Seegräsern usw.. Durch mehrmaliges Verdriften und Festheften wird der endgültige Siedlungsort gefunden. Die Transportstrecke nimmt mit wachsender Muschelgröße ab. Das untere Eulitoral wird zuerst besiedelt, höherliegende Gezeitenbereiche erst später im Jahr.

Miesmuscheln sind **Filtrierer**. Sie strudeln durch Cilienschlag der Kiemen Seewasser in die Mantelhöhle, nehmen dort Sauerstoff auf und filtrieren Nahrungspartikel heraus. Eine 3 cm lange Miesmuschel pumpt pro Stunde einen Liter Wasser. Die Miesmuscheln filtern in Sommermonaten das gesamte Wattenmeerwasser alle 10 bis 30 Tage (Untersuchung 2). Von 1 bis etwa 100 μm reicht die aufgenommene Partikelgröße und umfaßt Bakterien und Detritus ebenso wie Phytoplankton und Zooplankton; daneben werden gelöste organische Substanzen als Nahrung genutzt. Die Nahrung wird durch schlagende Cilien auf der Kiemenoberfläche festgehalten und zur Mundöffnung transportiert (siehe Untersuchung 3). Hier erfolgt ebenso wie bereits an den Fransen um die Einstromöffnung ein Sortieren: Anorganische Partikel, zu sperrige Teilchen oder eventuell überschüssige Nahrung werden eingeschleimt und als Pseudofaeces an einer Seite der Einstromöffnung abgegeben (siehe Untersuchung 4). Die Sauerstoffaufnahme erfolgt über die gesamte Oberfläche der Mantelhöhle und über die vier Kiemenblätter. Sind beim Trockenfallen die Schalenklappen geschlossen, reduziert die Muschel ihren Stoffwechsel drastisch, was sich in einer verringerten Herzschlagfrequenz äußert (siehe Untersuchung 5 und Abb. 19).

Die abgegebenen Pseudofaeces sinken in die strömungsberuhigten Räume zwischen den Muscheln. So kann die Muschelbank über Sommer allmählich auf ihrem eigenen feinen Schlick nach oben wachsen, etwa 30 cm pro Jahr (siehe Untersuchung 8). Die einzelnen Muscheln sind bei drohender Überschlickung in der Lage, sich aus dem Byssusgeflecht zu lösen, aufwärts zu wandern und sich erneut festzuheften. Im Winter werden die Schlickbänke durch Stürme teilweise wieder abgetragen. Während der Schlick unter einer Bank nur wenig besiedelt ist, findet sich auf ungestörten Miesmuschelbänken und in den Rinnen und Senken zwischen einzelnen Bänken durch die kleinräumigen Unterschiede der Lebensbedingungen eine außerordentlich reiche Biozönose (siehe Untersuchung 9). Die Schalen bieten Anheftungsmöglichkeiten für Großalgen, wie die blasenlose Form des Blasentanges und Grünalgen, und für sessile Tiere, wie Hydroidpolypen, Moostierchen und Seepocken. Mehrere Schneckenarten, wie die drei Arten der Strandschnecke, Pantoffelschnecke und die Urweichtierart Rändel-Käferschnecke, treten als weidende oder filtrierende Formen auf. In den Prielen, oft auf einer Muschelschale im Boden verankert, findet sich die Witwenrose *Sagartia troglodytes*.

Bei der kommerziellen **Muschelfischerei** werden zunächst ein bis zwei Zentimeter große Muscheln von Muschelkuttern mit großen Dredgen aus den Wildbänken aufgenommen. Diese „Saatmuscheln“ werden in Kulturbezirke verbracht, die meist in Prielen im oberen sublitoralen Bereich liegen (siehe Abb. 15). Hier wachsen die einzelnen Muscheln unter ständiger Wasserbedeckung schneller. Sie erreichen mit 30% einen doppelt so hohen Fleischanteil von der Gesamtmasse wie die im Eulitoral siedelnden Tiere, allerdings ist ihre Schale erheblich dünner. Der Wegfraß durch Seesterne, Strandkrabben und Eiderenten ist hoch. Um diese Verluste gering zu halten, werden die Kulturen gegebenenfalls in trockenfallende Bereiche umgesetzt. Hier herrscht allerdings ein höherer Wegfraß durch Vögel. Zudem steigt die Gefahr der Vernichtung der Bank durch Stürme oder Eisgang. Das Umsetzen der Bänke fördert zwar ein optimales Wachstum der einzelnen Muscheln, eine dauerhafte Biozönose Miesmuschelbank kann sich jedoch nicht ausbilden. Zudem sind die Verluste an Miesmuscheln durch das Umsetzen erheblich; vorläufige Erhebungen erbrachten 30 bis 50% Verlust. Mit drei Jahren erreichen die Muscheln die marktreife Größe von 5 Zentimeter. Ihr Fang ist in den einzelnen Ländern und Staaten unterschiedlich geregelt und erfolgt in den Wintermonaten.

Kommerzielle Muschelfischerei ist erst seit diesem Jahrhundert bekannt; früher sammelten die Küstenbewohner bei Niedrigwasser von Hand nur für den Eigenbedarf. Bis in die sechziger Jahre spielte die Fischerei lediglich in den Niederlanden eine größere Rolle. Dann dezimierte ein Parasit die dortigen Kulturen. Als die Nachfrage nach qualitativ hochwertigen Frischmuscheln wuchs und dadurch die Fangerlöse sprunghaft stiegen, wurde im deutschen und im dänischen Wattenmeer die Muschelfischerei intensiviert (Abb. 16). Die Miesmuschelfischerei im Wattenmeer befindet sich heute überwiegend in nie-

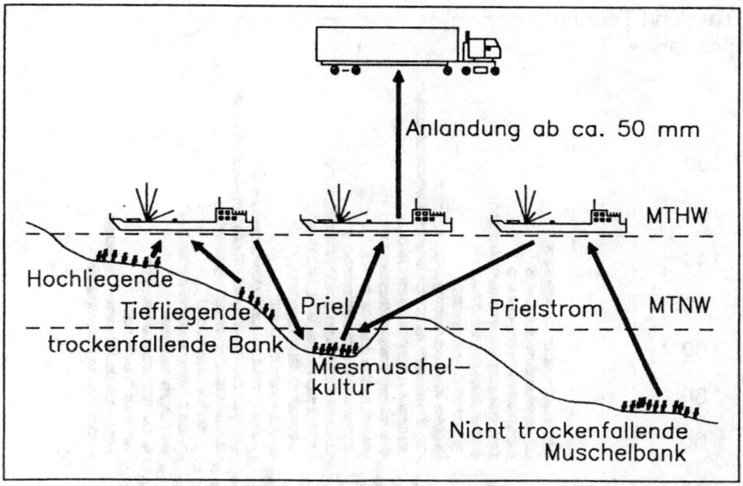

Abb. 15: Möglichkeiten der Muschelfischerei in Schleswig-Holstein. Aus M. RUUD in Schutzgemeinschaft Deutsche Nordseeküste 1991.

derländischen Händen. Hauptumschlagplatz für alle angelandeten Muscheln ist Yerseke im Rheindelta.

Die Miesmuschel ist wegen der wirtschaftlichen Interessen heute stärker in das wissenschaftliche Blickfeld gerückt; dabei werden viele **Probleme und Konflikte** deutlich:

- Die Muschelfischerei stellt einen wesentlichen Eingriff in das Ökosystem Wattenmeer dar; die Dredgen zerstören die Biozönosen des Wattbodens nachhaltig. Bestimmte Tierbestände sind in den letzten Jahrzehnten weitgehend verschwunden, was in einen Zusammenhang mit verstärkter Fischerei auf Muscheln, Krabben und Plattfische zu sehen ist. Heute laufen aber die Bestrebungen der Nationalparkverwaltungen dahin, die Kulturflächen zu begrenzen und in weniger sensible Wattenbereiche außerhalb der Kernzonen der Schutzgebiete zu verlegen.
- Durch die schweren Dredgen der Muschelkutter und das dichte Netz ihrer Fangfahrten auf den Wildmuschelbänken und in den Kulturbezirken könnte die Erosion des Wattsockels um die Inseln herum gefördert werden, was letztlich zu einer Bedrohung der Deiche und Inselkanten führen kann. Viele Beobachtungen sprechen für diese Bedenken, jedoch gibt es bisher keine eindeutigen Nachweise. Allerdings ist auch nicht die Unbedenklichkeit dieser Fangmethode bewiesen.
- Muscheln sollen durch ihre hohe Filtrationstätigkeit helfen, die Eutrophierung der Küstengewässer zu verringern. Miesmuscheln entnehmen zwar viel Plankton-Biomasse aus dem Wasser. Durch vermehrtes Nahrungsangebot hat sich sogar ihr Fleischanteil in den letzten drei Jahrzehnten um ein Viertel erhöht.

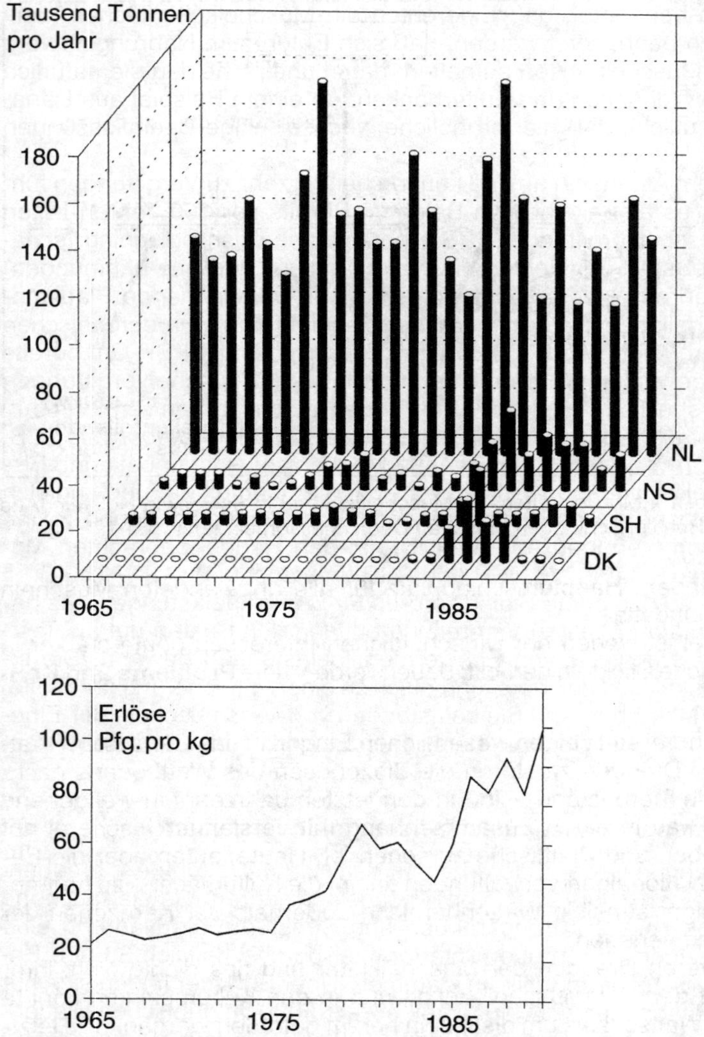

Abb. 16: Muschelfänge im Wattenmeer und Fangerlöse. Nach Schutzgemeinschaft Deutsche Nordseeküste 1991.

Aber aus ihren feinkörnigen Pseudofaeces und ihren Exkreten werden schnell große Mengen von Ammoniumverbindungen freigesetzt. Sie tragen damit erheblich zur Remineralisierung der Nährsalze bei und beschleunigen so den Stoffkreislauf.

- Es wird vielfach behauptet, daß Eiderenten die Muschelkulturflächen kahlfressen. Oft kann beobachtet werden, daß sich Enten zum Nahrungserwerb bevorzugt über Muschelbänken aufhalten; dabei unterscheiden sie natürlich nicht zwischen Wildbänken und Kulturbänken. An einem Beispiel aus Dänemark wird verdeutlicht, daß hier erhebliche wechselseitige Beeinflussungen auftreten.
- Muscheln reichern Algengifte an und können bei Verzehr zu Vergiftungen führen. Hierfür gibt es eine Reihe von Belegen. Bereits vor 100 Jahren traten paralytische Muschelvergiftungen (PSP, paralytic shellfish poisoning; schädigt den Ionenhaushalt der Nerven und verursacht z.T. tödliche Lähmungen) in Wilhelmshaven auf. Heute findet sich eine PSP verusachende Planktonalge, der Dinoflagellat *Gonyaulax tamarensis*, regelmäßig in nordeuropäischen Küstengewässern (siehe Abb. 37). In Limfjord-Muscheln ist PSP-Gift bereits mehrfach nachgewiesen worden. Auch diarrhöische Muschelvergiftungen (DSP, diarrhetic shellfish poisoning) traten in den letzten Jahren vermehrt auf. Sie werden vor allem durch Dinoflagellaten der Gattung *Dinophysis* (z.B. *Dinophysis acuta*) verursacht. Der genaue Mechanismus ist unbekannt. Bisher sind Muschelvergiftungen Einzelfälle. Aber sie nehmen zu, und zugleich kann beobachtet werden, daß entsprechende Algenblüten, bei denen Toxine produziert werden, vermehrt auftreten. Die in den Handel gebrachten Muscheln werden regelmäßig auf DSP und PSP untersucht.
- Miesmuscheln sind geeignete Bioindikatoren für Umweltbelastungen. Sie haben sich aufgrund ihrer weiten Verbreitung entlang den Küsten gut als Testorganismus zum Nachweis von Schwermetallbelastungen bewährt. Die intensive Filtrationstätigkeit der Tiere führt rasch zu einer Anreicherung der Stoffe. So liegen die Quecksilber- und Bleibelastungen von Miesmuscheln der Elbemündung 5 bis 10x über der von Tieren aus anderen Gebieten (siehe Kap. 7.2).

Beispiel: Eiderenten und Miesmuschelfischerei in Dänemark

Nahrungsuntersuchungen der Eiderenten im dänischen Wattenmeer ergaben, daß sich die Vögel zu 70 bis 80 % von Muscheln ernähren, die sie tauchend erbeuten; daneben spielen Strandkrabben und Seesterne als Nahrung eine Rolle. In den achtziger Jahren überwinterten hier durchschnittlich 38 000 Enten, die vorwiegend aus dem Baltikum stammen. Über Sommer finden sich nur 3000 Tiere, im Spätsommer zur Mauserzeit etwa 18 000 im dänischen Wattenmeer. Dabei schwanken die Bestände stark: 1981/82 wurde die Anwesenheit von $3{,}2 \times 10^6$ Vogeltagen, 1982/83 gar von $8{,}3 \times 10^6$ Vogeltagen registriert (Anzahl der beobachteten Vögel multipliziert mit der Anzahl der Anwesenheitstage; die Werte beruhen auf Bestandszählungen an festen Stichtagen und Hochrechnungen der Aufenthaltsdauer). Eine Ente nimmt pro Tag ca. 140 g aschefreie Trockenmasse an Muscheln auf, das entspricht einer Masse von 2,5 kg frischen Miesmuscheln mit Schalen. Für die oben genannte Eiderentenpopulation im dänischen Wattenmeer bedeutet das für die Jahre 1981/82 einen Nahrungsbedarf von etwa 8.000 t, 1982/83 von gut 20.000 t Muscheln. Neben den Eiderenten gelten Austernfischer und Silbermöwen als bedeutende Miesmuschel-Konsumenten. Man kann annehmen, daß in diesem Wattenbereich durchschnittlich 15.000 t Miesmuscheln pro Jahr von Vögeln gefressen werden.

Schätzungen des Miesmuschelbestandes („standing crop") im dänischen Wattenmeer erbrachten durchschnittliche Werte von 75.000 t. Sie verteilen sich zu 22.500 t auf Wildbänke, zu 15.000 t auf verstreute Vorkommen und zu 37.500 t auf Jungmuschelbestände. In Dänemark werden nur die Wildbänke befischt, es werden keine Kulturen angelegt. Aufgrund der Mindestgröße bei der Vermarktung kann angenommen werden, daß hier pro Jahr etwa die Hälfte, also 11.000 t Muscheln erntbar sind.

In den achtziger Jahren erfolgte wegen des Rückganges der niederländischen Anlandungen und der daraus resultierenden günstigen Ertragslage der Muschelfischerei eine Steigerung bis auf 34.000 t (siehe Abb. 15). Aus obiger Berechnung des Nahrungsbedarfes der Vögel geht hervor, daß dieser zwar rechnerisch noch gedeckt werden konnte. Sie läßt aber auch vermuten, daß das Tauchen nach Nahrung unrentabel wurde: Die Muscheln sind zu klein, und sie sind durch verstreutes Vorkommen nur schwer zu erreichen. Die Eiderentenbestände nahmen ab 1986 stark ab und erholten sich erst, nachdem ab 1988 eine Fischereiquotierung eingeführt wurde, die dem Nahrungsbedarf der Vögel und dem tatsächlichen Muschelbestand angepaßt war.

Weitere Weichtiere

Die **Rändel-Käferschnecke** (*Lepidochitona cinerea*) gehört zu den Ur-Weichtieren; man kann an diesen Tieren noch eine innere und äußere Gliederung feststellen. Die bis zu 2 cm langen und durch ihre variable Färbung gut getarnten Käferschnecken findet man vornehmlich in Prielen auf der Unterseite von leeren Schalenklappen der Sandklaffmuschel. Sie weiden den Algenbewuchs des Untergrundes ab.

Die dickschalige, bis 4 cm hohe **Gemeine Strandschnecke** (*Littorina littorea*) besiedelt den gesamten Litoralbereich. Vor allem an Pfählen, Steindämmen und Lahnungen ist sie regelmäßig anzutreffen. Viele Tiere kriechen auch über die Sedimentflächen und zeigen dann eine Lichtkompaßorientierung, die sie im Laufe einer Tide immer wieder zum Ausgangspunkt zurückführt. Durch die Seitenwand des Aquariums können die wellenförmigen Muskelbewegungen der Kriechsohle und die Funktionsweise der Radula beobachtet werden. Bei kurzem Trockenfallen sind die Kiemen inaktiv, und die Schnecke nimmt den Luftsauerstoff direkt mit Hautfalten der Mantelhöhle auf, bei längerem Trockenfallen geht sie zu Gärungsstoffwechsel über. Strandschnecken ertragen bis zu 20 Tage Trockenfallen und verschließen in dieser Zeit das Gehäuse mit einem Deckel. Die großräumige Verbreitung der Tiere erfolgt über planktische Veliger-Larven (siehe Abb. 37); sie sind von März bis Mai sehr häufig in Planktonfängen anzutreffen.

Die 2 bis 4 mm kleinen **Wattschnecken** (*Hydrobia ulvae*) werden auf den ersten Blick oft übersehen. Sie weiden vor allem die Kieselalgen des Wattbodens ab. Aufgrund ihrer großen Siedlungsdichten spielen sie für die Sekundärproduktion des Wattenmeeres eine bedeutende Rolle: In Wattgebieten mit dichten Kieselalgenrasen passieren 3/4 des Energieflusses die Wattschnecken. In kleinen Senken der Wattflächen, in Gräben des Vorlandes oder in den Winkeln von Dämmen und Lahnungen sind oft riesige Mengen von Hydrobien zusammengespült. Mit ihrem Fuß bilden sie kleine Schleimflöße, mit deren Hilfe sie an der Wasseroberfläche treiben. Dies ist für die Verbreitung der Art wichtig, denn sie besitzt kein planktisches Larvenstadium. Sie heften die Eipakete an die Gehäuse von Artgenossen; die jungen Schnecken entwickeln sich direkt.

Die **Herzmuschel** (*Cerastoderma edule*) kann in manchen Jahren enorme Siedlungsdichten erreichen: 20 000 Jungmuscheln und einige Tausend einjährige Exemplare pro m^2 sind dann keine Seltenheit. Herzmuscheln ernähren sich filtrierend; sie pumpen das gesamte Wasservolumen des Wattenmeeres innerhalb weniger Wochen einmal durch ihren Körper. Mit einer Biomasse von einigen hundert Gramm aschefreier Trockenmasse pro m^2 in dichten Beständen (siehe Untersuchung 10 und Kap. 5.8) tragen sie erheblich zur Sekundärproduktion des Wattenmeeres bei. Als Wattwanderer spürt man die rundlichen Schalen unter den Fußsohlen, und auf trockenfallenden Watten machen sich Herzmuscheln durch knisternde Geräusche bemerkbar, die durch das Zerplatzen von Luftbläschen aus der angesaugten Luft verursacht werden. Beim genaueren Hinschauen erkennt man die beiden dicht nebeneinander liegenden Siphoöffnungen an der Sedimentoberfläche. Herzmuscheln werden leicht von Stürmen freigespült, können sich dann aber schnell wieder eingraben (siehe Untersuchung 11).

Die **Baltische Plattmuschel** (*Macoma balthica*) kann sich wie die Herzmuschel rasch eingraben, lebt aber tiefer im Boden. Mit ihren längeren Siphonen pipettiert sie Detritus und Kieselalgen von der Wattoberfläche ab. Ihre dünneren Schalen machen sie für Watvögel leichter verdaubar als die Herzmuschel. So bildet sie bei ausreichendem Vorkommen die Hauptnahrungsquelle für Knutts.

Die **Amerikanische Schwertmuschel** (*Ensis directus*) wurde erst vor kurzem in das Gebiet der Deutschen Bucht eingeschleppt. Ihr erstes Auftreten und ihre Ausbreitung sind heute gut dokumentiert: 1978 müssen sie als Larven im Ballastwasser eines Schiffes von der nordamerikanischen Ostküste bis in die Deutsche Bucht gelangt sein. Erstmals wurden im Sommer 1979 in Bodengreiferproben vor dem Knechtsand einjährige Exemplare dieser bis dato hier unbekannten Art entdeckt. In den Folgejahren breitete sich die Amerikanische Schwertmuschel sehr schnell an den Küsten der Deutschen Bucht aus. So erreichten sie 1981 Sylt und die Ems, 1982 bereits Texel und Blåvand. Inzwischen ist sie von den Niederlanden bis Dänemark außerordentlich häufig und wandert durch den Limfjord allmählich in Richtung Ostsee. Sie besiedelt die für viele einheimische Arten unattraktiven Sandbereiche im Flachwasser vor den Stränden. In den durch Strömung und Wellenkräfte häufig umgelagerten Sedimenten kann sich die Art vergleichsweise gut halten. *Ensis directus* gräbt sich mit ihrem großen, am Ende verbreiterten Fuß außerordentlich schnell ein. Ebenso ist sie in der Lage, sich schlängelnd-schwimmend mit diesem Organ fortzubewegen (siehe Untersuchung 12). Bei starken Stürmen werden große Mengen lebender Muscheln an die Strände geworfen. Sie bilden dann einen reich gedeckten Tisch für Möwen. Alle angespülten Schalenklappen haben eine ähnliche Länge; sie entstammen einer Jahrgangsklasse. Meistens sind es Tiere im ersten oder zweiten Lebensjahr. Die durch die Stürme dezimierten Populationen rekrutieren sich in jedem Jahr durch eine sehr dichte Larvenbesiedlung neu.

Die **Sandklaffmuschel** (*Mya arenaria*) ist ebenfalls ein Einwanderer; die Art kam bereits im 17. Jahrhundert aus Amerika an unsere Küsten. Die Schalenklappen erreichen eine Länge von bis zu 15 cm. Die Ausbreitung erfolgt mittels planktischer Larven. Mit zunehmendem Alter siedeln die Tiere ortsbeständig immer tiefer im Boden, schließlich in bis zu 30 cm Tiefe. Sie halten dann mit der Oberfläche nur noch durch den Siphoschlauch Kontakt, der die zwei miteinander verwachsenen Siphone enthält. Mit dieser einzigen Verbindung zur Außenwelt saugen die Muscheln sauerstoff- und nahrungsreiches Wasser an. Der Sipho wird bei Beschattung oder Erschütterung zurückgezogen; das darin enthaltene Wasser spritzt dann in einer Fontäne heraus (daher der nordfriesische Name „Pisser“). Sandklaffmuscheln können einige Wochen z.B. bei Eisbedeckung ohne Zufuhr von frischem Wasser ertragen. Sie hungern und gehen zu Gärungsstoffwechsel über. Verhängnisvoll werden aber schwere Stürme, die größere Schichten von Sediment auflagern oder abtragen. Im ersten Fall werden die Muscheln irgendwann ersticken, da sie mit ihrem Sipho nicht mehr die Oberfläche erreichen. Im zweiten Fall, wenn sie freigespült werden, werden sie eine leichte Beute für Möwen. Silbermöwen tragen die Muscheln einige Meter in die Luft und lassen sie fallen, so daß die Schalenklappen zerbrechen. In Erosionsbereichen von Prielen werden oft „Steckmuschelbeete“ freigelegt. Dies sind Felder mit halb aus dem Sediment ragenden leeren Schalen der Sandklaffmuscheln. Sie erfordern vom Wattwanderer die Fußsohlen eines Fakirs und deuten auf frühere für die Muscheln katastrophale Ereignisse hin, z.B. einem Bedecken mit Sedimentschichten. Wenn man große Sandklaffmuscheln ausgraben will, sollte man sich bewußt machen, daß die Tiere nicht zum Eingraben befähigt sind. Auch ein Zurücksetzen in die ursprüngliche Siedlungsschicht sichert keinesfalls ihr Überleben.

Untersuchung 1: Beobachtung des Atemwasserstroms (Labor)

Material: Frische, mehrere Zentimeter lange Miesmuscheln, kleines Aquarienbecken mit frischem Seewasser, Tropfpipette, Karminsuspension[1] oder Schlicksuspension[2]; evtl. bewegliche Lampe (Schreibtischlampe, Niedervoltlampe o.ä.); etwas Essig.

---

[1] Die Chemorezeptoren am Mantelrand der Muschel reagieren nicht auf eine Karminsuspension, so daß das Tier normal weiter ventiliert. Die Suspension wird hergestellt durch Verreiben von einer Spatelspitze Karmin-Pulver in einer Reibschale mit 5 ml Seewasser.

[2] Mit der Schlicksuspension kann man am natürlichsten den Wasserstrom der Muscheln nachweisen. Etwa 100 ml feiner Schlick wird in einem Liter Wasser durch Schütteln gut suspendiert. War die Schlickprobe feinkörnig genug, so ist der Überstand nach 10 Minuten noch sehr trübe, kann dekantiert und als Suspension verwendet werden.

Durchführung: Einige Miesmuscheln werden in Seewasser gehalten, bis sie die Schalenklappen geöffnet haben und normal ventilieren. Bereits jetzt ist die von den Muscheln erzeugte Wasserströmung an der Bewegung feiner Partikel sichtbar. Die vorbereitete Suspension wird in die Nähe der Schalenöffnungen am Hinterende der Muscheln eingetropft. Im Gegenlicht wird die erzeugte Strömung besonders deutlich. Bei Beobachtungsdauer von mindestens 10 Minuten kann auch die Abgabe der Pseudofaeces beobachtet werden.

Auswertung: Anhand der Bewegung der Schlickteilchen sind Einstrom- und Ausstromöffnung der ventilierenden Muschel erkennbar. Dabei ist das trübe einströmende Wasser deutlich vom klaren, durch den Kiemenapparat filtrierte, ausströmenden Wasser zu unterscheiden. Die unverdaulichen Partikel werden als feinschlickige Pseudofaeces neben der Einstromöffnung abgegeben.

Erweiterung: Wenn man etwas Essig vor die Einstromöffnung tropft, schließen sich die Schalenklappen sofort. Dies zeigt an, daß Muscheln das eingesaugte Wasser chemisch mit den Fransen des Mantelrandes untersuchen.

Untersuchung 2: Filtrationsleistung von Miesmuscheln (Labor)

Material: 10 bis 20 mittelgroße Miesmuscheln (3 bis 5 cm Länge); schmales hohes Aquarienbecken (etwa 20 x 20 x 5 cm) mit Pappe 5 x 15 cm zur Trennung in zwei Hälften oder 2 kleinere Becken; Schlicksuspension (siehe Untersuchung 1); Schreibtischlampe oder Niedervoltlampe; Belichtungsmesser; Uhr; Millimeterpapier zur Auswertung.

Dauer: Etwa 60 Minuten.

Durchführung: Das Becken wird durch die Pappe in zwei Hälften geteilt bzw. es werden zwei kleine Becken nebeneinandergestellt. Eine Hälfte wird mit Muscheln besetzt. Wenn die Tiere nach etwa 10 Minuten gleichmäßig ventilieren, wird in beide Hälften eine Schicksuspension zugesetzt. Nun wird alle 5 Minuten über mindestens 30 Minuten die Extinktion (bei Fotobelichtungsmessern in Form von Lichtwerten) gemessen. Die Werte werden graphisch aufgetragen.

Auswertung: Die Differenz beider Kurven stellt ein Maß für die Filtrationsleistung der Muscheln dar. Der Ansatz ohne Muscheln ist notwendig, um die natürliche Sedimentation der Schlicksuspension zu berücksichtigen.

Untersuchung 3: Cilienschlag auf den Kiemen (Labor)
Für diese und für die folgende Untersuchung müssen lebende Muscheln getötet werden. Dies erfordert grundsätzliche Überlegungen, ob bewußt um des Erkenntnisgewinnes willen Leben vernichtet werden soll und darf. Als Alternative bietet sich der Film von FWU (32 3248) an. Das Präparat aus den Kiemen sollte von Untersuchung 4 übernommen werden.

Material: Kiemen einer lebenden Miesmuschel; Mikroskop; Pinzette; Objektträger und Deckgläser.

Dauer: Etwa 20 Minuten.

Durchführung: Mit einer Pinzette wird eine kleine Probe aus den Kiemenblättern der Miesmuschel entnommen und bei starker Vergrößerung mikroskopiert.

Auswertung: Am Rand der einzelnen Kiemenfäden ist der gleichgerichtete Schlag der Cilien deutlich zu beobachten. Am Rand der Kiemenfäden sind die Cilien besonders lang und dienen dem Herausfiltern der Partikel. Am dorsalen Ende der Kiemen befindet sich eine Wimperrinne, entlang der die Partikel zur Mundöffnung transportiert werden (siehe Abb. 17).

Untersuchung 4: Die Bildung von Pseudofaces (Labor)

Material: Größere Muscheln, Schale, spitzes Messer, Karminsuspension, Pipette, ggf. Binokular und Wasserschale.

Dauer: Etwa 30 Minuten.

Durchführung: Mit dem Messer wird von der Ventralseite her der hintere (große) Schließmuskel durchschnitten. Die Schalenklappen werden durchtrennt und in die Wasserschale gelegt. Auf die Kiemenblätter wird Karminsuspension getropft; ihr Weg wird verfolgt und skizziert.

Auswertung: Die Karminpartikel werden von den Cilien auf den Kiemenfäden der Kiemenblätter mit dem Atemwasserstom transportiert. Das Wasser tritt zwischen die Kiemenfäden hindurch, die Partikel werden zur Mundöffnung am Vorderende transportiert und dort sortiert: Verdauliche Partikel werden aufgenommen, unverdauliche werden eingschleimt, am Mantelrand entlang zur Einstromöffnung transportiert und als Pseudofaeces abgegeben (siehe Abb. 18).

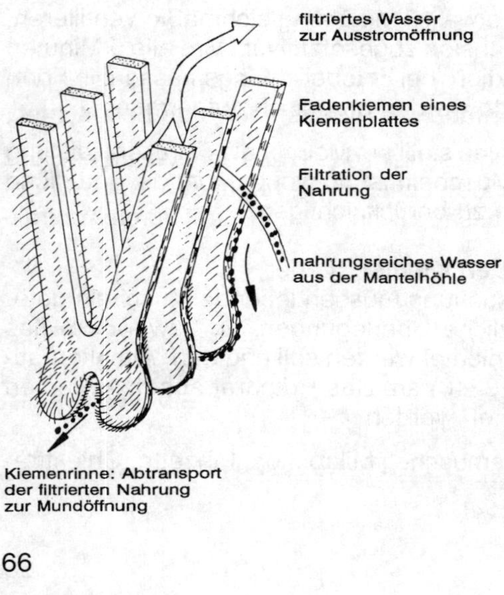

Abb. 17: Ausschnitt aus den Kiemen der Miesmuschel. Die Pfeile geben den durch den Cilienschlag erzeugten Wasserstrom an. Verändert nach THIES 1985.

Untersuchung 5: Herzschlagfrequenz bei trockengelegten Miesmuscheln (Labor)

Material: Kleine, wenige mm bis höchstens 1 cm große Miesmuscheln mit möglichst heller Schale; Mikroskop; kleine Glasschale; Objektträger; Uhr; Millimeterpapier zur Auswertung.

Dauer: Etwa 45 Minuten.

Durchführung: Eine kleine Muschel wird in einer Schale mit frischem Seewasser im Durchlicht des Mikroskopes bei etwa 50-facher Vergrößerung betrachtet. Bei durchscheinenden Schalenklappen kann die Herzbewegung in der mittleren Region der Muschel (siehe Abb. 19) beobachtet werden. Wir warten, bis die Schalenklappen geöffnet sind und die Muschel normal ventiliert; dann bestimmen wir die Herzschlagfrequenz. Anschließend wird die Muschel auf einen Objektträger trockengelegt, und die Herzschlagfrequenz wird alle 5 Minuten über 30 Minuten bestimmt. Die Ergebnisse werden graphisch dargestellt (siehe Abb. 19).

Auswertung: Die Herzschlagfrequenz der Miesmuschel ist ein Maß für die Stoffwechselaktivität der Tiere. Beim Trockenfallen schließen die Tiere die Schalenklappen, so daß keine Atmung, Nahrungsaufnahme und Ausscheidung möglich ist. Der Stoffwechsel verringert sich. Bei längerem Schalenverschluß wird aller Sauerstoff verbraucht, und die Muschel kann einige Tage mit Gärungsstoffwechsel überdauern.

Untersuchung 6: Bildung von Byssusfäden und Fortbewegung (Labor)

Material: Miesmuscheln von 2 bis 4 cm Länge; kleines Aquarienbecken mit Seewasser.

Dauer: Etwa 30 Minuten.

Durchführung: Die Muscheln werden auf den Boden des Aquariums gelegt. Die Tätigkeit des Fußes und die Anheftung der Byssusfäden wird beobachtet.

Auswertung: Zunächst kommt der lange, schlanke Fuß aus dem ventralen Spalt der Schalenklappen und führt kreisende suchende Bewegungen aus. Auf der festen Glasunterlage flacht der Fuß ab, saugt sich fest und zieht durch Kontrak-

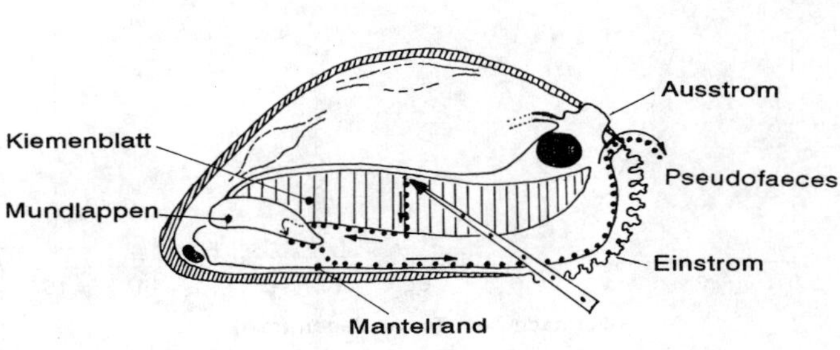

Abb. 18: Bildung von Pseudofaeces aus unverdaulicher Nahrung (schwarze Punkte). Verändert nach THIES 1985.

tion die gesamte Muschel heran. Beim Anheften eines Byssusfadens wird der Fuß ebenfalls flach auf die Unterlage gepreßt. Aus der Byssusdrüse auf der Unterseite des Fußes wird weißes, schnell erstarrendes Eiweißsekret ausgeschieden, durch die Fußrinne transportiert und mit einer Haftscheibe am Substrat befestigt. Beim Zurückziehen des Fußes verbleibt der glänzende Byssusfaden als Befestigung zurück; er führt im Inneren des Tieres bis zum Byssusstamm an der Basis des Fußes. Miesmuscheln sind mit vielen, oft über 10 Fäden, an den Nachbarn, an Schillpartikeln oder an Hartsubstraten befestigt. Durch Fußbewegungen können die Fäden gelockert oder gar gelöst werden. Dies ist wichtig, da die einzelne Muschel auf einer Muschelbank, wenn sie unbeweglich im Byssusgeflecht festgelegt wäre, nicht der drohenden Bedekkung mit Sedimenten und Pseudofaeces entgehen könnte.

Untersuchung 7: Im Byssusgespinst verknüpfte Muscheln (Freiland)

Diese Untersuchung wird in tieferliegenden Schlick- und Mischwattgebieten durchgeführt, wo sich kleinere Muschelgespinste oder Muschelbänke in Entstehung befinden.

Material: Federwaage bis 5 kp; Protokollbogen; spitze Schere.

Dauer: Etwa 20 Minuten.

Durchführung: Muschelgespinste werden gespült und untersucht nach

- Gewicht,
- Anzahl der lebenden Miesmuscheln,
- Art und Anzahl versponnener Gegenstände oder lebender Muscheln,
- Anzahl der Fäden, die von den einzelnen lebenden Muscheln ausgehen.

Für die letzten beiden Untersuchungen müssen eventuell die Byssusfäden mit einer Schere getrennt werden.

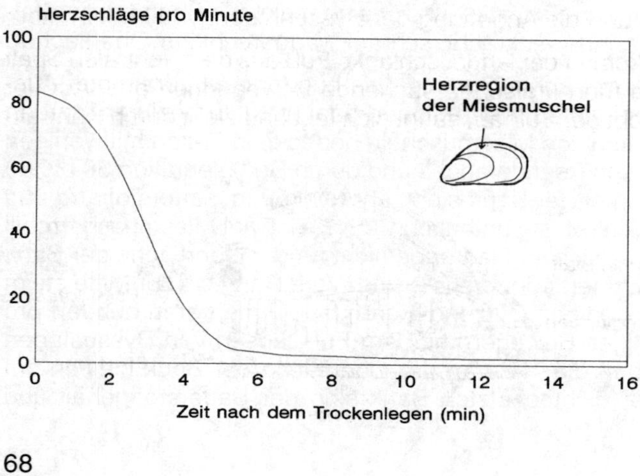

Abb. 19: Herzschlagfrequenz einer trockengelegten Miesmuschel.

Auswertung: Junge Muscheln heften sich an alle erreichbaren festen Gegenstände. Neben Muschelschill und Steinen werden auch oft lebende Herzmuscheln eingesponnen, da sie direkt unter der Sedimentoberfläche siedeln und so vom Fuß der Miesmuscheln erreicht werden können. Sie vergrößern so das Gewicht und vermindern damit die Gefahr des Verdriftens. Die Stabilität des Gespinstes steigt mit der Anzahl der Verknüpfungen durch die Byssusfäden.

Untersuchung 8: Aufbau einer Muschelbank (Freiland)

Es ist heute angesichts der intensivierten Muschelfischerei schwierig geworden, eine ungestörte Muschelbank aufzufinden. Bei abgeernteten Wildbänken bleiben aber gelegentlich Reste zurück, an denen der natürliche Aufbau erkennbar ist. Diese Orte liegen oft nahe der Niedrigwasserlinie; daher muß unbedingt der Tidenkalender beachtet werden. Beim Barfußlaufen besteht die Gefahr von Schnitten im Fuß.

Material: Zollstock; Protokollbogen.

Dauer: Etwa 60 Minuten.

Durchführung:

– Länge, Breite und Umrißform der Bank werden vermessen und skizziert.
– Die maximale Höhe wird bestimmt: An der höchsten Stelle wird der Zollstock in das weiche Sediment gestoßen, bis er auf Widerstand, den normalen Boden des Wattes, trifft.
– Das Sediment unter den Muscheln wird auf Schwefelwasserstoff-Geruch geprüft. Seine Korngröße wird mit der von Sedimenten der Umgebung verglichen (siehe Kap. 5.5, Untersuchung 1). Sind im Schlick unter der Bank viele leere Muschelschalen?
– Die Dichte der Miesmuscheln wird am Rand und im Zentrum der Bank aus Probeflächen von 20 x 20 cm bestimmt und auf einen Quadratmeter umgerechnet.
– Entlang eines 50 cm langen Schnittes wird in einem dichten Bestand die Stellung der Muscheln skizziert (senkrecht, schräg, waagerecht zur Oberfläche).

Auswertung: Muschelbänke können wenige bis hunderte Quadratmeter Ausdehnung besitzen; in geeigneten Wattregionen oder in Kulturbezirken werden mehrere Hektar Wattflächen von Miesmuscheln bedeckt. In Zeiten mit wenigen Stürmen wachsen sie durch Pseudofaeces und durch Sedimentation 30 bis 50 cm auf. Die Sedimente unter der Bank sind sehr feinkörnig, sauerstoffarm und entsprechend schwarz gefärbt; sie enthalten FeS. Es ist viel Miesmuschelschill von Tieren eingelagert, die sich im Gedränge nicht an der Oberfläche der Bank halten konnten und verhungert oder erstickt sind. Vom Rand bis zur Mitte steigt die Bestandsdichte von wenigen Dutzend Tieren bis zu mehreren hundert pro m^2. Nur durch ein ständiges Bewegen mit dem Fuß, Lösen von Byssusfäden und Neubefestigen können die Tiere an der Oberfläche der Bank bleiben. Im Wasserkörper über einer dichtbesetzten Bank sind der Sauerstoffgehalt und die Nahrungsmenge deutlich vermindert. Alle Muscheln sind bestrebt, eine optimale Stellung senkrecht im Sediment einzunehmen.

Untersuchung 9: Biozönose Miesmuschelbank (Freiland)

Auch diese Untersuchung ist an intakte Muschelbänke gebunden.

Material: Sieb; Grabforke; weiße Schale; Pinzette; Bestimmungsbücher; Protokollbogen.

Dauer: Je nach Qualität der Bank 30 bis 60 Minuten.

Durchführung: Alle Großalgen und wirbellosen Tiere, die mit der Miesmuschelbank assoziiert sind, werden gesammelt und bestimmt. Ggf. können die Proben auch im Labor nach folgenden Gesichtspunkten ausgewertet werden:
– Artenliste mit Häufigkeitsangaben
– Vorkommen (epizoisch oder im Sediment unter der Bank)
– Lebensformtyp (festsitzend oder frei beweglich, Suspensionsfresser, Depositionsfresser oder Räuber).

Auswertung: Ungestörte Miesmuschelbänke umfassen außerordentlich reichhaltige und vielseitige Lebensgemeinschaften. Viele Algen sowie Tiere aus fast allen Stämmen sind hier anzutreffen, wobei folgende besonders auffallen:
– *„Fucus mytili“*, eine spezielle blasenlose Form des Blasentanges *F. vesiculosus* (siehe Kap. 6.10.)
– viele Arten von sessilen Filtrierern und Tentakelfängern (Hydrozoen, Anthozoen, Moostierchen und Seepocken)
– Käferschnecken (*Lepidochitona cinerea*), Pantoffelschnecke (*Crepidula fornicata*) und mehrere Strandschneckenarten (*Littorina littorea*, *L. mariae* und gelegentlich *L. saxatilis*)
– Seesterne und Strandkrabben als Räuber in den ständig wasserbedeckten Tümpeln zwischen den Muschelbänken.

Weiterführung: Eine Analyse nach systematischer Zuordnung oder nach Lebensformtypen läßt die besondere Vielfalt von epizoisch lebenden Arten in dieser Biozönose erkennen, zeigt aber auch die vernetzten Nahrungsbeziehungen auf. Sie können in einem Spiel (Nahrungsnetz, siehe Kap. 10) symbolisiert werden. Die Arten können auch aus einem vorbereiteten Bogen mit Abbildungen ausgeschnitten und zu einem Nahrungsnetz zusammengeklebt werden.

Untersuchung 10: Siedlungsdichte und Biomasse der Herzmuschel (Freiland)

Zur Siedlungsdichte-Untersuchung eignet sich das Mischwatt im mittleren bis unteren Gezeitenbereich. Zunächst sollten die Teilnehmer das Vorkommen von Herzmuscheln erkunden (Fühlen mit den Füßen, Knistern, Erkennen der Siphone). Anschließend werden Herzmuscheln mit den Händen ausgegraben. Während man auf diese Weise nur einzelne Tiere zu fassen bekommt, ergibt ein flächiges Freispülen einen Überblick über die tatsächliche Siedlungsdichte. Für die Untersuchung ist ein dicht besetztes Herzmuschelbeet besonders gut geeignet.

Material: Zollstock, 4 Pflöcke und 1 m Leine, Meßzylinder 100 ml, Küchensieb, flache weiße Schale mit eingelegtem Millimeter-Papier, Protokollbogen.

Dauer: 30 Minuten.

Durchführung: Mit Pflöcken und Leine wird in einem Herzmuschelbeet ein Quadrat von 20 cm Seitenlänge markiert. Portionsweise werden die obersten Sedimentschichten der Probefläche im Sieb durchgespült. Die Herzmuscheln werden gezählt; ihre Schalenlängen werden auf dem Millimeter-Papier vermessen. Bei ein- bis zweijährigen Populationen wird die Anzahl der Jahresringe notiert. Anschließend wird eine Biomassenbestimmung mittels Wasserverdrängungs-Volumen durchgeführt. Bei sehr hohen Anzahlen sollte das Vermessen und die Biomassenbestimmung (siehe Kap. 5.9, Untersuchung 2) an Stichproben durchgeführt werden. Die Werte werden auf einen m^2 umgerechnet.

Auswertung: Im ersten Jahr einer Herzmuschelbesiedlung erreichen die Jungmuscheln eine Dichte von 20 000 Tieren pro m^2 und mehr. Bei zwei- und mehrjährigen Populationen können immer noch einige hundert bis tausend Tiere pro m^2 auftreten. Ein Auslegen der gesiebten Tiere auf die Probefläche von 20 x 20 cm verdeutlicht die extrem dichte Besiedlung. Die Größenverteilung ist meist homogen, die Tiere entstammen alle einer Altersklasse. Nur in manchen Jahren tritt nennenswerter Brutfall zwischen ausgedünnten Beständen älterer Jahrgänge auf. Die Biomassen erreichen nach der Umrechnung auf 1 m^2 Werte von mehreren 100 g aschefreier Trockenmasse (afTG), ein im Vergleich zum Durchschnittswert des Wattenmeeres sehr hoher Wert (siehe Kap. 5.8).

Untersuchung 11: Eingraben der Herzmuscheln (Freiland)

Material: Pro Gruppe 10 bis 20 Herzmuscheln, Uhr.

Dauer: Etwa 20 Minuten

Durchführung: Die frisch gesammelten Muscheln werden auf die Sedimentoberfläche, am besten in eine kleine Wattpfütze gelegt. Es wird die Zeit gestoppt, bis sich das erste Tier bzw. die Hälfte der Tiere komplett eingegraben haben. Zusätzlich soll beobachtet werden, wie die Muscheln sich eingraben.

Auswertung: Ein rasches Eingraben ist wichtig, um dem Blick der Freßfeinde zu entgehen. Eine aktive Muschel schafft dies bei höheren Temperaturen in wenigen Minuten. Das Wechselspiel von Fußbewegung und Bewegung der Schalenklappen ist erst bei genauem Beobachten erkennbar.

Untersuchung 12: Fortbewegung der Amerikanischen Schwertmuschel (Freiland, Labor)

Amerikanische Schwertmuscheln treten eher in den äußeren, der Nordsee zugewandten Wattenmeerbereichen auf. An der Niedrigwasserlinie von Stränden und grobsandigen Bereichen sind sie häufiger anzutreffen. Eine ein bis zwei cm große, runde Vertiefung zeigt eine im Boden sitzende Schwertmuschel an. Das Ausgraben soll schnell und tief erfolgen, da die Tiere sich im Boden rasch bewegen können.

Material: Einige Amerikanische Schwertmuscheln, 2 Aquarienbecken 5 l mit Seewasser, eines zusätzlich 5 bis 10 cm mit Sand gefüllt.

Dauer: Etwa 20 Minuten.

Durchführung: In jedes Becken werden ein bis zwei Muscheln gesetzt. Im Bekken mit Sediment kann das Eingrabverhalten, im Becken ohne Sediment kann die Schwimmbewegung beobachtet werden. Letztere wird oft durch leichte Reizung des Mantelrandes ausgelöst.

Auswertung: Eine frische Muschel gräbt sich in weniger als einer Minute ein; dazu stellt sich das Tier mit dem großen, verbreiterten Fuß senkrecht auf und wühlt sich dann ins Sediment. Die Schwimmbewegungen werden mit dem am Hinterende der Schalenklappen herausgestreckten Fuß schlängelnd vollführt. Beide Bewegungen zeigen, daß diese Art für den durch starke Sedimentumlagerungen gekennzeichneten extremen Lebensraum optimale Anpassungen mitbringt.

6.2 Borstenwürmer – verstecktes Leben im Boden

Das Watt wurde von einem Wissenschaftler als der „flache Dschungel" bezeichnet. Vermutet der Beobachter allerdings, daß er hier überquellendes Leben entdeckt, wird er bei der ersten Begegnung oft enttäuscht: Der Wattboden erscheint zwar vielfältig durch Pfützen, Rinnen und trockenfallende Flächen strukturiert; außer den Spaghettihaufen des Wattwurmes fallen andere Lebensspuren aber wenig ins Auge. Denn die Spuren der übrigen Tiere sind oft unscheinbar und kaum auf der eintönig graubraunen Fläche erkennbar; sie werden vom Ungeübten leicht übersehen. Im zeitigen Frühjahr kommt Farbe ins Watt. Jetzt fallen olivengroße, grüne gallertige Kugeln auf. Sie sind mit einem dünnen Stiel im Sediment verankert. Nach ein bis zwei Wochen verschwinden sie wieder. Etwa Mitte Mai treten dafür etwas größere braunrote birnenförmige Gallertkugeln auf. Es handelt sich in beiden Fällen um **Laichbeeren**. Die grünlichen Kugeln stammen vom Gefleckten Blattwurm (*Anaitides mucosa)*, die rötlichen Laichbeeren enthalten Eier des Kiemenringelwurmes (*Scoloplos armiger*). Wie viele andere Arten des Litorals laichen die beiden Borstenwurmarten synchron, gesteuert durch Mondphase und steigende Wassertemperaturen. Mit etwas Glück kann man die sich paarenden Würmer an der Wattoberfläche sehen; sie „tanzen". Zu anderen Jahreszeiten verraten beide Arten ihr Vorkommen nicht durch Oberflächenspuren, denn sie leben versteckt im Sediment.

Während die Laichbeeren sofort ins Auge fallen, sieht man die Fraßspuren des **Seeringelwurmes** (*Nereis diversicolor*) erst bei genauerem Betrachten des Wattbodens. Sie verlaufen von einem Zentrum aus sternförmig einige Zentimeter weit und sind streichholzdick. Aus der Anlage der Spuren läßt sich der Nahrungserwerb des Wurmes gut ableiten. Er kriecht mit seiner vorderen Körperhälfte aus dem verzweigten Gangsystem im Boden heraus und sucht die Sedimentoberfläche nach Kleintieren und Detritus ab. Seeringelwürmer kommen in fast allen Lebensräumen des Wattenmeeres vor: Von der unteren Salzwiese bis in tiefliegende sandige Sedimente des unteren Gezeitenbereiches sind sie in Bodenproben zu finden. Bevorzugtes Siedlungsgebiet der größeren Tiere sind allerdings die schlickigen Mischwatten des mittleren und oberen Gezeitenbereiches. Seeringelwürmer bewegen sich in charakteristischer Weise schlängelnd unter Zuhilfenahme der Borsten ihrer Scheinfüßchen (siehe Untersuchung 1). Die Art kann sich sehr vielfältig ernähren, ist also keineswegs nur auf Detritus angewiesen. Der Hauptnahrungserwerb besteht im Filtrieren von Plankton mit selbstgesponnenen Schleimnetzen (siehe Untersuchung 7). Größere Tiere fressen auch kleine Borstenwürmer und Muscheln.

Fast ausschließlich räuberisch lebt der etwa 10 cm lange **Opalwurm** (*Nephthys hombergii*). Er hinterläßt keine Oberflächenspuren, da er sich ohne festes Gangsystem wühlend durch den Boden schlängelt. In Siebproben aus allen Wattbereichen fällt er durch die helle opalisierende Farbe und durch das hektische Vorschnellen des Rüssels auf, wobei jedesmal der Kieferapparat freigelegt wird. Dies kann unter dem Binokular gut beobachtet werden. Eine Sonderform der carnivoren Ernährungsweise zeigt der schon von seinen Laichballen her bekannte **Gefleckte Blattwurm**: Er ist Aasfresser (siehe Untersuchung 8).

Nur wenige Borstenwurmarten des Wattenmeeres kommen an die Oberfläche des Sedimentes. Der **Bäumchenröhrenwurm** (*Lanice conchilega*) streckt sein Vorderteil bei Wasserbedeckung aus dem Sediment. Die Art besiedelt bevorzugt Mischwatten des unteren Gezeitenbereiches. Die Tiere bauen sich aus Sandkörnern und Muschelschill Röhren, die bis zu 25 cm tief quer im Wattboden stecken (siehe Untersuchung 9). Der Artname „conchilega" bedeutet Schalensammler. Der sichtbare obere Teil dieser Röhre ist wie die Krone eines Bäumchens geformt; die Äste stehen bevorzugt in einer Ebene, senkrecht zur Hauptströmungsrichtung (Untersuchung 10, Abb. 25). Ändert sich die Strömungsrichtung, so baut der Wurm seine Bäumchenkrone um. Die Bäumchenkrone dient als Gerüst für die vielen Tentakel. Bleiben daran Planktonorganismen haften, so werden sie über eine Wimperrinne zur Mundöffnung befördert. Der ***Pygospio*-Wurm** (*Pygospio elegans*) fällt durch seine geringe Größe (maximal 15 mm lang) nur wenig auf. Er lebt in 2 bis 5 cm langen Röhren, die er mit Schleim aus Sandkörnchen zusammenklebt. Beim Freispülen der Wattoberfläche kann man anhand des dichten Rasens von Röhren die enormen Siedlungsdichten erahnen; bis zu 100 000 Tiere siedeln auf einem Quadratmeter. Voraussetzung ist allerdings ein stabiles Sediment, in dem keine wühlenden Arten, wie der Wattwurm, siedeln.

Neben Laichbeeren, Fraßspuren und verfestigten Röhren zeigen einige Borstenwurmarten ihr Vorkommen durch charakteristische Kothäufchen an. Sie stammen von solchen Arten, die den Boden zunächst unselektiv fressen und daraus die verdaulichen Bestandteile, wie Detritus mit daran haftenden Bakterien sowie Meiofauna-Organismen, aufnehmen. Das unverdauliche Sediment wird an die Oberfläche abgegeben. Die Kothäufchen des **Wattwurmes** (*Arenicola marina*) prägen oft kilometerweit große Flächen. Sein Hauptsiedlungsraum sind die regelmäßig trockenfallenden weiten Sand- und Mischwattflächen, denn er zeigt besonders gute Anpassungen an die Lebensbedingungen im Gezeitenbereich. Junge Tiere siedeln nahe der Hochwasserlinie; im ständig wasserbedeckten Bereich der Wattströme nimmt die Bestandsdichte der Wattwürmer stark ab. Die Kothäufchen des **Kotpillenwurmes** (*Heteromastus filiformis*) sind sehr viel kleiner und meist schwarz gefärbt. Die oft 10 cm langen, aber nur 1 mm dicken Würmer („Gummibandwurm") siedeln meist in der Reduktionszone des Wattbodens und fressen das schwarze Sediment, dessen unverdauliche Anteile sie dann als schwarze Stränge von Kotpillen ausscheiden. Das Hinterende verbleibt dabei dicht unter der Sedimentoberfläche. Ein Hämoglobin mit besonders hoher Sauerstoffaffinität ermöglicht es dem Kotpillenwurm, genügend Sauerstoff aufzunehmen. Gleichzeitig ist der Wurm in der Lage, Schwefelwasserstoff zu oxidieren und damit zu entgiften. Beim Ausgraben und beim Sieben ist es kaum möglich, die Tiere unversehrt zu sammeln.

Der **Wattwurm** ist besonders gut geeignet, die Funktion eines Depositionsfressers im Wattboden darzustellen. Mit dieser Art lassen sich hierzu viele Versuche durchführen. Wattwürmer werden im allgemeinen 10 bis 20 cm, maximal bis 40 cm lang. Ihr Körper ist in charakteristischer Weise gegliedert und gefärbt (siehe Untersuchung 1). Junge Tiere weisen eine eher grünliche bis braune Farbe auf, die älteren werden immer dunkler, bis ihr Körper fast schwarz erscheint. Dies beruht auf der Ablagerung von Melanin und Abbauprodukten des Hämoglobins. Die äußerlich erkennbare Ringelung entspricht nicht ihrer inneren Segmentierung. Etwa 5 Ringe der Cuticula kommen auf ein inneres Segment. Das Vorderteil umfaßt den ausstülpbaren Rüssel und 6 Segmente. Daran schließen sich 13 mit roten Kiemenbüscheln besetzte Segmente an. Der Hinterleib ist grünlich und merklich dünner; er besteht aus 80 bis 100 Segmenten, von denen nur die hintersten langgestreckt sind.

Wattwürmer sind getrenntgeschlechtlich. Die Synchronisation der Laichzeit von Männchen und Weibchen ist noch weitgehend unbekannt, jedoch dürfte wie auch bei anderen Meerestieren eine Mondrhythmik vorliegen. Die ins freie Wasser abgegebenen Spermien werden durch den Irrigationsstrom mit dem Atemwasser in den Wohnbau der Weibchen befördert. Hier erfolgt die äußere Befruchtung der Eier. In der nachfolgenden etwa einjährigen Entwicklungsphase halten sich junge Wattwürmer nacheinander in verschiedenen Habitaten auf (siehe Abb. 20). Daß junge Wattwürmer nicht gleich in den typischen Arenicola-Watten siedeln, beruht wohl weniger auf einer Hemmung durch die Alttiere als vielmehr auf unterschiedlichen Ansprüchen an Sedimentbeschaffenheit und Nahrungsangebot in den einzelnen Habitaten. Die sandigen Flächen des trockenfallenden Wattes werden von den großen Tieren in der Regel nicht mehr verlassen. Wattwürmer besitzen aber bei einer Verschlechterung der Lebensbedingungen immer die Fähigkeit zum Ortswechsel. Größere Strecken werden schwimmend-schlängelnd mit der Strömung zurückgelegt. Harte Winter können ebenso zu einer Abwanderung führen wie drohender Sauerstoffmangel durch ein Überwuchern mit Grünalgen. Ebenso werden geeignete, aber unbesiedelte Habitate innerhalb einiger Wochen gleichmäßig besetzt. Die Siedlungsdichte der Wattwürmer schwankt über die Jahre wenig. In der Regel kann man unter optimalen Bedingungen 25 bis 50 Tiere pro Quadratmeter zählen (siehe Untersuchung 6).

Junge Wattwürmer sind einem großen Feinddruck ausgesetzt. In diesem Zusammenhang müssen auch die Wanderungen gesehen werden. Bei Wasserbedeckung setzen Fische, beim Trockenfallen Watvögel den Beständen gleichermaßen zu. Seegraswiesen mit ihren eng stehenden Trieben sowie die lange trockenliegenden oberen Litoralbereiche bieten den wenigen Zentimeter langen Jungtieren einen weitgehenden Schutz vor Strandkrabben, Nordseegarnelen und jungen Schollen, die im Sommer in großen Mengen aus den Prielen auf die Watten einwandern. Erst die großen Wattwürmer sind in dem 20 bis 30 cm tiefen, L-förmigen Wohnbau weitgehend vor Freßfeinden geschützt. Sie können dort etwa vier Jahre alt werden.

Der Wattwurm ist ein **Substratfresser**. Er nimmt das durch den Trichter und die Fließsandsäule in die Freßtasche nachstürzende Sediment auf (siehe Abb. 21). Nur grobe Sandkörner und Schillpartikel über 0,2 mm Größe werden weitgehend aussortiert. Seine Nahrung besteht aus Kieselalgen, Detritus und vor allem aus den daran haftenden Bakterien. Der unverdauliche mineralische fein-

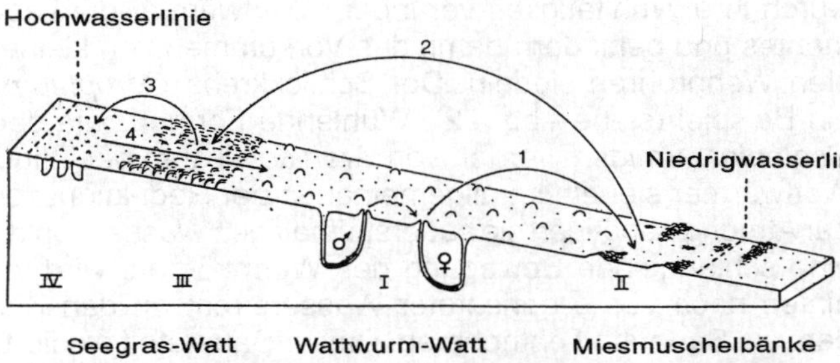

Abb. 20: Entwicklungsbedingte Wanderungen des Wattwurmes (nach REISE 1981).
I Wattwurm-Watt; adulte Tiere, Befruchtung, Larvenphase im Bau des Weibchens (Sept. - Dez.)
II Winterrefugium zwischen Miesmuschelbänken, 1 bis 6 mm lang (Dez. - März)
III Frühjahrsrefugium im Seegraswatt, 3 bis 20 mm lang (März bis Juni)
IV Sommerrefugium nahe der Hochwasserlinie mit kleinen L-förmigen Wohnbauten, 10 bis 60 mm lang (Juli - Okt.).
1 bis 4: Wanderungen der Wattwürmer.

körnige Sand wird, von einer inneren Uhr gesteuert, etwa alle 45 Minuten an der Oberfläche abgegeben. Hierzu schiebt sich der Wattwurm in dem mit Schleim verfestigten Wohngang mit seinem Hinterende rückwärts bis an die Sedimentoberfläche und gibt einen Strang reinen Sandes („Sandspaghetti") ab. Aufmerksame Wattwanderer können dies regelmäßig auch bei Niedrigwasser beobachten, denn durch seine Lebensweise tief im Sediment ist die Nahrungsaufnahme gezeitenunabhängig (siehe Untersuchung 7). Im Moment der Sandabgabe ist der Wattwurm von Feinden bedroht: Bei Wasserbedeckung erbeuten Schollen und Strandkrabben, beim Trockenfallen Watvögel die Schwanzenden des Wattwurms. Die Nahrung der Schollen im ersten und zweiten Lebensjahr besteht bis zu 70 % aus *Arenicola*-Hinterenden. Es sind immer nur die letzten Segmente langgesteckt; so regenerieren die Tiere den Schwanz durch Streckung der nächsten Segmente. Immerhin tritt bei den Wattwürmern durch dieses Abfressen ein Biomassenverlust von etwa 20 % auf.

Der Wattwurm verändert durch seine Lebensweise die Lebensbedingungen im Wattboden deutlich:

- Wattwürmer tragen erheblich zur Bioturbation bei. Durch das Fressen von Sand in der Tiefe und Abgeben an der Oberfläche lagern sie die Bodenschichten bis in 30 cm Tiefe um. Auf das gesamte Wattenmeer umgerechnet erfolgt diese Umlagerung mindestens einmal pro Jahr, eine unvorstellbare Leistung! Im *Arenicola*-Watt können sich daher keine regelmäßigen Ablagerungsschichten bilden. Die von Wattwürmern besiedelten Sedimentschichten weisen eine große Homogenität in der Korngrößenzusammensetzung auf: Feine Detrituspartikel werden verdaut, Feinsand an die Sedimentoberfläche abgegeben. Unter dem Siedlungshorizont der Wattwürmer lagert sich hingegen oft eine Lage von groben Kies- und Schillpartikeln ab (siehe Abb. 21).
- Durch ihre Wühltätigkeit verändern Wattwürmer die Lagestabilität des Sedimentes und behindern damit das Vorkommen von kleinen Formen, die in festen Wohnröhren siedeln. Der Schlickkrebs *Corophium volutator* ist hierfür ein Beispiel (siehe Abb. 22). Wühlende Formen, wie der Kiemenringelwurm *Scoloplos armiger*, werden von *Arenicola* kaum beeinflußt.
- Wattwürmer siedeln im allgemeinen in der Reduktionszone des Wattbodens. Zur Atmung benötigen sie sauerstoffhaltiges Wasser von der Oberfläche. Durch eine schlängelnde Bewegung des Wurmkörpers wird in dem Gang ein von hinten nach vorne gerichteter Wasserstrom an den Kiemen vorbeigeleitet, dem sie Sauerstoff entnehmen. Dieser Sauerstoff oxidiert zugleich das Eisensulfid um den Wohnbau herum, so daß ein heller schleimverfestigter Oxidationsmantel von wenigen mm Stärke entsteht, der beim Aufgraben gut erkennbar ist. In der Freßtasche wird der Atemwasserstrom mit dem restlichen, nicht aufgenommenen Sauerstoff in das Sediment gepreßt. Diese Belüftung des Bodens trägt zu erhöhter Nährsalz-Freisetzung vor allem von Nitrat und Nitrit im Wattboden bei, da durch Sauerstoff bakterielle Abbauprozesse mit diesen Endprodukten gefördert werden (siehe Kap. 5.6 und 5.8). Verstärkt wird der Effekt dadurch, daß die stickstoffhaltigen Exkrete des Wattwurmes

ebenfalls mit dem Wasserstrom in das Sediment der Freßtasche befördert werden. Der nach vorne gerichtete Atemwasserstrom enthält auch Detritus und Bakterien, die sich in der Freßtasche ansammeln und so die Nahrung im Sediment anreichern.

- Bioturbation und Irrigationsstrom schaffen veränderte Kleinhabitate um die Wohnbauten der Wattwürmer. Im Vergleich zu dem umgebenden Wattboden finden sich hier eine viel größere Arten- und Individuenvielfalt der Meiofauna (siehe Abb. 23).
- Seegras wird in seiner Ansiedlung durch die Wühltätigkeit der großen Wattwürmer behindert, da die Pflanzen ihre Wurzeln nicht verankern können. Umgekehrt fördert die durch Wattwürmer hervorgerufene Sedimentumlagerung die Ansiedlung von fädigen Grünalgen. Die an Sandkörnern haftenden Algenfäden rutschen in die Freßtrichter der Wattwürmer und werden so im Boden verankert.

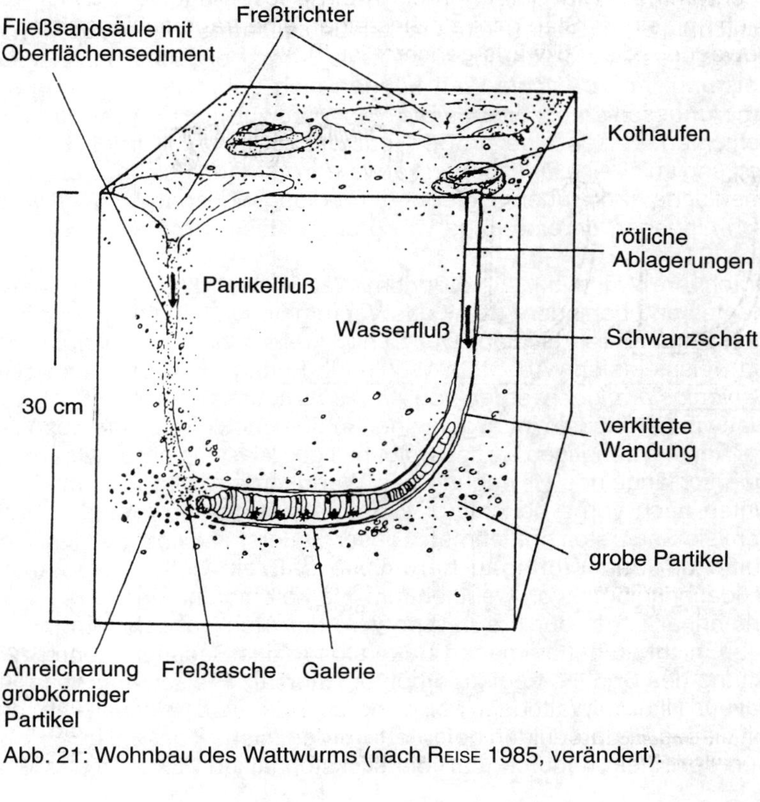

Abb. 21: Wohnbau des Wattwurms (nach Reise 1985, verändert).

Untersuchung 1: Körperbau und Bewegung (Labor)

Material: Große Wattwürmer, eventuell zum Vergleich große Seeringelwürmer, flache weiße Schalen mit Seewasser, kleine Aquarien mit Seewasser, Wattsand, Binokulare oder Lupen.

Dauer: Etwa 45 Minuten.

Durchführung:

1. Der Körperbau des Wattwurmes wird untersucht und gezeichnet. Dabei soll geachtet werden
– auf den ausstülpbaren Rüssel
– auf die Anzahl der Segmente (kleine Borsten beachten)
– auf die Anzahl der Kiemenbüschel und der Ausscheidungsöffnungen (je ein Paar pro Segment im mittleren Körperbereich)
– auf die Anzahl und Länge der Hinterleibssegmente (nur die letzten sind gestreckt).
2. Die Bewegungsformen des Wattwurmes werden beobachtet und protokolliert:
a) Schwimmen: Die Tiere werden in ein Becken mit Seewasser gesetzt und leicht mit einem Stab gereizt. Sie zeigen eine träge schlängelnde Schwimmbewegung, die rückwärts gerichtet ist (!).

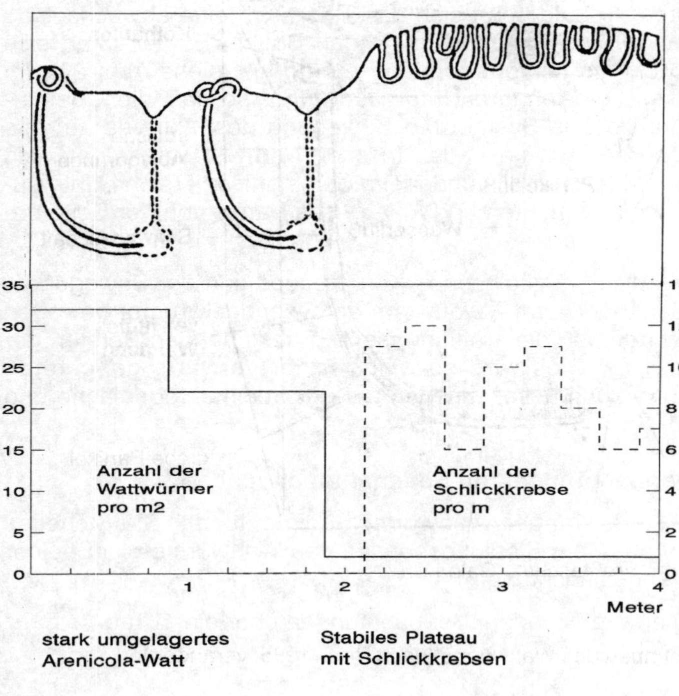

Abb. 22: Hemmung von röhrenbauenden Tieren durch die Wühltätigkeit des Wattwurms.

Abb. 23: Verteilung der Meiofauna (hier Anzahl der Fadenwürmer pro cm^3 Sediment) um einen Wohnbau des Wattwurmes. Helles Sediment: oxisch, gepunktetes Sediment: anoxisch (nach REISE 1985).

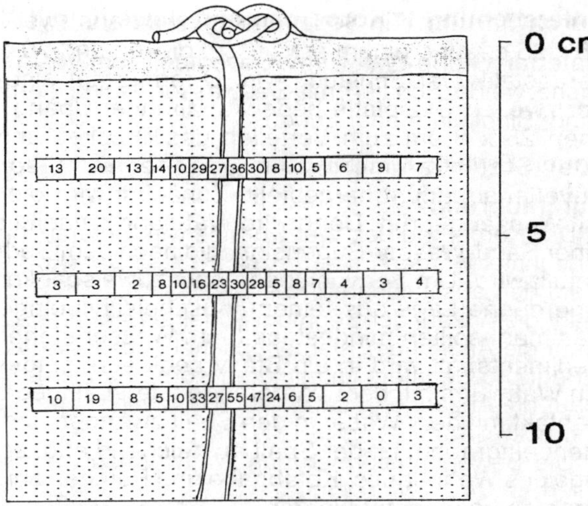

b) Eingraben: Die Tiere werden in ein Becken mit Seewasser und etwa 5 cm Wattsand gegeben. Sie beginnen sofort, den Rüssel auszustülpen und das Sediment abzutasten. Alsbald bohrt sich das Tier durch eine abwechselnde Kontraktion der Längs- und Ringmuskeln in den Boden. Es verankert sich durch die Borsten und die hervortretenden Körperringe (siehe Abb. 24). Im Vorderkörper gibt es keine innere Untergliederung, so daß die Coelomflüssigkeit als hydraulisches System die Bewegung des Wurmes auf alle Körperregionen überträgt. Ein gesunder, frischer Wurm ist bereits nach ein bis zwei Minuten im Boden verschwunden. Im Sedimentspalt (siehe Untersuchung 2) können Eingrabverhalten und Anlage des Baues von der Seite beobachtet werden.

Auswertung: Es bietet sich bezüglich des Körperbaues und der Bewegungsform ein Vergleich Seeringelwurm - Wattwurm an: Seeringelwürmer bewegen sich schlängelnd und nehmen die kräftigen, seitlich abstehenden Borsten der Scheinfüßchen zur Hilfe. Dies wird sowohl bei der vorwärts gerichteten Schwimmbewegung als auch beim Kriechen auf der Sedimentoberfläche und beim Eingraben deutlich.

Untersuchung 2: Beobachtungen im Sedimentspalt (Labor)

Material: Ein etwa 10 cm langer Wattwurm, Sedimentspalt, Stativ, helles (oxidiertes) Sediment aus dem Siedlungsbereich des Wattwurmes, ggf. feiner Muschelschill, Belüftungseinrichtung.

Dauer: Vorbereitung etwa 2 Stunden, Beobachtungen über einen Tag.

Durchführung: Ein Sedimentspalt wird aus zwei 6 mm dicken Glasscheiben 25 x 25 cm und einem etwa 1 cm dicken und 70 cm langen Gummischlauch hergestellt. Der Schlauch wird U-förmig auf eine Glasplatte gelegt und mit der zweiten Glasplatte bedeckt. Mit einer Spannvorrichtung aus zwei Brettchen 25 x 3 cm zum Verteilen des Druckes und kleinen Schraubzwingen oder Stativklammern zum Spannen wird so ein etwa 5 mm breites Küvettenaquarium hergestellt. Zunächst wird die Dichtigkeit durch Befüllen mit Wasser geprüft. Dann wird Wattsand eingefüllt; dies gelingt einfacher mit einer Sand-Wasser-Supension, die nach dem Sedimentieren mehrfach nachgefüllt wird. Um Verwühlungen nachzuweisen, kann über jede Sand-Schicht eine dünne Lage aus feinem Muschelschill eingebracht werden. Über dem Sediment sollten mindestens 3 cm Wasser stehen, die belüftet werden. Der Sedimentspalt wird in ein Stativ senkrecht eingespannt. Anschließend wird ein Wattwurm mit dem Vorderende zuerst eingebracht. Das Tier wird sich bei Kontakt mit dem Waser in den Spalt zwängen und bei Kontakt mit dem Sediment eingraben. Ist der Spalt ausreichend eng, so können Grabtätigkeit, Anlage des Wohnbaues, Kotabgabe und Pumpen zur Erzeugung des Irrigationsstromes beobachtet werden.

Untersuchung 3: Pumptätigkeit zur Erzeugung des Irrigationsstromes
(Labor)

Material: 25 cm hohes Aquariumbecken, 40 cm Silikonschlauch 8 mm Durchmesser, 20 cm Lüfterschlauch, Reduzierstück (Libelle), Stativ mit Klemme, Klammer, Meßzylinder 100 ml.

Dauer: Etwa 2 Stunden.

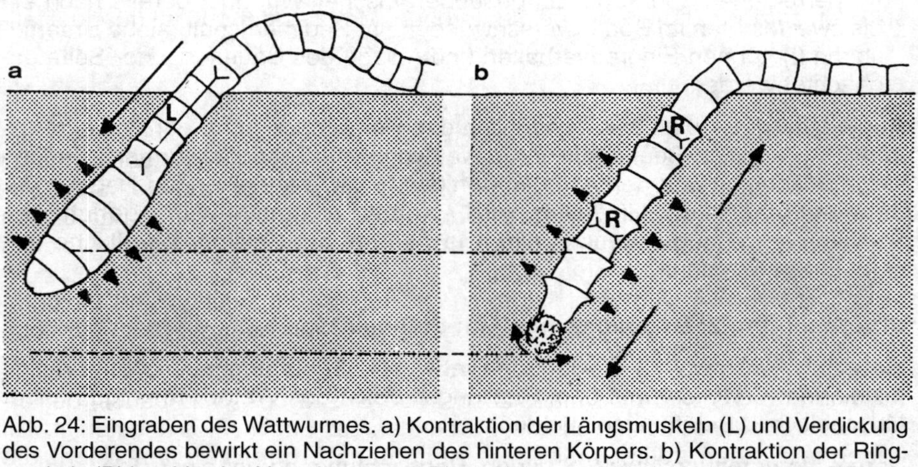

Abb. 24: Eingraben des Wattwurmes. a) Kontraktion der Längsmuskeln (L) und Verdickung des Vorderendes bewirkt ein Nachziehen des hinteren Körpers. b) Kontraktion der Ringmuskeln (R) bewirkt eine Verankerung mit Ringwülsten, und durch Vorstülpen des Rüssels dringt das Vorderende tiefer ein. (Aus Dircksen 1973.)

Durchführung: Der Silikonschlauch wird U-förmig gehalten und mit Seewasser gefüllt. An einem Ende wird der Lüfterschlauch mit der Libelle befestigt. Der Wattwurm wird mit dem Vorderende voran in den Silikonschlauch eingesetzt (eventuell am Lüfterschlauch saugen). Der Schlauch wird so in das wassergefüllte Becken eingesetzt, daß das Ende des Silikonschlauches untergetaucht ist und mit einer Wäscheklammer am Beckenrand befestigt wird. Der Lüfterschlauch wird über den Beckenrand geführt und am Stativ befestigt. Unter sein Ende stellt man einen Meßzylinder. Der Wattwurm sollte nach spätestens 20 Minuten durch Pumpbewegungen einen Irrigationsstrom erzeugen. Das durch den Schlauch gepumpte Wasser wird im Meßzylinder aufgefangen.

Auswertung: Wie erzeugt der Wattwurm den Irrigationsstrom? Wieviel Wasser wird pro Stunde von hinten durch durch den Wohnbau geleitet? Je nach Temperatur und Größe schafft ein Wurm etwa 20 bis 100 ml pro Stunde.

Untersuchung 4: Untersuchung des Wohnbaues des Wattwurmes
(Freiland)

Der Aufbau des Wohnbaues des Wattwurmes wird am besten dort untersucht, wo das Sediment bindig und relativ trocken ist, Sandböden zerfallen leicht, und eine zu hohe Wassersättigung oder stehende Pfützen füllen das Grabloch schneller als die Beobachtungen beendet werden können. Am günstigsten ist der Einsatz eines Stechkastens, da dann der gesamte Bau ausgehoben werden kann. Die Siedlungsdichte der Wattwürmer sollte gering sein; dann ist es einfacher, Einsturztrichter und Kothäufchen eines Baues einander zuzuordnen.

Material: Grabforke, ggf. Stechkasten (l 25 x b 25 x h 30 - 40 cm) mit einem Schieber auf einer Seite, Eßlöffel, Papier und Schreibunterlage, Zollstock, Plastiktüten zur Entnahme von Sedimentproben, Meßzylinder 100 ml (für qualitative Schlemmanalyse), Probenröhrchen.

Dauer: Etwa 30 Minuten.

Durchführung:
a) Mit dem Stechkasten: Der Kasten wird an einer Stelle angesetzt, an der deutlich erkennbar die Zuordnung von Einsturztrichter und Kothaufen erkennbar ist. Der Kasten wird über dem Wohnbau 30 cm tief in den Boden gedrückt und ausgegraben. Nun kann der Bau des Wattwurmes vorsichtig mit einem Löffel freigelegt werden.
b) Mit einer Forke wird wenigstens 10 cm neben Kothäufchen und Einsturztrichter ein 20 bis 30 cm tiefes Loch gegraben. Nun kann der Bau vorsichtig mit einem Löffel freigelegt werden.

Auswertung: Es wird eine maßstabsgetreue Skizze des Wohnbaues, der erkennbaren Bodenschichten und der Färbungen des Sedimentes angefertigt. Auf folgende Fragen sollte besonders geachtet werden: Wie tief reicht die Oxidationszone? Wie dick ist der Oxidationsmantel um den Wohnbau? Welche Farbe hat das Sediment im Einsturztrichter, in der Fließsandsäule und in der Freßtasche? Wie ist die Sedimentbeschaffenheit an der Oberfläche, in 10 cm Tiefe und unterhalb der Freßtasche? Mit Meßzylindern wird eine qualitative Schlemmanalyse von Proben von der Oberfläche (oft hoher Detritusanteil), aus 10 cm Tiefe (homogene Feinsande) und unterhalb des Siedlungshorizontes der Wattwürmer (gröbere Kies- und Schillpartikel) verglichen. Ist ein Siebsatz vorhanden, so können Kornsummenkurven erstellt werden (siehe Kap. 5.5, Abb. 7).

Aus der unmittelbaren Umgebung des Wohnbaues sowie aus weiterer Entfernung des Baues werden mit Probenröhrchen Sedimentproben für die Untersuchung der Meiofauna entnommen (siehe Kap. 6.4 und Abb. 23).

Untersuchung 5: Verteilung und Siedlungsdichte der Wattwürmer im Eulitoral (Freiland)

Wattwürmer zeigen eine charakteristische Verbreitung sowohl hinsichtlich der Altersstadien als auch bezüglich der Sedimentwahl (siehe auch Kap. 5.9, Untersuchung 1).

Material: Grabforke, Zollstock, Meßzylinder für Biomassenbestimmung und Sedimentvergleich, weiße Schalen, Protokollbogen.

Dauer: Je nach Anzahl der Stationen ein bis zwei Stunden.

Durchführung: Entlang eines Profils von der Hochwasserlinie bis zur Niedrigwasserlinie werden an mehreren Stationen, wo die Kothäufchen das Vorkommen von Wattwürmern anzeigen, Größe, Siedlungsdichte und Biomasse der Tiere untersucht. Die jeweilige Entfernung der Station zur Hochwasser-Linie wird geschätzt. An den einzelnen Stationen werden folgende Messungen vorgenommen, protokolliert und miteinander verglichen:

- Länge der Tiere (exemplarisch an wenigen Tieren)
- Siedlungsdichte: Unter der vereinfachenden Annahme, daß jedem Wattwurm ein Kothäufchen zuzuordnen ist, können die Häufchen pro m^2 ausgezählt werden. Um Siedlungsdichteschwankungen auszuschließen, werden drei Probeflächen von je 1 m^2 abgesteckt.
- Die Biovolumen- und Biomassen-Bestimmung erfolgt entsprechend der Untersuchung 2 in Kap. 5.9

Untersuchung 6: Häufigkeit und Menge der Kothäufchenabgabe

Material: Zollstock, 4 Pflöcke und Schnur, Maurerkelle, Eßlöffel, Plastikbeutel; im Labor eine Waage.

Dauer: 2 bis 3 Stunden; es können zwischenzeitlich andere Versuche durchgeführt werden.

Durchführung: Es wird eine Fläche ausgesucht, die gut mit Wattwürmern besetzt ist; sie sollte relativ trocken sein. Auf einer mit Pflöcken und Schnur abgesteckten Fläche von 1 m^2 wird die Anzahl der Kothäufchen gezählt. Nun wird die Fläche mit einer Maurerkelle glatt planiert. Folgende Fragen können untersucht werden:

– Wann wird der erste Sandstrang abgegeben, wann haben alle Tiere ihren Sandstrang abgegeben? In welchen Intervallen werden also die Sandstränge abgegeben?
– Nach 2 Stunden werden die abgegebenen Sandstränge gezählt und vorsichtig mit einem Löffel eingesammelt. Im Labor kann ihre Masse bestimmt werden.

Auswertung: Die abgegebene Menge Sand pro Tier und Tag wird errechnet. Wie tief wird das Sediment in einem Jahr von Wattwürmern umgelagert, wenn man eine Siedlungsdichte von 30 Tieren pro m^2 annimmt?

Untersuchung 7: Ernährungsformen des Seeringelwurmes (Labor)

Seeringelwürmer werden in schlickigen Watten ausgegraben. Sie lassen sich in belüftetem Seewasser gut hältern.

Material: Mehrere größere, 2 Tage ohne Nahrung gehaltene Seeringelwürmer, flache Schalen, Hackfleisch- oder Muschelfleischproben, etwa 25 cm hohes Becken mit 20 cm langen Glasröhren von 3 mm Durchmesser, frisches Netzplankton.

Dauer: Fütterungsversuch 15 Minuten, Irrigation und Schleimnetz-Bildung etwa 1 Stunde.

Durchführung:
a) Ein hungriger Seeringelwurm wird in eine flache Schale mit Seewasser zu einer kleinen Fleischprobe gegeben. Nach kurzer Gewöhnungszeit können Ortung der Nahrung, Erbeuten und Verschlingen beobachtet werden.
b) In einem hohen Becken mit belüftetem Seewasser werden die Glasröhren eingehängt. Dort hinein läßt man jeweils einen Seeringelwurm kriechen. Die Tiere erzeugen in regelmäßigen zeitlichen Abständen einen Irrigationsstrom durch schlängelnde Bewegungen des Körpers. So wird sauerstoffreiches Wasser an den Scheinfüßchen, die als Atmungsorgan dienen, vorbeigeführt. Nach einiger Zeit spinnt ein hungriger Seeringelwurm ein Netz, in dem sich Planktonorganismen und andere Schwebstoffe aus dem Irrigationsstrom fangen. Das Netz wird von Zeit zu Zeit verschlungen und anschließend neu gesponnen. Beobachtet werden der Bau des Netzes, die Häufigkeit der Irrigationsbewegungen und die Häufigkeit des Freßvorganges.

Auswertung:
a) Zur Ortung der Nahrung dienen die Kopfanhänge, die mit chemischen und mechanischen Sinneszellen ausgestattet sind. Die Beute wird mit den kräftigen Kieferzangen festgehalten, die beim Ausstülpen des Rüssels herausragen.
b) Das Schleimnetz wird von Spinndrüsen der vorderen Segmente produziert; durch Rückwärtskriechen des Wurmes erhält es seine Reusenform.
Das Schlängeln erfolgt mehrere bis einige Dutzend Mal pro Minute; es ist von der Temperatur und dem Sauerstoffgehalt des Wassers abhängig, was durch entsprechend variierte Versuchsbedingungen auch experimentell nach-

weisbar ist. Das Schleimnetz wird mehrmals pro Stunde neu gesponnen und wieder aufgefressen. Seeringelwürmer zeigen diese Ernährungsform vor allem, wenn das Wasser planktonreich ist, weshalb man etwas Plankton ins Versuchsbecken geben sollte.

Untersuchung 8: Anlocken des Gefleckten Blattwurmes (Freiland)

Material: Hackfleisch, Muschelfleisch oder Tilsiter Käse als Köder.

Dauer: 10 bis 20 Minuten

Durchführung: Im Spätsommer treten Blattwürmer am häufigsten im Watt auf. In einer Wattpfütze wird der Köder ausgelegt. Anschließend wird die Umgebung im Umkreis eines halben Meters beobachtet. Zuerst werden sich in der Regel ganz junge Garnelen dem Köder nähern und davon fressen. Nach einigen Minuten erscheinen dünne, fadenförmige Würmer aus dem Sediment und kriechen entsprechend dem Geruchsgradienten auf die Beute zu. Oft sind die feinen Würmer kaum zu erkennen, sondern nur die von ihnen produzierten schleimigen Kriechspuren. In günstigen Fällen können ein Dutzend und mehr Blattwürmer den Köder ansteuern; sie orientieren sich dabei oft an den Kriechspuren der Artgenossen. Die Nahrungsaufnahme erfolgt durch Ausstülpen des Rüssels.

Untersuchung 9: Bau der Röhre des Bäumchenröhrenwurmes (Labor)

Röhren von *Lanice* werden tief ausgegraben, da die Tiere sich bei Gefahr schnell in das untere Ende zurückziehen. Gegen das Licht gehalten, erkennt man, ob die Röhre besiedelt ist. Besonders schonend holt man das Tier durch Ausblasen aus seiner Röhre heraus.

Material: Mehrere Bäumchenröhrenwürmer, große Petrischalen mit Seewasser, Muschelschalen in verschiedenen Farben (weiße Sandklaffmuscheln, blaue Miesmuscheln, gelbe und rote Plattmuscheln), Hammer, Reibschale mit Pistill, Binokular.

Dauer: Ein bis zwei Stunden.

Durchführung: Je ein Tier wird ohne Röhre in eine große Petrischale mit Wasser gegeben. Muschelschalen werden mit einem Hammer und anschließend in einer Reibschale zerkleinert. Der feine Muschelschill wird nun in die Petrischale gestreut. Der beginnende Röhrenbau wird unter dem Binokular beobachtet.

Auswertung: Die Tiere strecken ihre Tentakel suchend in alle Richtungen. Ertasten sie Schillpartikel, so werden diese entlang einer Wimperrinne zum Wurmkörper befördert. Mit den Mundlappen werden die Teilchen in die neue Röhre eingebaut und mit Kitt aus einer Drüse am Kopf des Tieres verklebt. Bietet man dem Tier nacheinander verschiedenfarbige Schill-Materialien an oder legt die verschiedenfarbigen Schillproben in unterschiedlicher Entfernung vom Wurm aus, so erhält die Röhre Abschnitte mit unterschiedlicher Farbe.

Untersuchung 10: Orientierung der Bäumchenkronen des Bäumchenröhrenwurmes (Freiland)

Material: Pro Gruppe mehrere Modelle aus nichtrostendem Blumendraht (siehe Abb. 25), Kompaß, Protokollbogen.

Dauer: Etwa 30 Minuten.

Durchführung: Es wird eine nicht zu dichte Besiedlung von Bäumchenröhrenwürmern in der Nähe eines Priels aufgesucht.

a) Die Teilnehmer sollen zunächst die Drahtmodelle neben einem Bäumchenröhrenwurm in dem Wattboden stecken und mit ihrer Hilfe die Orientierung der Bäumchenkronen von *Lanice* imitieren. So läßt sich gut beobachten, daß alle Sandkronen gleich ausgerichtet sind.
b) Mit dem Kompaß wird die Orientierung der Bäumchenkronen von 20 bis 50 Röhren ermittelt: Sie wird mit der Strömungsrichtung des Priels verglichen. Die Werte werden graphisch entsprechend Abb. 25 aufgetragen.

Auswertung: Die Bäumchenkronen orientieren sich quer zur Strömungsrichtung des Prieles; damit wird eine besonders wirksame Stellung der Tentakel zum Fang von Plankton ermöglicht.

6.3 Krebstiere – verschiedene Lebensstrategien

Krebstiere sind besonders interessante Untersuchungsobjekte für die morphologischen Abwandlungen des Grundbauplanes als Anpassung an den Lebensraum. Auch in Bezug auf das Fortpflanzungsverhalten und die Art des Nahrungserwerbs bieten sich ergiebige vergleichende Beobachtungen an.

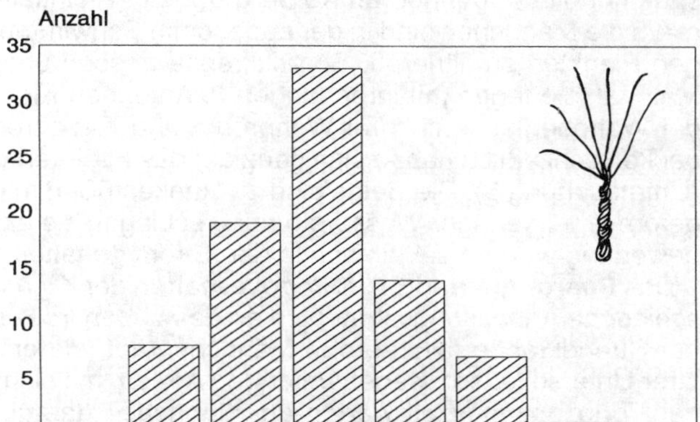

Abb. 25: Drahtmodell eines Bäumchenröhrenwurms und Ausrichtung der Bäumchenkronen. Die Hauptströmungsrichtung steht senkrecht zur Ebene der Sandkronen, also liegt bei etwa 30 Grad oder Südost-Nordwest.

Es gibt etwa 20.000 Krebstierarten auf der Erde. Sie kommen vorwiegend im Meer vor und zeigen dort eine so große Formenvielfalt, daß ihre gemeinsame Verwandtschaft nicht unmittelbar einsichtig ist. Aber schon dieUntersuchung einer Planktonprobe zeigt wichtige Gemeinsamkeiten auf: Larven der Strandkrabben, der Seepocken, der Nordseegarnelen und der ihr ganzes Leben über planktisch lebenden Ruderfußkrebse zeigen einen ähnlichen **Grundbauplan der Larve** mit drei Beinpaaren. Über diese Larven-Homologie haben die Systematiker sogar die in Strandkrabben parasitierende *Sacculina,* die keinerlei Krebsmerkmal erkennen läßt, der Seepocken-Verwandtschaft zugeordnet.

Der **Hinterleib,** das Abdomen der Krebstiere, besteht ursprünglich aus zahlreichen Körperringen, die meist mit Beinen besetzt sind. Dieser Grundbauplan wird vielfältig verändert: Der Hinterleib der Strandkrabben ist unter den Kopfbrustpanzer geklappt und dient den Weibchen dem Tragen der Brut (Untersuchung 3). Bei Nordseegarnelen ist das Abdomen gestreckt, die Beine darunter erzeugen den Atemwasserstrom. Zur besseren Tarnung befinden sich in der Unterhaut des Panzers Farbzellen (Chromatophoren, siehe Untersuchung 5), die die Farbanpassung an den Untergrund bewirken. Einsiedlerkrebse schützen ihren Hinterleib nicht mit einem eigenen Panzer; sie benötigen ein Schneckengehäuse. Der Krebs lebt hierin wie St. Bernhard in der Höhle. Daher muß sich sein Abdomen den Windungen der Behausung anpassen und aufrollen. Seepocken schließlich leben sessil und besitzen ein schützendes Gehäuse aus Mauerplatten; ihr Abdomen ist reduziert.

Unter den im Wattenmeer lebenden Krebstieren finden sich alle gängigen **Ernährungsformen**. Strandkrabben sind Allesfresser, leben aber vor allem räuberisch; sie suchen dabei die Sedimentoberfläche ab, können ihre Nahrung aber auch gezielt chemotaktisch suchen (siehe Untersuchung 4; dies kann auch mit Nordseegarnelen durchgeführt werden). Strandkrabben konsumieren in Jahren mit starkem Vorkommen große Anteile der Benthosproduktion (siehe Kap. 5.8, Abb. 12). Nordseegarnelen leben auch räuberisch, nehmen aber entsprechend ihrer geringeren Körpergröße nur Kleintiere und Meiofauna auf. Vor allem die Männchen sind in der Lage, beim Schwimmen mit den Mundwerkzeugen Plankton zu filtrieren. Schlickkrebse fressen überwiegend sedimentiertes Material; sie fegen mit ihren langen 2. Antennen Kieselalgen und Detritus von der Wattoberfläche zu ihrer Wohnröhre und verzehren die Nahrung dort. Seepocken schließlich haben sich ganz auf das Filtrieren von Plankton spezialisiert (Untersuchung 5). Die Beine sind zu Rankenfüßen mit einem Filterapparat umgeformt; bei geringer Wasserstömung schlagen sie aktiv, bei stärkerer Wasserbewegung werden sie einfach in den Strom gehalten.

Das **Paarungs- und Brutpflegeverhalten** der Krebstiere drückt ebenfalls verschiedene Anpassungsstrategien an das Leben im küstennahen Meer aus. Bei der Strandkrabbe fallen große Männchen auf, die ein kleineres Weibchen auf ihrer Unterseite, sozusagen unter den Armen, mit sich herumtragen. Zu Beginn der Fortpflanzungszeit warten die Männchen darauf, daß sich die Weibchen häuten; nur dann ist die Paarung möglich. Hat das Weibchen „die Plünnen weggeworfen“, sich also ihres alten Panzers entledigt, kann die Begattung erfolgen.

Die Weibchen nehmen die Eier unter ihrem Abdomen auf. Durch diese Brutpflege, die einige Wochen dauert, erhöht sich die Überlebensrate der Nachkommen. Erst beim Schlüpfen der Brut werden die Larven ins Plankton entlassen. Auch bei den Schlickkrebsen werden die Eier unter dem Hinterleib gehütet. Hier schlüpfen die Jungtiere direkt ohne eine planktische Phase. Dadurch wird ein Verdriften aus dem Lebensraum vermieden. Durch diese Brufpflege genügt es, daß jedes Weibchen nur etwa 50 Eier produziert. Die sessilen Seepocken können keine Begattung durch Aneinanderklammern durchführen. Sie besitzen einen rutenförmigen Penis, der über mehrere benachbarte Seepocken reicht. Da die Tiere Zwitter sind, haben alle Tiere die Möglichkeit zur Begattung.

Unter den Krebstieren des Wattenmeeres ist die **Strandkrabbe**, der Dwarslöper, wie sie im Plattdeutschen genannt wird, die auffälligste Erscheinung. Wie ein Ritter tritt die vom Panzer geschützte und mit den Scheren wehrhaft aussehende Gestalt auf. Strandkrabben werden im Wattenmeer bis zu 7 cm groß (Breite des Panzers). Auffällige Merkmale sind die meist braun bis olivgrüne Farbe, der gezähnte Vorderrand des Carapax, die 4 Schreitbeinpaare und das Paar großer Scheren. Beim genaueren Hinschauen sind weitere charakteristische Merkmale zu erkennen:

- Der Hinterleib, das Abdomen, ist unter den Körper geklappt. Beim Männchen laufen die Hinterleibsegmente schmal und spitz zu, beim Weibchen sind sie rund wie ein romanisches Kirchenfenster.
- Die Mundwerkzeuge liegen normalerweise eng an der Unterseite des Panzers an. Erst beim Freßvorgang sieht man die Oberkiefer (Mandibeln), 2 Unterkieferpaare (Maxillen) und 3 Kieferfußpaare (Maxillipeden). Sie spielen zusätzlich eine Rolle zur Erzeugung des Atemwasserstromes und zur Reinigung der Kiemen (siehe Untersuchungen 1 bis 3, Abb. 27).
- In der Mitte des vorderen Panzerrandes sitzt ein Paar gestielter beweglicher Augen, das ein Gesichtsfeld von 360° ermöglicht, und zwei Paare relativ kurzer Antennen.

Strandkrabben sind im gesamten Wattenmeer zu finden. Im Sommerhalbjahr, von April bis Oktober, wandern die größeren Tiere aus den Wattströmen in die Priele und auf die Wattflächen. Beim Trockenfallen graben sie sich ein, verstekken sich unter Algen oder weichen in die Priele aus. Strandkrabben atmen mit 6 Paaren Kiemen, die vom Panzer verdeckt in einer Kiemenhöhle sitzen. Auf dem zweiten Unterkiefer-Paar sitzen verbreiterte Platten, die einen nach vorne gerichteten Atemwasserstrom erzeugen (siehe Untersuchung 2). Das Wasser tritt an der Basis der Beine in die Kiemenhöhle ein und durch die Mundöffnung wieder aus. Die Tiere können aber auch einige Zeit an der Luft atmen. Ein eingeschlossener Wasservorrat hält die Kiemen feucht; zugleich kann Sauerstoff aus der Luft durch diesen Wasserfilm diffundieren.

Im Spätsommer findet die Begattung statt, im Spätherbst werden die Eier aus der Leibeshöhle unter den aufgeklappten Hinterleib abgegeben. Die Larven schlüpfen ab April und sind dann als Zoea (4 Häutungsstadien) und Megalopa (1 Stadium) im Plankton zu finden. Nach der Metamorphose beginnt im Sommer das Bodenleben. Bei genauem Hinsehen entdeckt man auf den hohen schlickigen Wattflächen vor allem zwischen Seegras und Algen große Mengen der wenige Millimeter kleinen Strandkrabben. Während in günstigen Jahren im Juli mehrere 1000 Jungtiere pro m^2 auftreten, sind es im August „nur" noch einige Hundert. Wegfraß, auch Kannibalismus, führt zu dieser Abnahme. Junge Strandkrabben wachsen im ersten Lebensjahr sehr schnell; sie durchlaufen 10 Häutungen. Der alte Panzer wird abgestreift, nachdem er von hinten her an der Nahtstelle der Beinansätze aufgeplatzt ist. Nun pumpt sich die Krabbe durch Aufnahme von Meerwasser auf, so daß das Körpervolumen um bis zu 30 % zunimmt. Nach drei bis vier Tagen ist der neue Panzer ausgehärtet. In dieser Zeit verstecken sich die Tiere zwischen Seegrasbeständen oder Algen. Die Exuvien sind im Sommerhalbjahr in großen Mengen im Spülsaum zu finden und können gut zu verschiedenen Untersuchungen herangezogen werden (siehe Untersuchung 3).

Erwachsene Strandkrabben zeigen eine große Vielfalt an unterschiedlichen Bewegungen und **Verhaltensweisen**, weshalb sie auch dankbare Objekte für Verhaltensbeobachtungen sind (siehe Untersuchung 4). Sie können sich mit ihren vier Schreitbeinpaaren seitwärts, vorwärts und rückwärts bewegen und sind in der Lage, sich sekundenschnell im Sediment einzugraben. Männchen und Weibchen zeigen unterschiedliche Reflexe, wenn man sie anhebt, . Auch Einstellreaktionen bei der Ortung der Nahrung und Instinkthandlungen sind gut zu beobachten.

Strandkrabben sind **räuberische Allesfresser**. Sie vertilgen Aas, graben Muscheln und Würmer aus, und sie sind auch in der Lage, Muscheln oder Strandschneckengehäuse zu knacken. Vor allem die Männchen mit ihrer kräftiger ausgebildeten rechten Knackschere öffnen auf diese Weise stabile Weichtiergehäuse (siehe Untersuchung 1). Weibchen hingegen bevorzugen Borstenwürmer. Das Nahrungsspektrum der Strandkrabben ändert sich im Verlauf ihres Lebens: Gerade zum Bodenleben übergegangene Jungtiere von wenigen Millimetern Größe arbeiten die obersten Schichten des Sedimentes durch und fressen Tiere der Meiofauna sowie junge Borstenwürmer und Weichtiere. Die Käfigversuche ermöglichten es, den Einfluß der Strandkrabben auf die anderen Bodentiere zu quantifizieren. Untersuchungsflächen des Wattbodens wurden mit feinmaschigen Käfigen überdeckt, so daß keine Strandkrabben und andere Räuber hineingelangen konnten. In einem weiteren Versuch wurden auch Strandkrabben in einen Käfig eingesperrt. In bestimmten Zeitabständen wurden die Veränderungen der Bodenfauna untersucht. Abb. 26 und Abb. 11 (Kap. 5.4) zeigen einige Ergebnisse dieser Käfigversuche. Danach üben Strandkrabben einen erheblichen Fraßdruck auf die Beuteorganismen aus: 10 % der Makrobenthos-Produktion wird von Strandkrabben konsumiert (siehe Kap. 5.8, Abb. 12). Die Art selbst wird wiederum von einer Reihe von Folgekonsumenten gefressen: Große Watvogelarten, Möwen und Eiderenten sowie große Schollen und Aale. Bei Gefahr sind Strandkrabben in der Lage, einzelne Beine abzuwerfen. Diese wachsen bei Häutungen nach; allerdings dauert es zwei bis drei Häutungszyklen, bis ein Schreitbein wieder die volle Länge erreicht hat.

Strandkrabben sind poikilosmotisch (siehe Kap. 5.1). Sie halten die osmotische Konzentration im Körperinneren annähernd konstant. Ihre Körperflüssigkeit weist eine höhere Konzentration an gelösten Stoffen auf als das Außenmedium. Daher müssen täglich bis zu 30 % des Körpergewichtes als Urin ausgeschieden werden. Um die Diffusionsverluste bestimmter Elemente auszugleichen, werden durch die Hinterenden der Kiemen aktiv Ionen aus dem Meerwasser aufgenommen. So ist die Strandkrabbe in der Lage, weit in brackige Gewässer, z.B. in Flußästuare vorzudringen. Sie erträgt minimale Salzgehalte von etwa 5 ‰.

Die Panzer der Strandkrabben werden von sessilen Tieren besiedelt. So findet man an alten Tieren, die sich nur noch in großen Abständen häuten, verschiedene Seepocken-Arten, See-Anemonen und auch Hydrozoen- und Moostierchen-Kolonien. Sie können die Beweglichkeit und das Gesichtsfeld der Krabben erheblich einschränken. Ein sehr starker Bewuchs des Carapax kann aber auch auf einen Befall von *Sacculina carcini* hindeuten. Dieser parasitische Krebs ist leicht mit den Eiballen zu verwechseln. Er durchzieht den gesamten Körper der Krabbe. Sein Brutsack sitzt als sackförmiger Anhang unter dem Hinterleib und schwächt seinen Wirt, so daß keine Häutung und damit kein Wachstum stattfindet. Strandkrabben werden häufig auch von anderen Parasiten befallen. Saugwürmer greifen dabei sehr stark in die Populationsstruktur ein (siehe Kap. 5.7).

Weitere Krebstiere

„Krabben", „Kraut", „Porren", wie die **Nordseegarnelen** (*Crangon crangon*) an der Küste genannt werden, sind aufgrund ihrer Schmackhaftigkeit und auch wegen der Schwierigkeit, an das schmackhafte Krebsfleisch heranzukommen, die bekanntesten Krebstiere der Küste. Ein gemeinsames Krabbenessen, bei

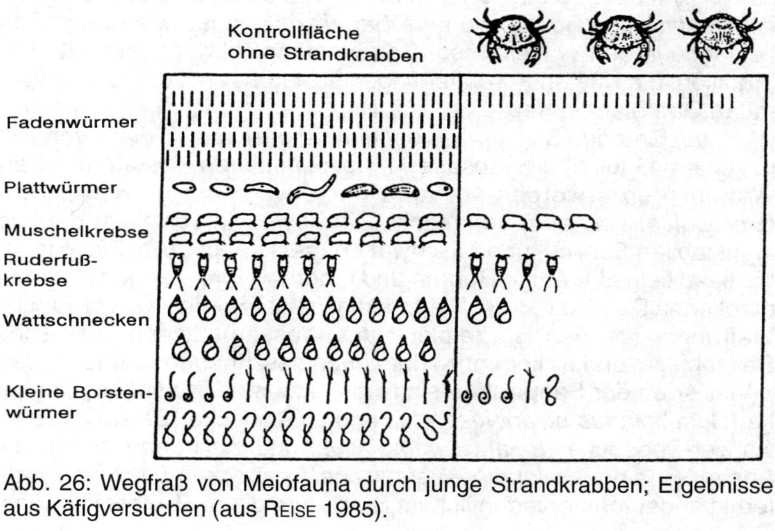

Abb. 26: Wegfraß von Meiofauna durch junge Strandkrabben; Ergebnisse aus Käfigversuchen (aus Reise 1985).

dem eine der vielen Zubereitungsformen erprobt wird, ist ein Muß am Wattenmeer. Schon beim „Krabbenpulen", dem Herausschälen des Fleisches aus dem Hinterleib, können Körperbau und -gliederung der Tiere beobachtet werden. Nicht vollständig aussortierter Beifang, z.B. Schwimmkrabben (*Liocarcinus holsatus*), Steinpicker und Sandgrundeln, führt andere in den Wattströmen vorkommende Arten vor Augen. Nordseegarnelen werden 40 bis 60 mm lang und etwa 3 Jahre alt. Es gibt Hinweise darauf, daß sich die Männchen mit einer Länge von über 40 mm in Weibchen umwandeln. Im Herbst wandern die Tiere in küstennahe Nordseebereiche, im März kehren sie wieder in die flachen Wattenmeerbereiche zurück, wo auch ihre Kinderstube liegt. Über den ganzen Sommer kommen dann wenige Millimeter große Garnelen in flachen Wattpfützen vor. Aufgrund ihrer guten Tarnung entdeckt man sie aber erst bei genauerem Hinschauen.

Nordseegarnelen spielen im Stoffhaushalt des Wattenmeeres eine große Rolle. Sie suchen ähnlich wie junge Strandkrabben die obersten Schichten des Sedimentes nach Meiofauna, Muschelbrut und kleinen Borstenwürmern ab. Auf der anderen Seite werden die Garnelen von vielen Vogel- und Fischarten sowie von Strandkrabben erbeutet. Starke Jungdorsch-Jahrgänge können den Garnelenbeständen so zusetzen, daß die Krabbenfischerei fast zum Erliegen kommt und die Verkaufspreise für Speisekrabben sich mehr als verfünffachen. An der deutschen Nordseeküste werden pro Jahr durchschnittlich etwa 10 000 t Nordseegarnelen als Speisekrabben angelandet. Sie werden gleich nach dem Fang auf den Kuttern gekocht und gelangen ungeschält oder als Krabbenfleisch frisch in den Handel. Eine rentable Krabbenschälmaschine wurde trotz vielfältiger Bemühungen bisher nicht erfunden. Die Krabbenfischerei mit Kuttern hat nach heutigen Erkenntnissen einige grundlegende ökologische Veränderungen im Wattenmeer bewirkt. So verschwanden seit Beginn dieses Jahrhunderts Sandkorallenriffe des Borstenwurmes *Sabellaria* ebenso wie die großen Seemoosbestände in den Wattströmen. Garnelenfang mit der Hand hat aber eine lange Tradition; die Küstenbewohner fingen sich früher mit der Gliep einen Wintervorrat an Garnelen (s. Kap. 2.3, Abb. 1).

„...des gärenden Schlammes geheimnisvoller Ton...", diese von Theodor Storm in seinem Gedicht „Meeresstrand" beschriebenen knisternden Geräusche des Wattenmeeres werden von den nur etwa 1 cm großen **Schlickkrebsen** (*Corophium volutator*) verursacht. Sie besiedeln vor allem die hochliegenden lagestabilen Schlick- und Mischwatten (siehe auch Abb. 22). Sie graben sich 4 bis 8 cm tiefe U-förmige Röhren und fegen mit ihren langen Antennen den sedimentierten Detritus von der Wattoberfläche ab. Spreizen sie bei trockenfallendem Watt ihre Antennen, so zerplatzt das Wasserhäutchen dazwischen wie eine Seifenblase, und es kommt zu dem oben beschriebenen knisternden Geräusch.

Vier Arten der **Seepocken** sind im Wattenmeer zu finden: Gemeine Seepocke (*Semibalanus balanoides*), Gekerbte Seepocke (*Balanus crenatus*), Brackwasser-Seepocke (*Balanus improvisus*) und die in den dreißiger Jahren aus Australien eingeschleppte Australische Seepocke (*Elminius modestus*). Weiterhin findet man gelegentlich im Spülsaum die an Treibsel haftenden lang gestielten Entenmuscheln (*Lepas anatifera*). Alle Arten zeichnen sich dadurch aus, daß sie im Erwachsenenstadium festsitzen. Ihr Gehäuse besteht aus mehreren Kalkplatten und ist mit einem mehrteiligen Deckel verschließbar. Zum Nahrungserwerb und für die Zufuhr von sauerstoffreichem Wasser öffnet sich der Gehäusedeckel, und die mit Borsten besetzten 4. bis 6. Beinpaare führen durch Schlagbewegungen Wasser herbei. Dabei werden noch Partikel von 1/1000 mm Größe aus dem Wasser gefiltert. Seepocken siedeln bis in den Bereich der Hochwasserlinie und müssen daher Trockenliegezeiten von einigen Tagen ertragen können. Dabei drohen sowohl Austrocknung als auch Sauerstoffmangel. In diesen Phasen verschließen sie den Deckel und öffnen ihn lediglich für kurze Perioden, so daß Sauerstoff in den im Gehäuse eingeschlossenen Wasservorrat diffundieren kann. Seepocken sind Zwitter; benachbart siedelnde Tiere begatten sich gegenseitig mit ihrem langen rutenförmigen Penis. Die Eier verbleiben solange in der Mantelhöhle des Elterntieres, bis das erste Larvenstadium , die charakteristisch aussehende Naupliuslarve (siehe Abb. 37), schlüpft. Sie durchlaufen sechs Häutungen und wandeln sich um zur zweiklappigen Cyprislarve. Diese führt aktive Suchbewegungen nach einem geeigneten Siedlungshabitat durch. Sie besiedeln alle sich bietenden Hartsubstrate: Hafenbauten, Schiffe, Steine, Muschelschalen, Pfähle, treibende Müllteile, Panzer von Strandkrabben. Das Vorkommen bereits siedelnder Seepokken lockt die Larven chemotaktisch an. Hartsubstrate, an denen eine gewisse Strömung herrscht, werden als geeignet erkannt.

Der Watt- und Strandwanderer wundert sich, daß fast alle der an der Niedrigwasserlinie gesammelten scheinbar leeren Schneckengehäuse „Beine bekommen". Sie sind von **Einsiedlerkrebsen** (*Pagurus bernhardus*) besiedelt, die ihren ungepanzerten Hinterleib auf diese Weise schützen. Die Bestandsdichten des Einsiedlerkrebses werden von dem Angebot an Schneckengehäusen bestimmt. Mit dem Wachstum müssen die Krebse immer wieder in größere Gehäuse umziehen. An unserer Küste ist das Wohnungsangebot aber begrenzt: Kleine Strandschneckengehäuse und große Wellhornschneckengehäuse stehen zur Auswahl. Dazwischen klafft eine Lücke in der Hausgröße.

Die von Einsiedlerkrebsen bewohnten Schneckengehäuse werden oft von Kolonien des **Stachelpolypen** (*Hydractinia echinata*) besiedelt. Der bräunliche stachelige Überzug, der die Ausläufer der weißen bis rosafarbenen Polypen umhüllt, überwuchert manche Strandschneckengehäuse so sehr, daß ihre ursprüngliche Form kaum noch zu erkennen ist. Dabei ragt diese Kruste weit über die Gehäuseöffnung und vergrößert das Schneckengehäuse. Einsiedlerkrebse haben somit den Vorteil, daß die Angebotslücke zwischen kleinen und großen Wohnungen durch diesen Anbau überbrückt wird. Aber auch die Stachelpolypen ziehen Nutzen aus dem Zusammenleben mit den Krebsen: Die Freßpolypen sitzen vor allem an der Unterseite des Schneckengehäuses. Sie können, wenn der Krebs sein Haus über den Grund schleift, aufgewirbelte Kleintiere, Kleinalgen und Detritus mit den Tentakeln fangen. Dies ist ein gutes Beispiel, wie aus einem ursprünglich zufälligen Zusammenleben zweier Arten eine Symbiose entsteht. Einsiedlerkrebse bevorzugen immer ein mit Stachelpolypen besetztes Schneckenhaus, wenn sie das Gehäuse wechseln. Die planktischen Larven des Stachelpolypen besiedeln ebenfalls bevorzugt Schneckengehäuse, die bereits von Einsiedlern besetzt sind.

Untersuchung 1: Nahrungsaufnahme der Strandkrabbe (Labor)

Strandkrabben werden mit der Gliep (siehe Kap. 2.3) in Prielen gefangen oder an Dämmen, Lahnungen und Muschelbänken gesammelt. Man kann sie auch von Fischern aus dem Beifang erhalten. Wenn man Strandkrabben einige Tage hungrig in kleinen Becken hältert, besteht die Gefahr von Kannibalismus. Die Tiere sollten daher einzeln gehalten werden.

Material: Größere Strandkrabben (3 bis 4 cm Carapaxbreite, Männchen und Weibchen) in belüfteten Becken mit Abdeckung (die Tiere können am Schlauch hinausklettern), Stücke von Muschelfleisch oder Hackfleisch, kleine (1 bis 2 cm) Miesmuscheln, Strandschnecken, Meßzylinder 100 ml.

Durchführung:
a) Hungrige Strandkrabben werden in je ein belüftetes kleines Becken gegeben. Dazu setzt man 5 Miesmuscheln und 5 Strandschnecken, deren Biomasse indirekt über die Wasserverdrängung (siehe Untersuchung 2 in Kap. 5.9) bestimmt wurde. Es wird über 3 bis 5 Tage kontrolliert, wieviele der Beutetiere gefressen wurden.
b) Die Nahrungsaufnahme wird genau beobachtet. Hierzu gibt man einer hungrigen Strandkrabbe ein Stück Hackfleisch oder Miesmuschelfleisch.

Auswertung: Die Strandkrabbe ergreift die Nahrung zunächst mit den großen Scheren, reißt Stücke heraus und schiebt sie direkt in die Mundöffnung. Größere Stücke werden von den Mandibeln festgehalten (zum Bau der Mundwerkzeuge siehe Untersuchung 3); die Kieferfüße reißen dann kleinere Stücke heraus.

Untersuchung a) gibt Hinweise auf die große Bedeutung dieses Räubers für die Nahrungsbeziehungen im Wattenmeer. Indem man die Frischgewichte von Strandkrabbbe und Beutetier bestimmt, kann man eine Abschätzung der aufgenommenen Nahrungsmengen vornehmen (erwachsene Strandkrabben konsumieren 1500 Joule pro Tag, das entspricht etwa 1,5 g aschefreier Trockenmasse oder eine Nahrungsmenge an Weichtieren, die ein Biovolumen mit Schale von 12,5 ml besitzt).

Untersuchung 2: Atemwasserstom bei der Strandkrabbe (Labor)

Material: Strandkrabbe, hochrandige runde Glasschale mit 20 cm Durchmesser, Karmin- oder Schlicksuspension, Tropfpipette, eventuell Tageslichtprojektor.

Dauer: 10 Minuten.

Durchführung: Eine Strandkrabbe wird einige Minuten vor Versuchsbeginn in die Rundschale mit Seewasser gesetzt. Dies ist zur Eingewöhnung besonders wichtig, wenn der Versuch über den Tageslichtprojektor gezeigt werden soll, da die Tiere phototaktisch negativ reagieren. Mit einer Pipette wird die Suspension **hinter** dem Tier eingetropft. Der Strom der Suspension wird beobachtet.

Auswertung: Der Atemwasserstom wird durch den Schlag der 2. Maxillen (siehe Untersuchung 3) verursacht. Dabei wird das Wasser von hinten durch die Kiemenhöhle gesogen.

Untersuchung 3: Untersuchung von Exuvien aus dem Spülsaum (Freiland, Labor)

Im Spülsaum treten in den Sommermonaten oft große Mengen von Exuvien der Strandkrabbe auf. Da die Häutungen im ersten Lebensjahr besonders häufig aufeinander folgen, überwiegen die kleinen Exemplare.

Material: Exuvien der Strandkrabbe, Lupen, Lineal, Protokollbogen, Pappe, Klebstoff, Pinzetten, Scheren.

Dauer: Je nach Fragestellung 30 Minuten bis 3 Stunden.

Durchführung: Folgende Aufgabenstellungen bieten sich für die Untersuchungen der Exuvien an:

a) Es soll untersucht werden, von welchen Körperteilen die Hüllen mit der Häutung abgegeben werden. Hierzu werden Exuvien vorsichtig zerlegt und mit der Lupe untersucht.
b) Die Längenverteilung der Exuvien wird statistisch untersucht. Hierzu werden 20 bis 50 Exuvien vermessen (Carapaxbreite) und die Häufigkeitsverteilung der Längenklassen graphisch dargestellt.
c) Alle Gliedmaßen (inklusive Antennen, Mundwerkzeuge und Hinterleibsanhänge) werden herauspräpariert und in der Reihenfolge von vorne bis hinten aufgeklebt und beschriftet.

Auswertung:

a) Neben dem Carapax und dem Hinterleib werden auch Antennen, Mundwerkzeuge, Augenstiele und die Kiemenhüllen bei der Häutung abgestoßen.
b) In der Regel sind alle Exuvien zu einem Zeitpunkt etwa gleichlang, was auf ein gleichmäßiges Wachstum aller Tiere der Population hindeutet.
c) Eine Hilfe bietet Abb. 27.

Untersuchung 4: Verhalten von Strandkrabben (Freiland, Labor)

Vorbemerkungen: Strandkrabben zeigen eine Fülle von angeborenen Verhaltensweisen; Reflexe, Taxien und Instinkthandlungen können gut beobachtet werden. Diese Versuchsserie verdeutlicht den wesentlichen Unterschied zwischen Reflex und Instinkt: Beim Auslösen von Reflexen ist der Schwellenwert konstant. Instinkthandlungen werden je nach innerer Gestimmtheit bei unterschiedlichen Schwellenwerten ausgelöst. Die benötigten Materialien werden jeweils zu den einzelnen Untersuchungen aufgeführt.

a) Reflexe: Bei der Strandkrabbe können wir eine Reihe von Reflexen beobachten; ihre Ausprägung hängt allerdings von Geschlecht, Alter und Umgebung ab.

(1) Aufbäumreflex: Kräftige Männchen, die von vorne gereizt werden, bäumen sich auf und spreizen ihre Scheren zur Verteidigung. Die Scheren sind geöffnet (funktioniert vor allem im Freiland, seltener im Aquarium).

(2) Fluchtreflex: Ein ruhig sitzendes Tier, das auf einer Seite gereizt wird, flieht schnell durch seitliches Schreiten (Freiland).

(3) Eierschutzreflex: Größere Weibchen klappen die Laufbeine beim Anheben unter den Körper; die Scheren bleiben angewinkelt, jedoch geöffnet.

(4) Umdrehreflex eines auf den Rücken gelegten Tieres: Alle Extremitäten werden weit ausgebreitet; die hinteren Laufbeine werden auf dem Boden unter

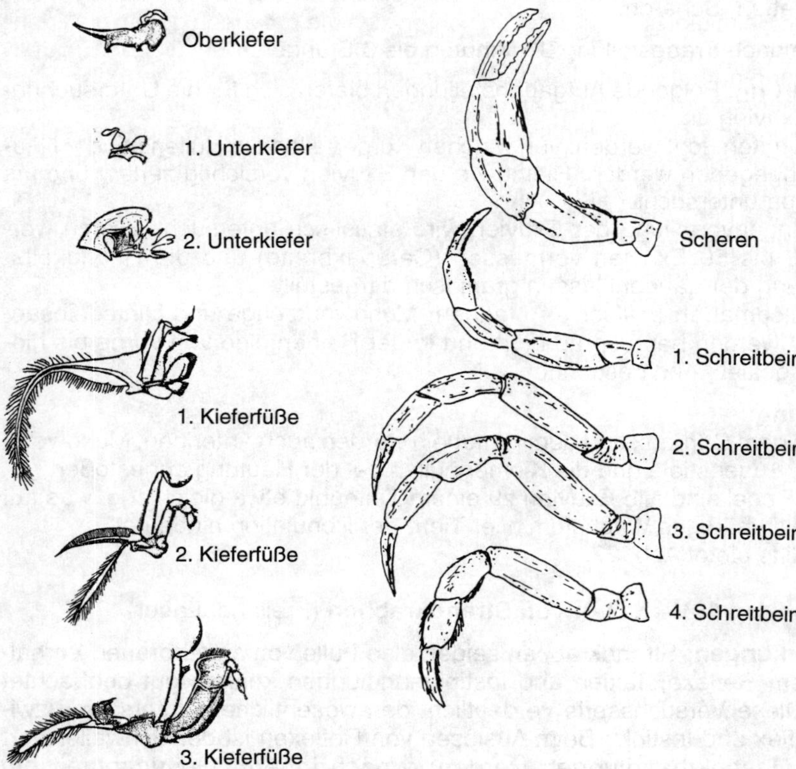

Abb. 27: Antennen, Mundwerkzeuge und Beine der Strandkrabbe (verändert nach KÜCKENTAL 1984).

den Scheren hindurch nach vorne geschoben; mittels Aufstützen der Scheren rollt sich der Krebs über das Abdomen auf die Beine („Rolle vorwärts").

b) Taxien:

(1) Die Bewegung und Ausrichtung der Augenstiele bei verschiedenen Orientierungen des Körpers läßt sich folgendermaßen demonstrieren: Eine Strandkrabbe wird auf einem Drahtnetz festgebunden. Nun wird das Tier in verschiedene Lagen geschwenkt (eben, kopfunter, seitlich geneigt usw.); dabei wird die Stellung der Augenstiele registriert. Für die Drehbewegungen ist ein Drehstuhl hilfreich. Diese reflektorischen Einstellbewegungen werden gesteuert durch Statolithen an der Basis der ersten Antennen. Nachdem Wissenschaftler diese entfernt hatten, verliefen die Augenbewegungen unkoordiniert.

(2) Weiterhin sind rheotaktische Reaktionen gut zu beobachten: Eine runde Glasschale mit Wasser und einer Strandkrabbe wird auf einen Drehschemel gesetzt. Bei der Drehung werden die 1. Antennen mit der Drehrichtung weiterbewegt. Beim plötzlichen Anhalten richten sich die Antennen gegen die Drehrichtung, also gegen die Strömung aus. Die Steuerung dieser Einstellbewegung erfolgt ebenfalls über die Statolithen der ersten Antennen.

(3) Eine Chemotaxis kann durch Zuträufeln von Miesmuschel-Preßsaft, der eventuell mit Karminsuspension sichtbar gemacht wird, in einem runden Becken mit einer hungrigen Strandkrabbe beobachtet werden. Chemorezeptoren sitzen u.a. auf dem äußeren Ast der ersten kleinen Antennen, an den Mundwerkzeugen im Bereich des Atemwasserstromes, an den Scheren und an den Laufbeinspitzen. Hat die Strandkrabbe die Stelle mit der höchsten Konzentration des Preßsaftes erreicht, zeigt sie typische Endhandlungen (Instinktbewegungen) des Beuteerwerbs.

(4) Phototaxis: Satte Tiere suchen in einem Rundbecken auf einem Tageslichtprojektor, dessen eine Hälfte von unten abgedunkelt ist, die dunklere Hälfte auf.

c) Instinkthandlungen: Bei diesen Untersuchungen ist es besonders wichtig, die Tiere in den Becken einige Minuten zur Ruhe kommen zu lassen.

(1) Einzeln gehaltene Strandkrabben hungern 2 bis 3 Tage. Sie werden in ein Rundbecken auf einen Tageslichtprojektor gesetzt, bei dem eine Hälfte abgedunkelt ist. Die Tiere laufen entgegen ihrer negativ phototaktischen Orientierung auch in den hellen Bereich. Dies ist als Appetenzverhalten zu deuten. Im Gegensatz dazu verbleibt eine satte Strandkrabbe im dunklen Teil des Beckens.

(2) Träufelt man Miesmuschel-Preßsaft in das Becken, so richtet sich die Krabbe chemotaktisch aus und vollführt an der Stelle der höchsten Konzentration Fang- und Festhaltebewegungen: „Zuhacken" mit den Scheren, Stopfbewegungen, Arbeit der Mundwerkzeuge, siehe Untersuchung 2.

(3) Wird ein Stück Miesmuschelfleisch zu einer hungrigen Strandkrabbe gegeben, so laufen nacheinander Taxis und Endhandlung ab. Ein sattes Tier reagiert hier nicht, es verläßt in der Regel nicht die dunkle Hälfte des Beckens.

Untersuchung 5: Schlagtätigkeit der Beine von Seepocken (Labor)

Vorbemerkung: Seepocken lassen sich nicht unbeschädigt von ihrem Substrat lösen. Es werden deshalb am besten kleine Steine oder Schalenklappen von Muscheln gesammelt, die von mehreren Seepocken besiedelt sind. In einem einführenden Versuch werden die Tiere in belüftetem Seewasser gehältert. Wenn die Beine schlagen, wird mit einer Pipette etwas Schlicksuspension in die Nähe der Tiere gebracht, um den erzeugten Wasserstom sichtbar zu machen.

Material: Seepocken, 3 bis 5 kleine Becken (ca. 1 l), Thermometer, Pipette, eventuell Sauerstoffsonde, Kühlschrank, Wärmeplatte, Stoppuhr, Schlicksuspension (siehe Kap. 6.1, Untersuchung 1).

Dauer: Je nach Fragestellung 1/2 bis 2 Stunden.

Durchführung:

a) Schlagfrequenz der Beine in Abhängigkeit von der Temperatur:
Drei Gruppen von Seepocken werden vor dem Versuch einige Stunden in belüftetem Seewasser ohne zusätzliche Nahrung gehältert. Zu Versuchsbeginn werden drei kleine Becken mit belüftetem Seewasser unterschiedlicher Temperatur bereitgestellt (z.B. 5, 15, 25 °C). Die Schlagfrequenz der Beine wird nach einer Gewöhnungszeit von etwa 10 Minuten in den verschiedenen Becken an mehreren Tieren ermittelt.

b) Schlagfrequenz der Beine in Abhängigkeit vom Sauerstoffgehalt:
Auch hier werden drei Gruppen von Seepocken einige Stunden in belüftetem Seewasser ohne zusätzliche Nahrung gehältert. Für den Versuch werden drei Becken mit Seewasser gleicher Temperatur bereitgestellt: abgekochtes und abgekühltes (= sauerstoffarmes) Wasser, über einige Stunden abgestandenes Wasser und belüftetes Wasser. Die Seepocken werden eingesetzt. Die Schlagfrequenz der Beine wird nach einer Gewöhnungszeit von 10 Minuten wieder an mehreren Tieren ermittelt. Wenn eine Sauerstoffsonde vorhanden ist, kann der Sauerstoffgehalt bestimmt werden.

Auswertung: Seepocken haben je nach Nahrungs- und Sauerstoffangebot eine Frequenz von etwa 20 bis 60 Beinschlägen pro Minute. Diese Aktivität wird zusätzlich von der Wasserbewegung beeinflußt. Steigende Temperaturen erhöhen die Aktivität. Ein verringerter Sauerstoffgehalt erhöht ebenfalls die Schlagfrequenz, da dann mehr Wasser zur Deckung des Sauerstoffbedarfes herangestrudelt werden muß. Sauerstoffmangel bewirkt nach einigen Minuten Gehäuseverschluß.

Untersuchung 6: Farbanpassung von Nordseegarnelen (Labor)

Material: 5 hochrandige Glasschalen mit etwa 100 ml Fassungsvermögen, runde farbige Pappscheiben, die in die Schalen passen (weiß, gelb, rot schwarz), Nordseegarnelen, Wattsand; Binokular.

Dauer: Je nach Fragestellung 30 Minuten bis 2 Stunden.

Durchführung: In die Schalen werden verschiedenfarbige Pappscheiben und belüftetes Seewasser sowie ein bis zwei Garnelen gegeben. Zur Kontrolle wird eine Schale mit einer Garnele auf natürlichem Sediment (Wattsand) gehalten. Sie werden mindestens eine Viertelstunde an einem nicht zu hellen Ort abgestellt. Anschließend werden die Tiere verglichen.

Auswertung: Nordseegarnelen passen sich der Farbe ihres Untergrundes an. Ebenso wie junge Schollen (mit denen diese Versuche auch möglich sind) besitzen sie verschiedene Chromatophoren-Typen für die Farben rot, orange, gelb und schwarz, die unter dem Binokular vor allem im Schwanzfächer junger Tiere gut zu beobachten sind. Ist die Farbe in der Mitte der Farbzellen zusammengezogen, erscheint die Haut der Garnelen in der Grundfarbe gelb-grau. Beim Farbwechsel breiten sich die Farbpartikel in die Verästelungen der Zelle aus. Durch Überlagerung verschiedener Chromatophoren können auch Mischfarben auftreten: So entsteht grün aus schwarz und gelb.
Zur Vertiefung wird die Dauer des Farbwechsels gemessen (über 10 Minuten, da der Wechsel bei Garnelen hormonell gesteuert wird). An welche Untergrundfarben gelingt die Anpassung besonders gut? Dauert der Wechsel zwischen den verschiedenen Farben gleich lange?

6.4 Kleintiere zwischen den Sandkörnern (Meiofauna)

Die Meiofauna wird über die Größe der Tiere definiert: Sie passieren ein 500 µm-Netz, werden aber von einem 60 µm-Netz zurückgehalten. Die Formen besiedeln das Sandlückensystem, eine Lebensgemeinschaft, die erst 1929 von dem Kieler Zoologen Remane beschrieben wurde. Die Tiere schlängeln sich um die Sandkörner, ohne diese durch Freß- oder Wühltätigkeit umzulagern. Aufgrund der ähnlichen Lebensbedingungen zeigen Vertreter des Sandlückensystems aus ganz unterschiedlichen Tierstämmen eine analoge langgestreckte Körperform. Zur Meiofauna gehören Formen der in Abb. 28 und Tab. 7 aufgeführten Tiergruppen sowie Jungtiere der wattbewohnenden Makrofauna, wie Muscheln und Borstenwürmer. Die Formen sind unter dem Binokular ohne weiteres verschiedenen systematischen Gruppen zuzuordnen. Die Artbestimmung kann aber nur von Spezialisten geleistet werden.

Tabelle 7 zeigt deutlich den Schwerpunkt des Vorkommens der Meiofauna-Formen. Es sind vor allem die obersten Sedimentschichten, in denen die Bakterien vorkommen, die den Kleintieren als Nahrung dienen. Auch in den mit Sauerstoff versorgten Wohnröhren der Wattwürmer und anderer Makrofauna-Arten finden sich viele Kleintiere (siehe Kap. 6.2, Abb. 23). Sie fressen Bakterien, Detritus, Kieselalgen und andere Meiofauna-Organismen. Die Tiere der Meiofauna bilden wiederum eine sehr wichtige Nahrungsgrundlage für eine Reihe von Makrofauna-Arten (Borstenwürmer, Einsiedlerkrebse, Nordseegarnelen und Jugendformen der Strandkrabbe).

Zwischen Meiofauna und Plankton herrscht ein reger Austausch: Viele Ruderfußkrebs-Arten leben semiplanktisch, also sowohl im Boden als auch im freien

Wasser. Nachts besteht das Zooplankton des Wattenmeeres zu über 50 % aus Kleinkrebsen, die sonst am Boden leben.

Untersuchung: Sammeln und Beobachten von Meiofauna-Formen (Freiland, Labor)

Hinweis: Ohne größeren zeitlichen Aufwand kann die Meiofauna nur qualitativ betrachtet werden. In der Literatur werden eine Reihe von quantitativen Sammel- und Extraktionsmethoden zur Untersuchung der Meiofauna beschrieben (siehe z.B. ARMONIES in EMSCHERMANN u.a. 1992). Die Beobachtung der Meiofauna kann gut mit der Untersuchung der Kieselalgen zusammen erfolgen (siehe Kap. 6.9).

Material: Probenröhrchen (Schnappdeckelgläser), Spaten, Planktonnetz oder kleines Sieb von 60 µm Maschenweite, Binokular und Mikroskop.

Dauer: Sammeln der Proben einige Minuten, Beobachtung im Labor 1 Stunde.

Durchführung:
- Sammeln am Sandstrand: Nahe der Niedrigwasserlinie wird ein Loch bis zum Grundwasser gegraben. Wasser und Sand werden mehrfach kräftig aufgewühlt. Anschließend wird das Wasser, in dem die Meiofauna-Organismen aufgewirbelt sind, mit dem Sieb oder Planktonnetz aufgenommen und der Fang in ein Probenglas gegeben.
- Sammeln im schlickigen Watt: Mit einem Probenröhrchen werden die obersten Millimeter des Sedimentes aufgenommen. Hier sind meist soviele Tiere enthalten, daß die Probe nicht mehr konzentriert werden muß.
- Beobachtung im Labor: Unter einem stärker vergrößernden Binokular oder einem Mikroskop werden die Proben in dünnen Schichten untersucht. Die Tiere der Meiofauna fallen sofort aufgrund ihrer Beweglichkeit auf. Erfahrungsgemäß ergeben sich Schwierigkeiten beim Erkennen und Unterscheiden von Detritusflocken, ovalen Kotpellets der Wattschnecke, Teilen von Häutungs-

Tabelle 7: Häufigkeit der Vertreter verschiedener Tiergruppen der Meiofauna in sandigen Mischwattgebieten in Abhängigkeit von der Tiefe und der Sauerstoffversorgung (Individuen pro 10 cm³ Sediment) (aus REISE 1985).

Tiefe im Sediment	0 bis 1 cm	1 bis 5 cm	5 bis 15 cm
Sauerstoffversorgung	oxisch	anoxisch	anoxisch
Plattwürmer	111	11	1
Bauchhärlinge	8	2	1
Fadenwürmer	950	270	39
Ringelwürmer	63	6	0
Ruderfußkrebse	509	6	0
Muschelkrebse	78	0	0

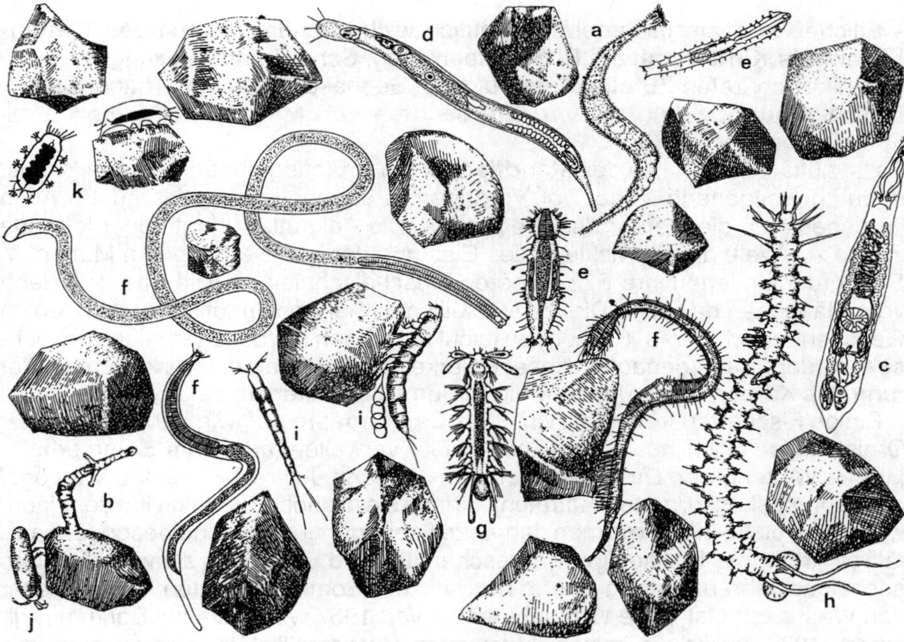

Abb. 28: Charakteristische Vertreter der Meiofauna, die im Sandlückensystem im Meer anzutreffen ist. **a** Wimpertierchen, **b** Hohltier, **c** Strudelwurm, **d** Plattwurm (Gnathostomulida), **e** Bauchhärling, **f** Fadenwurm, **g** Ur-Ringelwurm, **h** Borstenwurm, **i** Ruderfußkrebs, **j** Muschelkrebs, **k** Bärtierchen (aus SCHLIEPER 1968).

hüllen kleiner Krebstiere usw.. Daher sollte man die Aufmerksamkeit auf die fast durchsichtigen und beweglichen Kleintiere und ggf. der deutlich grünbraunen Diatomeen des Wattbodens konzentrieren.

Weiterführung: Die Probennahme kann im Wattboden in verschiedenen Tiefenhorizonten erfolgen: 0, 2, 4 cm usw. Die Anzahl der Tiere pro Bildausschnitt unter dem Mikroskop wird dann verglichen.

6.5 Fische im Wattenmeer

Aus dem Wattenmeer sind über 100 Fischarten bekannt, darunter allerdings etliche Irrgäste. 20 Arten können als häufiger bezeichnet werden. Sie lassen sich vier Gruppen zuordnen:

– **Standfische** kommen ganzjährig im Wattenmeer vor, also pflanzen sich dort auch fort (z.B. Butterfisch, Seeskorpion, Aalmutter, Sandgrundel).
– **Saisonfische** wandern nur zu bestimmten Jahreszeiten ein, meist im Sommer (z.B. Flunder, Seequappe, Dicklippige Meeräsche).

– Etliche vor allem fischereiwirtschaftlich wichtige Arten nutzen das **Wattenmeer als Kinderstube** (z.B. Sprotte, Hering, Scholle und Seezunge).
– Schließlich treten **Zufallsgäste** auf (z.B. Seehase, Roter Knurrhahn, Schellfisch).

Es ist auffällig, daß viele der **Standfischarten** Brutpflege betreiben. Die Brut ist dadurch weitgehend sicher vor Verdriften in ungünstige Lebensräume. Auch verringert sich die Gefahr des Wegfraßes. Die Aalmutter bringt sogar lebende Junge zur Welt; die Entwicklung des Eies und der Larve erfolgen im Muttertier. Sandgrundeln legen ihre Eier in leeren Muschelschalen ab. Die Brut wird dann vom Männchen bewacht. Die wenige Millimeter langen Jungfische wachsen im Gezeitenbereich heran. Sie können leicht mit jungen Nordseegarnelen verwechselt werden. Beim genauen Hinsehen erkennt man aber, daß eine Segmentierung des Körpers fehlt, und daß die Augen seitlich stehen.

Einige Fischarten treten im Winter als **Saisongäste** auf, wie der Stint und der Dreistachlige Stichling. Die meisten Gäste verweilen jedoch im Sommerhalbjahr im Wattenmeer. Da in den Monaten Juni und Juli relativ wenige Watvögel als Nahrungskonkurrenten auftreten, können sie die hohe Produktivität der Flachwasserbereiche in der warmen Jahreszeit sehr gut nutzen. Eine besonders auffällige Art ist die Dicklippige Meeräsche. Sie wird über 3 kg schwer. Seit den sechziger Jahren dringen ältere Tiere in den Sommermonaten immer weiter von West nach Ost in die Wattenbereiche vor: 1967 wurde sie bei Borkum registriert, 1974 wurde sie in den Jadewatten festgestellt. Heute findet man ihre charakteristischen Fraßspuren auf dem Kieselalgenbelag des Wattbodens sogar im Winterhalbjahr in allen Wattgebieten (siehe Foto in Kap. 2.2). Die Fische schürfen mit den warzenbesetzten Hautverdickungen der Oberlippe und dem zweigeteilten V-förmigen Unterkiefer die Kieselalgen vom Wattboden ab. Es entstehen bis zu 10 Zentimeter lange, 4 Zentimeter breite Doppelstreifen auf dem Untergrund. In einem Kaumagen werden die Skelette der Kieselalgen zermahlen.

Scholle und Hering nutzen das Wattenmeer als **Kinderstube**. Diese Arten spielen zahlenmäßig die größte Rolle. Vor allem nachts wandern die Jungfische bei Flut in großen Scharen aus den tiefen Prielen auf die flachen Watten. In Freilandexperimenten hat man alle eingewanderten Fische erfaßt. Es wurden bis zu 5000 Fische pro Fang ermittelt, vor allem Heringe, Schollen und Wittlinge, das ergibt einen Fisch pro Quadratmeter! Die Jungfische schöpfen im Sommerhalbjahr die große Produktivität der Watt-Lebensgemeinschaften ab.

Die **Scholle** ist ein typischer Vertreter für Arten, die das Watt als Kinderstube nutzen. Die Weibchen geben je nach Alter 50.000 bis über 600.000 Eier ins freie Wasser ab. Die wichtigsten Laichgebiete liegen vor der niederländischen Küste und auf der Doggerbank westlich von Helgoland. Die Larven sind zunächst bilateralsymmetrisch gebaut. Sie nähern sich mit der Strömung den Wattengebieten und leben eine Zeit lang von ihrem Dottervorrat; später fangen sie kleine Planktontiere. Weniger als 1 % der ursprünglich geschlüpften Larvenmenge erreicht nach ein bis zwei Monaten das Wattenmeer. Nun beginnt die

Metamorphose zum Plattfisch (Abb. 29): Bei allen Schollen wird die linke Körperseite zur Unterseite. Dabei wandert das linke Auge über den Scheitel zur zukünftigen Oberseite. Diese färbt sich nach einigen Tagen durch Pigmente dunkel. Die etwa einen Zentimeter kleinen Schollen haben sich nun zu bodenlebenden Plattfischen umgewandelt. Verschiedene Altersgruppen der Schollen bevorzugen unterschiedliche Nahrung. Vor allem kleine Borstenwürmer und Siphone von Muscheln bilden die Hauptnahrung. Auch bei Niedrigwasser bleiben sie in flachen Wattpfützen, wo sie in den Sommermonaten gut beobachtet und mit etwas Geschick mit einem Kescher oder sogar mit den bloßen Händen gefangen werden können. Die Gefahr des Gefressenwerdens ist hier geringer als in den tieferen Prielen. Erwärmen sich allerdings diese natürlichen Kleinaquarien zu stark, flüchten die Jungschollen ebenso wie junge Garnelen und Sandgrundeln in großen Mengen mit dem ablaufenden Wasser. Größere Ansammlungen von Möwen zeigen oft solch eine Massenflucht an. Sie finden an ablaufenden Prielen leichte Beute. Vor dem Winter ziehen sich die Jungschollen mit 7 bis 12 cm Länge in tiefere Wattströme zurück. Im folgenden Jahr wandern sie wieder über die Watten. Nun werden auch größere Borstenwürmer und kleine Muscheln gefressen. Bestimmte Größenklassen leben zu 70 % von abgebissenen Schwanzenden des Wattwurmes (siehe Kap. 6.2). Mit zunehmender Größe bleiben die Schollen in tieferen Gebieten der Nordsee. Mit drei Jahren werden sie geschlechtsreif, mit 25 cm Länge sind sie fangfähig. Für Seehunde stellen sie zusammen mit Flundern eine wichtige Nahrungsquelle dar.

Schollen besitzen eine gute Tarnung. Sie graben sich flach ein, und sie passen sich an die Farbe des Untergrundes an. In ihrer Haut gibt es wie bei der Nordseegarnele mehrere Chromatophoren-Typen, die verschiedenfarbige Pigmente enthalten (siehe Kap. 6.3, Untersuchung 6).

In den letzten Jahren sind die Fische der Nordsee und des Wattenmeeres wegen der **Zunahme der Fischkankheiten** ins Gerede gekommen. So zeigen etwa 30 % der Klieschen einen *Lymphocystis*-Befall. Diese Viruserkrankung führt zu Riesenwuchs von Bindegewebszellen in der Haut und in anderen Organen. Die Tiere können wegen der unansehnlichen himbeerartigen Knoten nicht mehr vermarktet werden. Problematischer ist die in den achtziger Jahren beobachtete Zunahme der Mißbildungen bei Fischembryonen. Vor allem in küstennahen Bereichen, vor Flußmündungen und in Verklappungsgebieten zeigen über die Hälfte der gefangenen Fischembryonen Deformationen. Es ist naheliegend, einen Zusammenhang zu der Konzentration an chlororganischen Verbindungen zu sehen (siehe Kap. 7.2). Grundsätzlich ist es jedoch fast unmöglich, einen eindeutigen kausalen Zusammenhang zwischen Verschmutzung des Meeresgebietes und der Häufigkeit der Krankheiten herzustellen, da die Fischkrankheiten fast immer auf multifaktorielle Belastungen zurückzuführen sind.

Die Nordsee ist aus der Sicht der **Fischerei** das ertragreichste Meeresgebiet der Erde. Bei vielen Fischarten werden die hohen Fischereierträge erst durch das Wattenmeer möglich. Hier können auf kleinem Raum viele Jungfische in kurzer Zeit heranwachsen. Vor allem der Nahrungsreichtum macht das Watten-

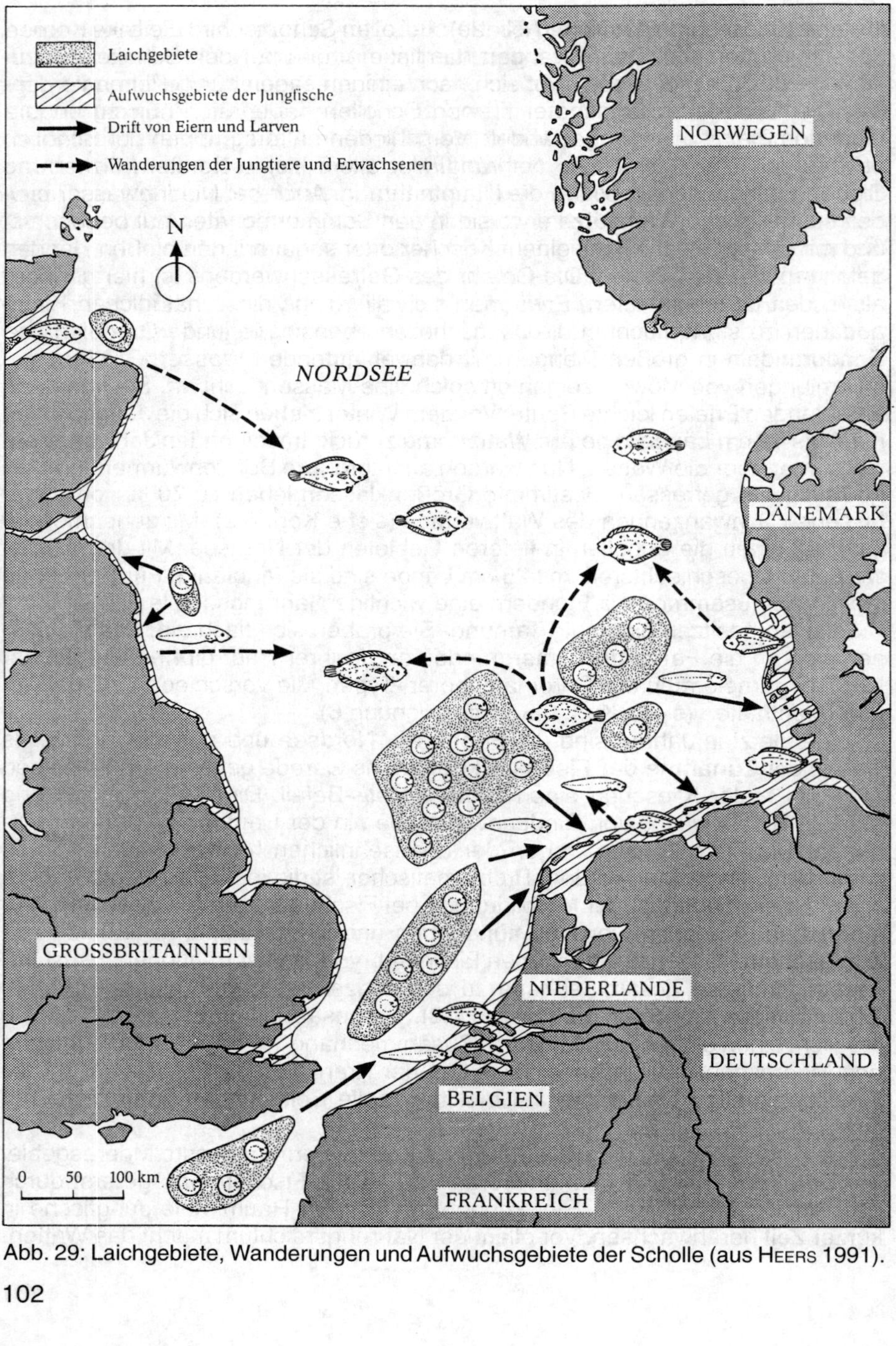

Abb. 29: Laichgebiete, Wanderungen und Aufwuchsgebiete der Scholle (aus HEERS 1991).

meer zu einer unersetzlichen Kinderstube für Jungfische. Eine geringere Befischung des Wattenmeeres garantiert somit höhere Nachkommenszahlen für wirtschaftlich interessante Arten. Das Wattenmeer spielt abgesehen von der Garnelen- und Muschelfischerei direkt keine große Rolle für die Fischerei. Die Wattströme, die als einzige Bereiche von größeren Kuttern befischbar sind, nehmen nur einen kleinen Teil der Wattfläche ein. Zudem sind die Handhabung großer Fanggeschirre sowie die Navigation in diesen durch starke Tidenströmungen, und Untiefen gekennzeichneten Gebieten schwierig. Trotzdem hat die bestehende Fischereitätigkeit nach gesicherten Untersuchungen in diesem Jahrhundert zu gravierenden Änderungen im Ökosystem geführt: Seemoosbestände und Sandkorallenbänke (gebildet von der Borstenwurm-Art *Sabellaria*) sind durch die Schleppnetze und Kurren weitgehend verschwunden, Priele erodieren stärker, da das Fanggeschirr den Wattboden aufwirbelt.

6.6 Vögel des Wattenmeeres

Das Wattenmeer ist das wichtigste Brutgebiet für Seevögel in Mitteleuropa; die Anzahl der in diesem Gebiet brütenden Wat- und Wasservögel wird auf etwa eine halbe Millionen Individuen geschätzt. Doch diese Zahl wirkt geradezu bescheiden gegenüber den Millionen von Zugvögeln, die jedes Jahr im Wattenmeer rasten. Daher sollen auch die Zugvögel als erste behandelt werden.

Zugvögel

Regelmäßige Zählungen haben ergeben, daß jedes Jahr etwa 7 - 9 Millionen Wat- und Wasservögel während der Zugzeiten im Herbst und Frühling das Wattenmeer besuchen. Das Wattenmeer stellt für viele dieser Vögel eine wichtige Station auf ihrem Zug dar, denn auf dem ostatlantischen Zugweg, den viele der Vogelarten benutzen, stehen nur wenige geeignete Rastbiotope zur Verfügung. Die Brutgebiete der Vögel reichen von Nordostkanada über Grönland und Nordskandinavien bis nach Nordrußland und Nordwestsibirien (siehe Abb. 30). In milden Wintern überwintern 1 bis 1,5 Millionen Vögel im Wattenmeer, doch viele Tiere ziehen weiter, und für manche endet die Reise erst in West- oder Südafrika. Auf diesem bis zu 16.000 km langen Zugweg stehen den Vögeln nur wenige nahrungsreiche Ästuar(Flachwasser-)zonen zur Verfügung, an denen sie längere Zwischenstopps zur Anlage von Fettreserven für den Weiterzug einlegen, denn eine Reihe von Sumpf- und Küstengebieten wurde durch menschliche Einflüsse ökologisch entwertet. Am Beispiel des Knutts wird am Ende des Kapitels die enorme Zugleistung der Langstreckenzieher verdeutlicht.

Schon ab Anfang Juli kommen die ersten Watvögel wie Knutts oder Dunkle Wasserläufer aus dem hohen Norden im Wattenmeer an, um hier zu mausern und sich nach dem anstrengenden Brutgeschäft „mal wieder richtig satt zu essen". Während die Altvögel das Wattenmeer ohne Umwege, oft sogar im bis zu 4.000 km weiten Direktflug, ansteuern, lassen sich die Jungvögel mehr Zeit. Sie sind oft beim Abflug der Eltern noch gar nicht flügge, wachsen aber bei dem reichlichen Nahrungsangebot und den langen Tagen in ihrer nordischen Brutheimat schnell heran. Auf dem Zug legen sie Pausen ein, kommen bei Schlechtwetter auch einmal vom Kurs ab, gelangen aber aufgrund der vermutlich angeborenen Südwestorientierung schließlich Mitte bis Ende August auch ins Wattenmeer. Hier wird ihr Leben vom Gezeitenrhythmus gesteuert. Mit dem bei Ebbe zurückweichenden Wasser verteilen sich die Vögel auf den Wattflächen, wobei sie sehr gezielt nahrungsreiche Gebiete ansteuern. Bei auflaufendem

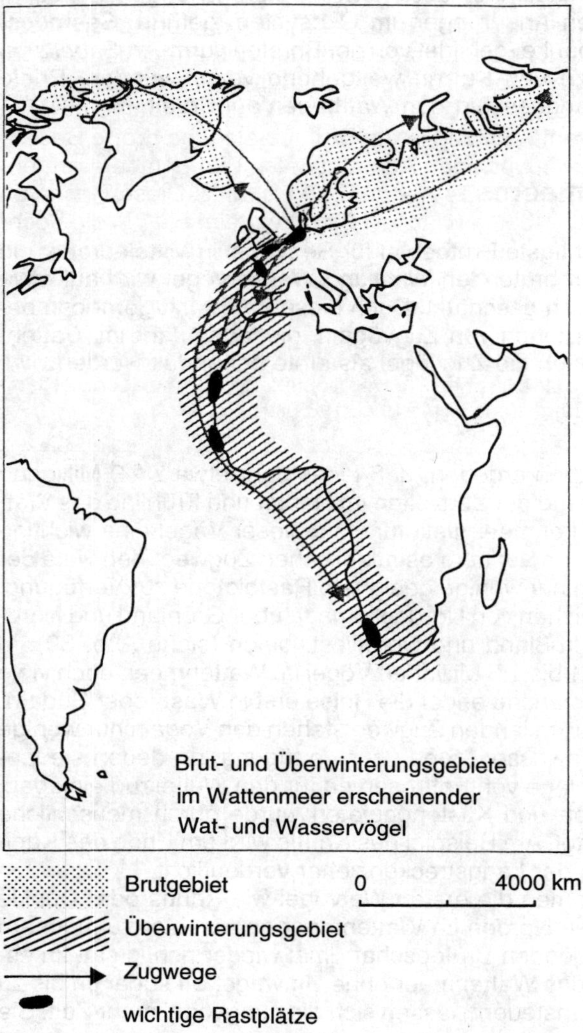

Abb. 30: Brut- und Überwinterungsgebiete von Wat- und Wasservögeln im Wattenmeer (verändert nach KOCK & MEYER 1988).

Wasser sammeln sich die Vögel auf Hochwasserrastplätzen, die oft traditionell seit Jahrzehnten genutzt werden. Hier treiben die Tiere Gefiederpflege oder schlafen einfach im Schutz der oft vieltausendköpfigen Gemeinschaft, bis das Watt wieder trockenfällt.

Mitte bis Ende September beginnt für viele Watvögel, aber auch für Entenvögel wie Ringelgänse und Pfeifenten, der Weiterzug. Wie Trittsteine nutzen die Fernzieher wie Knutts, Pfuhlschnepfen, Alpenstrandläufer und Kiebitzregenpfeifer nun die französische Atlantikküste und das Tejodelta, um nach Westafrika weiterzuziehen. Hier befindet sich mit der Banc d'Arguin in Mauretanien das wichtigste Überwinterungsgebiet für Watvögel an der afrikanischen Westküste. Für Teilpopulationen des Knutts und des Sanderlings endet die Wanderung erst an der Küste Namibias. Von all diesen Gebieten stellt das Wattenmeer aber die größten Nahrungsressourcen zur Verfügung. Diese Tatsache gewinnt besonders im Frühjahr auf dem Rückzug in die Brutgebiete eine große Bedeutung. Während des drei- bis vierwöchigen Aufenthalts im Wattenmeer vermehren Knutts und Alpenstrandläufer ihr Gewicht um 50 bis 80%! Diese Reserven benötigen sie für die oft 3000 - 4000 km langen Etappen beim Flug in die hochnordischen Brutgebiete. Hier müssen sie möglichst rasch mit dem Brutgeschäft beginnen, damit die Jungen zum Ende des kurzen arktischen Sommers flügge sind. Oft ist aber im Brutgebiet bei der Ankunft der Vögel Anfang Juni der Schnee

Tab. 8: Häufige Rastvögel (maximale Bestandszahlen) des schleswig-holsteinischen Wattenmeeres und die Größe der den ostatlantischen Zugweg benutzenden Population, in Klammern Monat des Bestandsmaximums (aus Kempf et al. 1989).

	Maximalzahl	Monat	Größe der Population
Nonnengans	60.000	(3/4)	120.000
Ringelgans	85.000	(4/5)	170.000
Brandgans	125.000	(8)	250.000
Pfeifente	130.000	(10)	750.000
Eiderente	150.000	(11)	3 000.000
Austernfischer	150.000	(10)	874.000
Säbelschnäbler	10.000	(7)	67.000
Sandregenpfeifer	10.000	(8)	243.000
Goldregenpfeifer	50.000	(4)	1 000.000
Kiebitzregenpfeifer	35.000	(5/8)	168.000
Knutt	425.000	(4/5)	850.000
Alpenstrandläufer	350.000	(8/9)	1 394.000
Pfuhlschnepfe	150.000	(4/5)	822.000
Großer Brachvogel	40.000	(9)	348.000
Rotschenkel	26.000	(7)	286.000
Grünschenkel	8.000	(7/8)	50.000
Lachmöwe	80.000	(7)	?
Sturmmöwe	25.000	(8)	?
Silbermöwe	65.000	(9)	?

noch nicht ganz geschmolzen, und es steht kaum Nahrung zur Verfügung. So hängt der Bruterfolg wesentlich von den im Wattenmeer angefressenen Fettreserven der Vögel ab. Auch für Ringelgänse, die auf der sibirischen Taimyrhalbinsel brüten, konnte eine Abhängigkeit zwischen Ernährungszustand und Fortpflanzungserfolg festgestellt werden. Bei farbig beringten Gänsen beobachtete man, daß ranghohe Tiere, die sich im Frühjahr die besten Nahrungsflächen in den Salzwiesen sicherten, im Herbst durchschnittlich mit mehr Jungvögeln ins Wattenmeer zurückkamen als rangniedere Vögel.

Ein Langstreckenzieher: Der Knutt

Der Knutt ist neben dem Alpenstrandläufer der häufigste Zugvogel des Wattenmeeres. Er ist ein etwa amselgroßer, recht plump wirkender Watvogel von 25 cm Größe und etwa 120 g Gewicht. Es treten im Wattenmeer zwei unterschiedliche Rassen auf, die sich nur geringfügig im Aussehen unterscheiden. Der Grönländische Knutt, der auf Grönland und in Nordost-Kanada brütet, überwintert teils im Wattenmeer und teils in Großbritannien und Frankreich.

Besonders spektakulär aber ist die Leistung des **Sibirischen Knutts**, der in den Tundrengebieten östlich des Urals brütet. Die Vögel treffen in der zweiten Juniwoche in ihren subarktischen Brutgebieten ein, wo ihnen anfangs nur spärliche pflanzliche Nahrung (Blätter, Samen) zur Verfügung steht. Trotzdem beginnen die Vögel sofort mit der Balz. Die Nester werden an sonnigen Südhängen angelegt. Nach 21 Tagen Brutzeit schlüpfen um den 10. Juli herum die

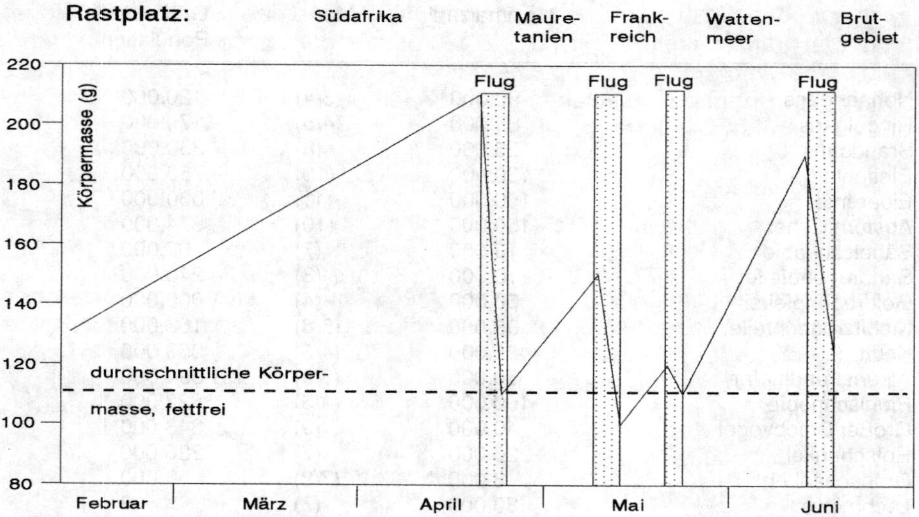

Abb. 31: Entwicklung der Körpermasse des Sibirischen Knutts auf dem Frühjahrszug von Südafrika zur Taimyr-Halbinsel (aus Kock & Meyer 1988).

Jungen. Ihnen steht nun reichlich Nahrung in Form von Insektenlarven (Zuck- und Stechmücken, Schnaken) zur Verfügung. Die Jungvögel nutzen die langen Tage zur Futtersuche, um vor dem Ende des kurzen nordischen Sommers heranzuwachsen und flügge zu werden. Die Altvögel verlassen die noch nicht flüggen Jungen Ende Juli und fliegen wahrscheinlich ohne Unterbrechungen ins Wattenmeer, um hier zu mausern.

Die Mauser stellt eine starke Beanspruchung der Kondition der Tiere dar, denn durch sie wird die Flugfähigkeit und die Wärmeisolation des Gefieders vermindert. Für die Neubildung des Keratins wird eine eiweißreiche Nahrung benötigt. Wegen der nahrungsreichen Wattflächen und der geringen Bedrohung durch Freßfeinde stellt das Wattenmeer einen optimalen Mauserbiotop für die Vögel dar.

Mitte August folgen die Jungvögel ihren Eltern ins Wattenmeer, das die Vögel im Oktober in Richtung Südwesten verlassen. Die meisten der Sibirischen Knutts überwintern im Gebiet der Banc d'Arguin in Mauretanien. Doch einige Zehntausend Vögel ziehen weiter bis an die Küsten Namibias.

Der **Rückzug** dieser Vögel beginnt etwa Mitte April. Da sich auf ihrem Zugweg nur wenige geeignete nahrungsreiche Rastbiotope befinden, legen die Vögel nach heutigen Erkenntnissen mehrfach Strecken von 4.000 km im Nonstopflug zurück. Energetische Berechnungen über die Fettreserven und deren Verbrauch während des Fluges sowie die Fluggeschwindigkeit lassen diese Leistung auch als möglich erscheinen (siehe Abb. 31). So müssen die Knutts in Namibia vor dem Wegzug ein Gewicht von über 200 g erreichen, um den Flug nach Mauretanien zu schaffen. Hier muß erneut eine Freßpause von 2 - 3 Wochen eingelegt werden, um genügend Reserven für die nächste Etappe nach Portugal oder Westfrankreich zu „tanken". Im Wattenmeer kommen die Vögel Mitte Mai praktisch fettfrei mit 110 bis 120 g an und erhöhen ihr Gewicht innerhalb von 3 Wochen auf 180 bis 200 g für den anstrengenden Zug nach Westsibirien. Im Brutgebiet müssen die Vögel noch gewisse Fettreserven besitzen, denn in den ersten ein bis zwei Wochen steht aufgrund des Klimas oft kaum ausreichend Nahrung zur Verfügung. Auch der Bruterfolg der Knutts ist also in starkem Maße von den im Wattenmeer angefressenen Fettreserven abhängig.

Brutvögel

Wohl der auffälligste Brutvögel dieses Gebietes ist neben den Möwen der **Austernfischer**, wegen seines schwarz-weißen Gefieders und der roten Beine auch Strand- oder Halligstorch genannt. Mit 450 - 600 g Gewicht ist er einer unserer größten Watvögel. Aufgrund seines robusten Körperbaus und des kräftigen 70 - 80 mm langen Schnabels ist er durchaus in der Lage, Muschelschalen zu knacken, doch werden Austern selbst in den Regionen, in denen sie vorkommen, von den Vögeln kaum genutzt. Männchen und Weibchen sind äußerlich nicht zu unterscheiden, allerdings haben Weibchen durchschnittlich einen längeren Schnabel.

Die Austernfischer erscheinen meist schon im März im Brutgebiet. Der Nistplatz liegt am Sandstrand, in Dünen oder auch in Salzwiesen. An farbberingten Vögeln konnte festgestellt werden, daß Austernfischer über Jahre - in einem Fall 16 Jahre lang - ihrem Brutplatz treu blieben. In die flache Nistmulde, die oft mit einigen Muschelschalen oder Steinchen ausgelegt ist, werden ab Mitte Mai 3 - 4 blaßbraune, dunkelgefleckte Eier (57 x 40 mm) gelegt. Männchen und Weibchen brüten. Im Brutrevier werden Eindringlinge von den Vögeln sogar mit Schnabelhieben attackiert. Nach 24 - 27 Tagen schlüpfen die Jungen, die zwar Nestflüchter sind, aber anders als bei anderen Limikolen über Wochen von ihren Eltern gefüttert werden. Damit stehen Austernfischern auch Bruträume zur Verfügung, in denen die Jungen allein nur wenig Futter finden können. Erst nach 5 Wochen sind die Jungvögel flügge. Durch sommerliche Sturmfluten werden immer wieder Gelege vernichtet, doch können die Vögel dann ein zweites Mal brüten. Außerdem verhindert die lange Lebensdauer des Austernfischers von bis zu 35 Jahren, daß gelegentliche Brutausfälle den Bestand gefährden. Ab August wandern Artgenossen aus Skandivanien zu, so daß im September bis zu 450.000 dieser Vögel im Wattenmeer gezählt werden können. Abhängig von den Wintertemperaturen überwintern 10.000 - 50.000 Austernfischer im Wattenmeer, doch die meisten ziehen weiter nach Holland, Großbritannien und Frankreich oder sogar nach Westafrika.

Besonders interessant ist die **Nahrungsbiologie** des Austernfischers. Durch Untersuchungen wurden 3 verschiedene Schnabelformen festgestellt: Pfriem-, Hammer- und Meißelschnabel (siehe Abb. 32). Vögel mit dem allseits zugespitzten Pfriemschnabel suchen vor allem im Wattboden nach Würmern, die sie mit Tastsinneszellen (Herbst'sche Körperchen) an der Schnabelspitze erspüren und vorsichtig an die Oberfläche ziehen. Vögel mit den beiden anderen Schnabelformen haben sich auf Muschelnahrung spezialisiert. Mit dem Meißelschnabel stoßen sie blitzschnell in eine geöffnete Muschel und durchtrennen die Schließmuskeln der Schalenklappen. Gelingt dies einmal nicht, laufen die Tiere stundenlang mit einer Muschel am Schnabel herum. Auf diese Weise werden vor allem Herz- und Plattmuscheln, aber auch junge Sandklaffmuscheln und neuerdings die eingewanderte Amerikanische Schwertmuschel erbeutet. Brutaler gehen Austernfischer mit dem Hammerschnabel vor, sie hämmern die Schalen von Miesmuscheln oder jungen Herzmuscheln mit kräftigen Schlägen auf, um an das Muschelfleisch zu gelangen. Entsprechend findet man stellenweise frisch geöffnete Schalenklappen im Watt, bei denen eine Hälfte zertrümmert ist.

Die Spezialisierung der Vögel mit den entsprechenden Schnabeltypen auf die genannte Nahrung ist allerdings nicht vollständig. Durch Fütterungsversuche konnte nachgewiesen werden, daß sich Austernfischer bei Abwesenheit der für ihren Schnabeltyp optimalen Beute auf andere Nahrung umstellen und sich dabei innerhalb von etwa 14 Tagen auch die Form der Schnabelspitze der neuen Art des Beuteerwerbs anpaßt. „Wie kann sich die harte Hornscheide innerhalb so kurzer Zeit an neue Anforderungen anpassen? Ein Austernfischer-Schnabel ist in ständigem Wachstum begriffen. Er verlängert sich täglich um ca. 0,4 mm, d.h. in 10 Tagen um ca. 4 mm. Dieser Zuwachs wird normalerweise durch die tägliche Abnutzung verbraucht. Verändert sich die Abnutzungsart, so zieht dies eine baldige Veränderung der Schnabelform nach sich. Wachstum und Abnutzung als zwei gegensätzlich wirkende Prozesse formen das aktuell benötigte Austernfischer-Werkzeug" (BERGMANN 1987). Es liegt hier also eine modifikatorische Anpassung vor. Die Bedeutung der Schnabelform für die optimale Ernährung ist daran abzulesen, daß ein Großteil der in Kältewintern tot aufgefundenen Austernfischer deformierte Schnäbel aufweist.

Bei anderen Watvögeln ist die Nahrungsspezialisierung ebenfalls gut an der Schnabelform und -länge ablesbar. Sand- und Seeregenpfeifer mit ihren kurzen Schnäbeln picken Insekten oder Krebse an der Bodenoberfläche auf, Rotschenkel erreichen auch Seeringelwürmer, während der aufwärts gebogene Schnabel des Säbelschnäblers ständig waagerecht durch die oberste Bodenschicht gezogen wird auf der Suche nach Wattschnecken oder Wattkrebsen. Die relativ kurzschnäbligen Möwen benutzen eine besondere Technik bei der Nahrungssuche im Watt. Sie trampeln solange auf der Stelle, bis in einer kleinen Kuhle Muscheln und Würmer der obersten Bodenschicht freigespült werden.

Neben dem Austernfischer sind **typische Brutvögel** der Salzwiesen der Halligen und des Vorlands Rotschenkel, Säbelschnäbler, Fluß- und Küstenseeschwalbe, Silber-, Sturm- und Lachmöwe sowie Feldlerche und Wiesenpieper. An vegetationsfreien sandigen und kiesigen Stränden brüten Sand- und Seeregenpfeifer, die hier auch ihre Nahrung suchen, sowie Fluß-, Küsten- und Zwergseeschwalbe. Die aufgeführten Möwen- und Seeschwalbenarten sowie der

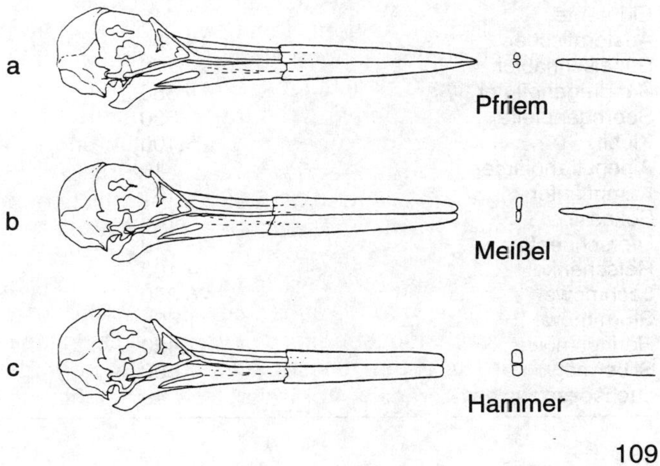

Abb. 32: Schnabeltypen von Austernfischern, links Seitenansicht, Mitte Vorderansicht, rechts Aufsicht (aus BERGMANN 1987).

Säbelschnäbler bilden oft Brutkolonien, es kommen allerdings auch Einzelbruten vor. Die Bildung von Brutkolonien kann als Anpassung an das Bodenbrüten gesehen werden, welches in der von hoher Vegetation freien Küstenlandschaft unumgänglich ist. Nähern sich Beutegreifer den Kolonien von Möwen oder Seeschwalben, werden sie von zahlreichen Vögeln angegriffen, ein Verhalten, das die Überlebenschance und damit die Nachkommenzahl dieser Vogelarten erhöht. Zudem ermöglichen die Brutkolonien die optimale Ausnutzung geeigneter Brutbiotope.

Wattenmeer und Vogelwelt

Ein wichtiger Grund für die Ausweisung des Wattenmeeres als Nationalpark war die Bedeutung dieses Gebietes für Wat- und Wasservögel. Im Wattenmeer liegen die wichtigsten - z.T. sogar einzigen - Brutgebiete in Mitteleuropa für besonders gefährdete Vogelarten wie Brand- und Zwergseeschwalbe und Seeregenpfeifer. Die Tatsache, daß viele Küstenvögel in nennenswerten Beständen nur noch in bewachten Naturschutzgebieten brüten und außerhalb dieser Gebiete die Brutbestände ständig zurückgehen, zeigt die Notwendigkeit des Schutzes.

Erst im letzten Jahrzehnt wurde die Bedeutung des Wattenmeeres für nordische Wasservögel genauer untersucht und die **Bedeutung des Wattenmeeres als wichtigster Rastplatz** im ostatlantischen Zugweg und „Drehscheibe" im

Tab. 9: Brutvogelbestand der schleswig-holsteinischen Westküste und des gesamten Wattenmeeres, 1988. Auswahl häufiger Arten (aus Kempf et al. 1989).

	Westküste Schlesw.-Holst.	Wattenmeer
Brandgans	1.138	ca. 4.000
Eiderente	1.115	ca. 6.000
Austernfischer	14.850	ca. 33.000
Säbelschnäbler	4.170	ca. 10.000
Sandregenpfeifer	580	ca. 1.100
Seeregenpfeifer	320	ca. 700
Kiebitz	5.100	?
Alpenstrandläufer	19	ca. 40
Kampfläufer	151	?
Bekassine	168	?
Uferschnepfe	519	?
Rotschenkel	4.100	ca. 12.000
Lachmöwe	26.850	ca. 121.000
Sturmmöwe	1.400	ca. 6.500
Heringsmöwe	420	ca. 16 300
Silbermöwe	7.500	ca. 100 000
Lachseeschwalbe	49	ca. 50

Vogelzug herausgestellt. Erhebliche Anteile der Populationen verschiedener Arten halten sich zeitweise im Wattenmeer auf (siehe Tab. 8). Solange die Brutplätze im hohen Norden unangetastet bleiben, entscheidet sich auf dem Zug - und hier kommt dem Wattenmeer eine zentrale Bedeutung zu - die Bestandsentwicklung dieser Vogelarten. Denn sowohl von der Größe und dem Nahrungsangebot als auch der - noch - geringen Störungen ist das Wattenmeer der wichtigste Rastbiotop auf dem ostatlantischen Zugweg (siehe Abb. 30).

Eine interessante Ausnahme bildete die starke Zunahme der Dunkelbäuchigen Ringelgans seit den siebziger Jahren, die man sich durch Einflüsse im Wattenmeergebiet nicht eindeutig erklären konnte. Durch die politische Wende in der ehemaligen UdSSR und die damit einhergehende Informationspolitik wurde in den letzten Jahren bekannt, daß jahrzehntelang jedes Jahr Tausende von Ringelgänsen während der Mauser im nicht flugfähigen Zustand gefangen wurden. Sie dienten zur Ernährung von Pelztierjägern, Erdölbohrtrupps u.ä. in der sibirischen Tundra. Als diese Form der Jagd eingestellt wurde, schnellte die Zahl der Ringelgänse in die Höhe.

Die enormen Vogelmengen, die sich jedes Jahr im Wattenmeer aufhalten, üben einen starken **Feinddruck auf die Bodentiere** des Watts aus, denn 90% der Vögel sind carnivor. Etwa 3/4 ihrer Nahrung besteht aus Mollusken. Produktionsbiologische Untersuchungen zeigen, daß die Vogelwelt etwa 4 g organische Trockenmasse von den zur Verfügung stehenden 25 g pro Quadratmeter Wattboden und Jahr konsumiert, das entspricht also etwa 20% (s. Abb. 12). Da die Vögel sich aber nicht gleichmäßig über die Watten verteilen, sondern auf den nahrungsreichen Schlick- und Mischwatten in der Nähe ihrer Hochwasserrastplätze fressen, um nicht zu lange Wegstrecken zurücklegen zu müssen, ist stellenweise der Wegfraß durch Vögel deutlich höher zu veranschlagen.

Möglichkeiten zur Vogelbeobachtung

1. Beobachtungen an **Seevogel-Brutplätzen** auf eigene Faust dürfen nicht durchgeführt werden, da dies zu Störungen und Brutverlusten führt. Hier bieten sich Führungen durch geschulte Mitarbeiter der Nationalpark-Verwaltungen oder der Verbände an (siehe Kap. 9). Auch beim Gang ins Deichvorland während der Brutzeit sollte man sich nur an regelmäßig begangene Pfade halten. Austernfischer, Rotschenkel, Sandregenpfeifer, Säbelschnäbler, Küstenseeschwalben und Lachmöwen brüten überall entlang der Küste auch außerhalb der abgesperrten Gebiete in kleinen Kolonien. Laut warnende, „flügellahm“ verleitende oder gar attackierende Altvögel sind sichere Anzeichen, daß sich in der Nähe gut getarnte Nester am Boden befinden. Vom Deich aus sind allerdings stellenweise gute Beobachtungsmöglichkeiten mit einem guten Fernglas oder noch besser einem Spektiv gegeben.
2. Beobachtungen an **Hochwasser-Rastplätzen** vermitteln unauslöschliche Eindrücke von dem Reichtum und der Vielfalt der Vogelwelt des Wattenmeeres. Günstigste Jahreszeit ist der Spätsomer (August/September). Hochwasser-

Rastplätze werden traditionell genutzt, d.h. über viele Jahre finden sich dort im Gezeitenrhythmus die riesigen Watvogelschwärme ein. Sie müssen störungsfrei sein und in der Nähe ergiebiger Nahrungsflächen liegen. Sogar nach Eindeichungen werden diese Rastplätze weiter aufgesucht (siehe Kap. 7.4, Abb. 49). Auskunft über Plätze, von denen aus man ohne Störungen zu verursachen beobachten kann, erhält man bei Naturschutz-Verwaltungen und -Verbänden vor Ort. Es sollten immer Abstände von wenigstens 300 m von den rastenden Vögeln eingehalten werden! Ferngläser und Bestimmungsbücher sind unerläßlich. Mehrere Spektive mit 40facher Vergrößerung auf stabilen Stativen sind hilfreich, um einzelne Vogelarten besser erkennen zu können. Folgende Beobachtungen bieten sich an:

– Welche **Arten** kommen vor? Halten sie sich in artgleichen Verbänden oder gemischt mit anderen auf?
– Wieviele Individuen rasten hier? Bei Zahlen von mehreren Zehntausend haben hier sogar Fachleute Probleme. Man zählt zunächst 10 Vögel, schätzt dann in Zehnergruppen bis 100, anschließend in Hundertergruppen bis 1000 usw.. Wie verhalten sich die Tiere am Rastplatz (putzen, schlafen; gegen den Wind orientiert)?
– Wie verhalten sie sich bei **Störungen**, wie bei Erscheinen eines Greifvogels, einer Raubmöwe oder eines Flugzeugs? Der beim Auffliegen unübersichtliche Schwarm verdeutlicht, wie schwer es ein Beutegreifer hat, sich für einen Vogel zu entscheiden.
– **Mauserfedern** im Spülsaum: Im Spätsommer findet man große Mengen an Mauserfedern. Es werden sowohl Schwingen und Schwanzfedern als auch das meist farbige Kleingefieder des Brutkleides gewechselt. Manche Federn lassen sich mit etwas Geschick bestimmten Arten zuordnen. In IPTS & NPA (1993) ist das Flügelschema eines Knutts angegeben, dem man die gesammelten Federn zuordnen kann.
– **Nahrungssuche im Watt:** Während einer Wattexkursion ist es immer möglich, Vögel bei der Nahrungssuche zu beobachten. Hierzu einige Anregungen:
– Welche Formen des Nahrungserwerbes lassen sich beobachten (Stochern der Watvögel, Sammeln und Trampeln der Möwen, Seihen der Brandgänse, Tauchen der Eiderenten, Sturztauchen der Seeschwalben)?
– In welchen Wattgebieten beobachtet man viele nahrungssuchende Watvögel? Wo findet man kaum welche? Schlickwattgebiete nahe der Niedrigwasserlinie sowie Prielkanten werden bevorzugt aufgesucht, da hier der Boden wegen des höheren Wassergehaltes am weichsten ist, was das Stochern erleichtert.
– Welche Nahrung suchen die Watvögel? Wo viele Watvögel nach Nahrung suchen, lassen sich die Stocherspuren gut beobachten. Wie tief reichen sie in den Boden? Welche Nahrung verbirgt sich hier? Mit einem Küchensieb wird eine Probe des Wattbodens durchgesiebt und auf Bodentiere untersucht. Die Untersuchung der Nahrungsgrundlage der Watvögel läßt sich gut kombinieren mit den Untersuchungen 1 und 2 in Kap. 5.9.

– Wie oft muß ein Watvogel stochern, bis er einen Wurm oder eine Muschel erbeutet? Alpenstrandläufer kann man aus wenigen Metern Entfernung bei der Nahrungssuche beobachten: Sie testen „nähmaschinenartig“ mit leicht geöffnetem Schnabel und stochern dann tief in den Boden. Etwa alle 10 bis 20 Mal wird ein solcher Vogel fündig.
– Bei Seeschwalben kann z.B. an Halligprielen oder von einem Schiff aus das Stoßtauchen beobachtet werden. Wie hoch ist die Erfolgsquote, bis ein Sandaal erbeutet wird?

6.7 Der Seehund

Der Gemeine Seehund (*Phoca vitulina*) ist in 5 Unterarten mit insgesamt rund 400.000 Individuen in den Küstengewässern der gesamten nördlichen Halbkugel von der Arktis bis in die gemäßigte Zone hinein verbreitet. In den europäischen Gewässern um Island, Großbritannien, Frankreich und Norwegen sowie im Wattenmeer und spärlich in der westlichen Ostsee lebt die Nominatform *Phoca v. vitulina*. Sie umfaßt schätzungsweise 70.000 Individuen. Neben dem Seehund halten sich im schleswig-holsteinischen Wattenmeer im Bereich der Knobsände westlich von Amrum regelmäßig einige Kegelrobben auf (etwa 30 - 40 Individuen), die sich hier seit einigen Jahren auch fortpflanzen. Andere Robbenarten treten höchstens als Irrgäste auf.

Der Seehund besitzt eine relativ kurze Schnauze. Die Grundfarbe des Fells ist grau, wobei eine gelbliche oder bräunliche Tönung auftreten kann. Der Rükken ist dicht von unregelmäßigen schwärzlichen Flecken bedeckt, während der Bauch meist weniger dicht gefleckt ist. Männliche Seehunde erreichen eine Länge von 15O - 175 cm und Weibchen von 130 - 155 cm (gemessen von der Schnauzen- bis zur Schwanzspitze), das Gewicht beträgt 90 - 110 kg. Die Geschlechter sind äußerlich kaum zu unterscheiden. Das Höchstalter von Seehunden in Gefangenschaft wird mit 34 Jahren angegeben.

Körperbau und Wasserleben: Der Körper des Seehunds ist stromlinienförmig gebaut. Der Kopf geht mit einem dicken Hals beinahe absatzlos in den plumpen spindelförmigen Körper über. Beim Schwimmen unter Wasser wird der Kopf meist sogar noch etwas angezogen, wodurch eine besonders strömungsgünstige Form erreicht wird. Außerdem kann der Kopf beim Erspähen oder Ertasten von Beute blitzschnell vorstoßen, was durch die S-förmige Wirbelsäule noch begünstigt wird. Die Extremitäten sind kurz und kräftig, Oberarm- bzw. Oberschenkelknochen liegen innerhalb des Körpers (siehe Abb. 33). Die Finger und Zehen sind lang und mit Schwimmhäuten verbunden. Die Hinterbeine sind parallel nach hinten gerichtet und so gedreht, daß die Fußsohlen einander zugewandt sind. Durch abwechselnde Schläge in der Waagerechten sorgen sie für den Vortrieb.

Die Haut des Seehunds ist kräftig. Die Epidermiszellen sind mit Melanin pigmentiert, während die Haare kaum Pigmente besitzen. Seehunde mit trockenem Fell, deren Haare abstehen und das Licht reflektieren, wirken daher heller als nasse Tiere. Das Fell besteht im wesentlichen aus den abgeflachten Deckhaaren, da die Wollhaare nicht sehr weit aus dem Haarkanal herausreichen. Trotzdem sammeln sich zwischen ihnen unzählige winzige Luftbläschen, so daß offenbar auch das Fell Anteil an der Isolation des Körpers hat. Seehunde, denen aus Versuchszwecken eine Fellpartie abrasiert wurde, zitterten beim Eintauchen in kaltes Wasser. Die Haarkanäle sind von zahlreichen großen Talgdrüsen umgeben, welche die Haut einfetten. Dies senkt die Reibung beim Schwimmen und schützt die Haut vor dem „Aufweichen". Der Talg ist im Gegensatz zu dem anderer Säugetiere nicht wasserlöslich. Seehunde besitzen auch Schweißdrüsen, die vermutlich für den schwachen Eigengeruch der Tiere sorgen.

Weit wichtiger für die Kälteisolierung als das Fell ist die Speckschicht im Unterhautfettgewebe. Entspricht die Hauttemperatur in kaltem Wasser in etwa der Wassertemperatur, so können an der Innenseite der Speckschicht konstant ca. 37° C gemessen werden. Sie ist am Kopf am dünnsten. Am Körper mißt sie etwa 4 - 5 cm, maximal bis 8 cm. Die Stärke hängt jedoch von der Jahreszeit (im Winter dicker als im Sommer), von der Ernährungslage und der allgemeinen Kondition ab. Eine Speckdicke von 1,5 cm im Sommer scheint gerade noch alle vom Seehundsorganismus an sie gestellten Anforderungen zu erfüllen wie Wärmeisolation und ausreichende Energiereserven zur Abwehr von Krankheiten und Parasitenbefall. Bei Weibchen wird die Speckschicht während der Säugezeit weitgehend zur Produktion der sehr fetthaltigen Milch abgebaut.

Fortbewegung: An Land bewegen sich die Seehunde unbeholfen, können aber trotzdem mit beträchtlicher Geschwindigkeit dem Menschen entkommen. Die spannerraupenartige Bewegung, das sogenannte Huxen, läuft weitgehend ohne Beteiligung der Extremitäten ab. Im Wasser zeigen die Seehunde eine große Eleganz und Beweglichkeit. Die elastische Wirbelsäule erlaubt blitzschnelle Wendungen um 90° und mehr. Nur beim langsamen Schwimmen dienen auch die Vorderflossen dem Antrieb, ansonsten werden sie nur zum Manövrieren eingesetzt. Beim schnellen Schwimmen liegen sie flach dem Körper an. Der Vortrieb wird durch die Bewegung der Hinterflossen erzeugt. Diese arbeiten abwech-

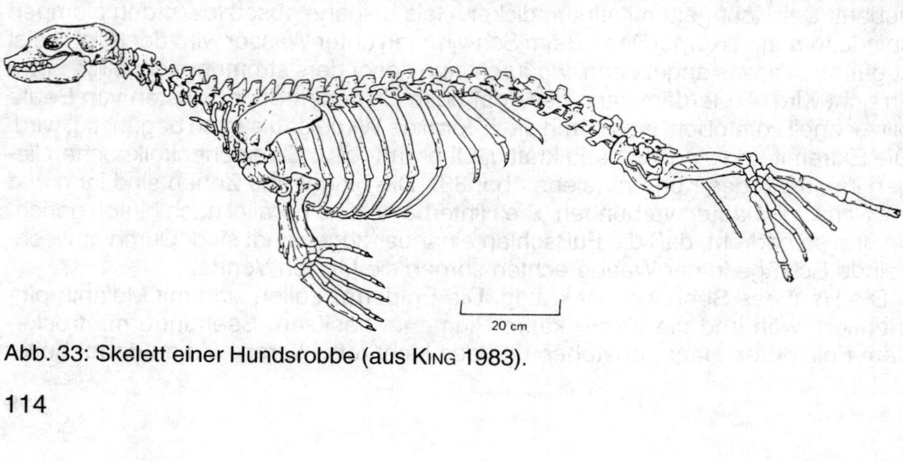

Abb. 33: Skelett einer Hundsrobbe (aus King 1983).

selnd, beim Schlag nach links wird die rechte Flosse aufgespannt und die linke zusammengelegt und umgekehrt. Je schneller die Fortbewegung wird, desto kräftiger wird die Flossenbewegung von einer Schlängelbewegung des Hinterleibs in der Waagerechten unterstützt, die auf eine starke Rückenmuskulatur schließen läßt. Die Schwimmgeschwindigkeit beim Zurücklegen längerer Entfernungen beträgt 7 - 8 km/h, die absolute Höchstgeschwindigkeit 35 km/h. Bei Seehunden in Gefangenschaft kann man oft beobachten, daß sie unter Wasser auf dem Rücken schwimmen. Vermutlich tun die Robben dies auch im Meer, da sie bei ihrer Kopfhaltung und Augenstellung nur in dieser Schwimmhaltung nach Beutetieren am Boden Ausschau halten können.

Sinne: Der Geruchssinn der Seehunde ist schwächer als bei Landraubtieren ausgeprägt; unter Wasser ist er funktionslos. Das Riechhirn ist entsprechend schwach entwickelt. Doch erkennen die Muttertiere ihre Jungen offenbar am Geruch. Erfahrene Jäger nähern sich Seehundsrudeln immer gegen den Wind. Die Augen sind den Bedingungen unter Wasser angepaßt. Die Hornhaut ist dick. Die Linse ist fast kugelrund und der Augapfel kurz. Nur dadurch können scharfe Bilder auf der Netzhaut entstehen, denn die Brechung der Lichtstrahlen ist beim Übergang von Wasser in die Hornhaut erheblich geringer als beim Übergang von Luft in die Hornhaut. Entsprechend sind Seehunde an Land stark kurzsichtig. In Anpassung an die schlechten Lichtverhältnisse unter Wasser besitzen Seehunde sehr große Augen, in der Netzhaut herrschen die lichtempfindlichen Stäbchen vor.

Seehunde besitzen keine Ohrmuscheln, die Ohröffnung ist oval und ca. 1 cm lang. Sie kann durch Muskeln unter Wasser verschlossen werden. Unter Wasser nehmen Seehunde Schallwellen mit einem Gewebeband im Bereich des Ohrs wahr, dessen Empfindlichkeit bis 180 Kilohertz reicht. Da Seehunde unter Wasser Klicklaute im Ultraschallbereich ausstoßen, wird vermutet, daß sie die Fähigkeit der Echoortung besitzen. Dies würde ihnen die Nahrungssuche im trüben Nordseewasser sehr erleichtern. Doch konnte bisher noch kein eindeutiger Beweis dieser Hypothese erbracht werden. Der Tastsinn der Seehunde ist vor allem auf die langen Borsten (Vibrissen) an der Schnauze sowie die kürzeren über den Augen konzentriert.

Tauchen: Da Freilandbeobachtungen nicht einfach sind, liegen exakte Daten über den Tauchvorgang vor allem aus Experimenten vor. Als maximale Tauchzeit für zweijährige Seehunde wurden ca. 30 Minuten und als maximale Tauchtiefe bis zu 90 Meter festgestellt. Voll ausgewachsene Tiere könnten zu noch größeren Leistungen fähig sein. Seehundsjunge sind schon in ihrer ersten Lebenswoche in der Lage, in flachem Wasser bis zu 8 Minuten ohne Schaden zu tauchen. Als durchschnittliche Tauchzeit im Wattenmeer wurden bei telemetrischen Untersuchungen etwa zweieinhalb Minuten festgestellt. Rekordhalter unter den Robben ist die Wedellrobbe, die bis zu 600 m tief und über eine Stunde lang tauchen kann. Was befähigt die Seehunde zu solch enormen Tauchleistungen?

Die Nasenöffnungen müssen durch Muskelbewegungen geöffnet werden, im

„Normalfall" sind sie geschlossen. Unter Wasser wird dieser Verschluß durch höheren Wasserdruck noch verstärkt. Auch die Ohröffnungen werden beim Tauchen verschlossen. Der Kehlkopf ist so gebaut, daß auch in größeren Wassertiefen beim Öffnen des Mauls kein Wasser in die unteren Luftwege eindringen kann. Die Länge des Tauchvorgangs wird vor allem durch Umstellungen des Kreislaufs erreicht. Durch nervöse Steuerung wird der Herzschlag, der an der Oberfläche 80 - 150 Schläge pro Minute beträgt, auf etwa 6 - 12 Schläge verlangsamt. Durch Gefäßverengung wird erreicht, daß im wesentlichen nur noch das Herz und das Gehirn mit arteriellem Blut versorgt werden. In der Körperperipherie ist dann kein Blutdruck mehr feststellbar. Um das langsam schlagende Herz nicht zu überlasten, wird das Blut im umfangreichen Venensystem, dem Venenklappen fehlen, zurückgehalten. Insbesondere die Wirbelkanalvene und die im hinteren Teil verdoppelte Hohlvene können viel Blut speichern. Vor dem Zwerchfell erweitert sich die Hohlvene zu einem Blutsinus mit einem Fassungsvermögen von etwa einem Liter Blut. Ein Schließmuskel im Bereich des Zwerchfells verengt die Hohlvene während des Tauchvorgangs stark. Nach neueren Untersuchungen werden diese Veränderungen durch das sympathische Nervensystem hervorgerufen, das selbst Hormone abgibt sowie die Nebenniere zur Hormonausschüttung veranlaßt. Taucht ein Seehund den Kopf ins Wasser, setzen die sympathischen Nerven und die Nebennieren vermehrt Streßhormone, vor allem Noradrenalin, frei. Entsprechend steigt die Konzentration im Blut. Diese Hormone drosseln die periphere Durchblutung und erhöhen daher den Blutfluß zu solchen Organen wie Gehirn, Herz und Nebennieren. Diese Veränderung und die Streßhormone selbst lassen den Blutdruck steigen und die Herzfrequenz sinken.

Die Skelettmuskulatur muß während des Tauchens daher bald von dem im Myoglobin gespeicherten Sauerstoff zehren. Dieser Vorrat reicht beim Seehund etwa 5 Minuten, denn der Myoglobingehalt von Seehundmuskeln ist 8 mal so groß wie der von menschlicher Muskulatur. Erst dann setzt die Milchsäuregärung ein (siehe Abb. 34). Die notwendige Versorgung von Herz und Gehirn mit Sauerstoff auch während längerer Tauchgänge wird dadurch gewährleistet, daß Seehunde pro Kilogramm Körpergewicht fast doppelt soviel Blut wie Menschen besitzen, das zudem noch einen etwas höheren Hämoglobingehalt hat. Seehunde sind gegen hohe Kohlendioxidkonzentrationen im Blut, die eine stärkere Wirkung auf das Atemzentrum besitzen als Sauerstoffmangel, relativ unemp-

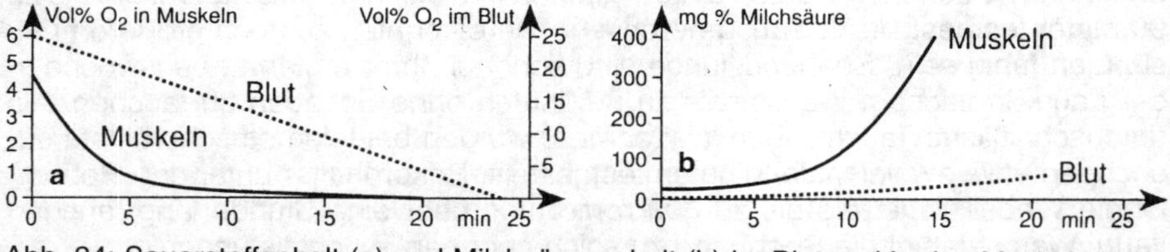

Abb. 34: Sauerstoffgehalt (a) und Milchsäuregehalt (b) im Blut und in den Muskeln beim tauchen den Seehund (aus JANSSEN 1992).

findlich. Nach dem Tauchen steigt der Herzschlag auf etwa 150 Schläge an. Je nach Länge des Tauchgangs müssen die Seehunde einige Zeit an der Oberfläche verweilen, um ihren Körper wieder mit Sauerstoff „aufzuladen". Daher ist es für die Seehunde ökonomischer, nicht zu lange zu tauchen, da sie sich sonst bis zu fünf Minuten und länger an der Oberfläche erholen müssen. Mehrere kürzere Tauchgänge bringen also eine längere effektive Tauchzeit.

Auch Seehunde können wie der Mensch der Caisson- oder Taucherkrankheit erliegen. Sie entsteht dadurch, daß sich unter hohem Wasserdruck viel Stickstoff aus der Lunge im Blut löst. Läßt beim Auftauchen der Außendruck nach, sinkt die Aufnahmefähigkeit des Blutes für Stickstoff wieder, und das Gas perlt in den Gefäßen aus und verschließt diese. Die Folge sind tödliche Lungen- oder Gehirnembolien. Der Seehund vermeidet diese Gefahr, in dem er vor tiefen Tauchgängen ausatmet. Auch unter Wasser werden oft noch kleine Luftmengen ausgeatmet. Die geringe in der Lunge verbleibende Restluft befindet sich in den wegen ihrer verstärkten Wände nicht zum Gasaustausch befähigten unteren Luftwege, da die Lungenbläschen durch den Außendruck zusammengepreßt werden. Seehunde können auch im Wasser schlafen. Sie schwimmen schräg aufrecht in Oberflächennähe und stecken reflektorisch alle paar Minuten ihre Nase zum Atmen aus dem Wasser. Zwischendurch können sie sich auch absinken lassen.

Der Seehund im Wattenmeer: Der Lebensraum und die Lebensweise erschweren kontinuierliche Beobachtungen der Seehunde im Freiland, so daß manche Aspekte ihrer Biologie noch ungeklärt sind. Doch liegen mittlerweile erste Ergebnisse von telemetrischen Untersuchungen vor. Sie zeigen, daß sich ein Großteil der Seehunde auch im Winter im Küstenbereich aufhält. Allerdings leben die Tiere jetzt eher im seeseitigen Bereich des Wattenmeeres und in den vorgelagerten Meeresgebieten. Ein Grund hierfür ist vermutlich das Abwandern von Nahrungstieren aus dem Wattenmeer in die freie Nordsee. Sandbänke zum Ruhen werden nur dann aufgesucht, wenn der Wärmeverlust an Land nicht höher ist als im Wasser. Im Frühjahr nimmt die Zahl der auf Sandbänken gezählten Robben zu, doch konzentrieren sie sich nach Beobachtungen in Schleswig-Holstein immer noch eher auf das Gebiet der Außenwatten. Anschließend teilen sie sich mit dem Herannahen der Wurfperiode (Juni/Juli) in kleinere Gruppen auf und wandern in Richtung Osten auf das Festland zu. Nach Abschluß der Aufzuchtzeit, ab August, findet wieder eine Wanderung in Richtung Westen statt. Die höchsten Bestände werden im Juli festgestellt, was sowohl auf die hinzugekommenen neugeborenen Tiere als auch auf späte Zuwanderer zurückzuführen ist.

An die Sandbänke stellen die Seehunde bestimmte Anforderungen. Sie sollen fest und hoch und möglichst ungestört sein. Steile Ufer zu einem tiefen Priel und ablandiger Wind werden bevorzugt. Die Tiere suchen nicht bei jedem Niedrigwasser die gleiche Bank auf, sondern durchstreifen offenbar ein bestimmtes Gebiet von 10 - 130 Quadratkilometern, in dem sie verschiedene Bänke besuchen. Bei den Seehundsrudeln auf den Sandbänken handelt es sich um eine recht **lockere Vergesellschaftung** ohne persönliche Bindung, abgesehen von Mutter-Kind-Beziehungen. Die Tiere behaupten um sich meist einen Individualbereich von 2 - 3 Metern Durchmesser, der gegenüber Artgenossen verteidigt wird.

Die Weibchen suchen für die **Jungenaufzucht** möglichst ungestörte Gebiete auf. 90% der Geburten finden zwischen dem 20. Juni und dem 20. Juli statt. Die Weibchen können die Geburt verzögern, denn diese kann nur bei Niedrigwasser auf einer Sandbank stattfinden. Die Jungen tragen bei der Geburt schon ein glattes festes Fell ähnlich dem der Erwachsenen. Den weißen Wollpelz, den die Jungen anderer Robbenarten in den ersten Lebenswochen tragen, stoßen sie vor der Geburt ab, denn mit ihm wären sie nicht schwimmfähig. Schon mit der nächsten Flut müssen sie die Sandbank verlassen und ihrer Mutter ins Wasser folgen. Die Jungen sind bei der Geburt durchschnittlich 80 cm lang und 7 - 10 kg schwer. Die Säugezeit beträgt 3 - 4 Wochen, in dieser Zeit nimmt das Junge auf 20 - 27 kg zu, es verdreifacht also ungefähr sein Gewicht. Dies ist vor allem auf das Wachstum seiner Speckschicht zurückzuführen, verursacht durch den enorm hohen Fettgehalt der Milch von ca. 45% (Kuhmilch 4%). Entsprechend wird die Speckschicht des Weibchens in dieser Phase weitgehend „eingeschmolzen". Inwieweit der Nahrungserwerb des Weibchens durch das Führen des Jungen beeinträchtigt wird, ist unbekannt. Die Mutter kann ihr Junges nur auf einer Sandbank säugen, da die Zitzen in einer Hautfalte verborgen sind und von den Jungen zum Trinken herausgedrückt werden müssen. Die Jungensterblichkeit ist sehr hoch, nur etwa 40% der Neugeborenen überleben die ersten Lebenswochen. Vermutlich tragen auch Störungen durch Menschen daran eine Mitschuld.

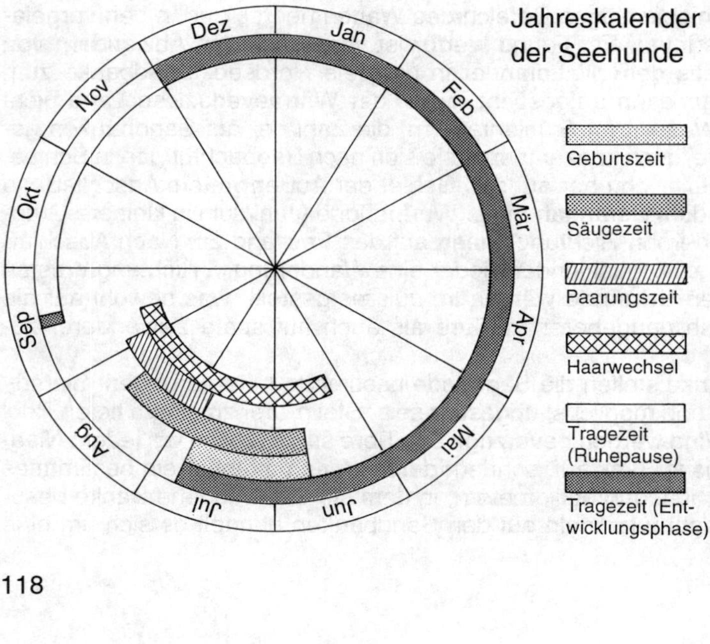

Abb.35: Jahreskalender der Seehunde im Wattenmeer (aus: FRANZ, M.: Seehunde im Wattenmeer. Unveröffentl. Referat).

Nach dem Ende der Säugezeit werden die Jungen offenbar von ihren Müttern bald sich selbst überlassen und müssen sich auf die eigene Nahrungssuche umstellen. Da dies recht abrupt geschieht, ist die folgende Zeit für die Jungtiere sehr kritisch, ihr Gewicht sinkt auf 15 - 20 kg. Zu Anfang erbeuten sie vor allem Nordseegarnelen, später auch Grundeln. Im September tauchen zunehmend auch größere Plattfische in ihrem Speiseplan auf, und das Gewicht der Jungtiere beginnt wieder zu steigen. Während die erwachsenen Tiere offenbar relativ ortstreu sind, unternehmen die Jungtiere z.T. umfangreiche Wanderungen. Von im schleswig-holsteinischen Wattenmeer markierten jungen Seehunden wurde zwar die Mehrzahl im Wattenmeer wiedergefunden. Doch kamen auch Fundmeldungen aus Großbritannien, von der Elbe bei Hamburg, aus Nordjütland und der Lübecker Bucht.

Im August, also direkt im Anschluß an die Aufzuchtperiode, liegt die **Paarungszeit**. Auch hierüber ist noch wenig bekannt. Zwischen den Rüden müssen heftige Beißereien stattfinden, denn bei ihnen finden sich z.T. tiefe Narben im Halsbereich. In dieser Zeit kann auch das „Bullern" beobachtet werden: die Rüden tauchen unter und stoßen große Luftblasen aus. Ob Harems wie bei anderen Robbenarten gebildet werden, ist unbekannt. Die Paarung findet im Wasser statt. Das befruchtete Ei teilt sich bis zur Blastula und macht dann eine etwa zweieinhalbmonatige Ruhezeit durch, bevor es sich in die Gebärmutterschleimhaut einnistet (wie auch beim Reh und bei Marderartigen). Die eigentliche Embryonalentwicklung dauert dann noch ca. 8 Monate.

Im Sommer von Juni bis Anfang September wechseln die Seehunde ihr Fell. Die Tiere liegen in dieser Zeit lange auf dem Trockenen und ruhen sich in der Sonne aus. Die scheinbare Faulenzerei erfüllt einen wichtigen Zweck: Die Sonnenstrahlung fördert das Wachstum des neuen Fells und der darunterliegenden Hautschichten, die ebenfalls erneuert werden. Durch die UV-Bestrahlung wird außerdem Vitamin D aufgebaut, von dem man annimmt, daß es auch beim Haarwechsel eine Rolle spielt, und das für andere Lebensprozesse, z.B. den Kalzium-Phosphat-Haushalt, wichtig ist. Es ist keineswegs so, daß die Seehunde im Sommer das Wattenmeer aufsuchen, um hier Fettreserven für den kommenden Winter anzulegen. Eher ist das Gegenteil der Fall. Der Sommer mit dem Aufenthalt im Wattenmeer ist für die Seehunde physiologisch notwendig und zehrend. Die Seehunde sind dieser Zeit biologischen Streßfaktoren ausgesetzt: das Werfen und Aufziehen der Jungtiere, die geringe Individualdistanz in dieser Zeit, bedingt durch die Konzentration im Watt und auf den Liegeplätzen, der Haarwechsel, die Paarung, die durch den Aufenthalt bei Ebbe auf den Sandbänken eingeschränkte Zeit der Möglichkeit zur Nahrungsaufnahme. Die Speckdicke nimmt also im Sommer nicht nur wegen der höheren Wassertemperaturen ab. Der in dieser Zeit biologisch notwendige Aufenthalt im Wattenmeer stellt eine Engpaßsituation dar, während der sich Störungen durch den Menschen besonders negativ auswirken.

Untersuchungen an Seehunden aus dem schleswig-holsteinischen Wattenmeer zeigten folgende **Nahrungszusammensetzung**: Plattfische stellen mit 79% den wichtigsten Nahrungsanteil; Flundern sind mit 61% und Schollen mit 12%

beteiligt. Die restlichen Plattfische sind wegen der geringen Größe unbestimmt geblieben. Dorsch und Wittling stellen zusammen 7%, Stint 6% und der Seeskorpion 4%. Diese Angaben beziehen sich auf Massenanteile. Betrachtet man die Anzahlen der Nahrungstiere, dann gewinnen natürlich die kleineren Tiere eine größere Bedeutung: die kleinen, unbestimmt gebliebenen Plattfische sind mit 26%, Grundeln mit 22%, Flundern mit 17% und Garnelen mit 9% beteiligt. Die Nahrungstiere können nach ihrer Bedeutung in 3 Gruppen eingeteilt werden: Grundnahrung (Plattfische), regelmäßige und wichtige Bestandteile (Grundeln, Dorsch, Wittling und Seeskorpion) sowie Gelegenheitsnahrung (z.B. Sandaal, Makrele, Seenadeln und Knurrhahn).

Die **Nahrungswahl** der Seehunde ist altersabhängig, mit zunehmendem Alter nimmt die Beutegröße zu. Doch auch bei vierjährigen Tieren beträgt das durchschnittliche Beutegewicht nur 47 g. Die Seehunde ernähren sich also vornehmlich von kleinen Fischen. In den ersten Monaten leben die Seehunde vor allem von Garnelen, bis zum Ende des 1. Lebensjahres gewinnen Grundeln und kleine Plattfische eine immer größere Bedeutung. Ab dem 2. Lebensjahr stellen Plattfische rund 80% der Beute. Offenbar haben die Seehunde die Jagd auf diese Fische jetzt sicher erlernt. Mit zunehmendem Alter werden Flundern über 20 cm Länge die wichtigste Beute. Vergleicht man die Nahrung der Seehunde aus dem Wattenmeer mit der aus anderen Gebieten, zeigen sich große Unterschiede. Seehunde vor der englischen Küste ernähren sich zumindest zeitweise vorwiegend von Wirbellosen (Tintenfische, Muscheln, Krebsen). Der Seehund muß daher als ausgeprägter Nahrungsopportunist angesehen werden, der die Beute frißt, die am häufigsten ist und die am leichtesten zu fangen ist.

Seehunde und Nordseeverschmutzung: Die Nordsee ist eines der am stärksten verschmutzten Meere der Erde. Hauptquellen hierfür sind die Schmutzfrachten von Rhein und Elbe. Entsprechend dem Prinzip der Anreicherung in der Nahrungskette konnten Schadstoffe in Seehunden in bis zu 100-Millionenfach stärkerer Konzentration als im Meerwasser nachgewiesen werden. Die giftigen Schwermetalle Kupfer, Zink, Cadmium, Blei und Quecksilber traten in den höchsten Konzentrationen in Leber und Niere der Seehunde auf. Dagegen wurden die chlorierten Kohlenwasserstoffe PCB, DDT (bzw. sein Metabolit DDE), Dieldrin und Lindan hauptsächlich im Fettgewebe nachgewiesen, da diese Substanzen fettlöslich sind. Dadurch sind die chlorierten Kohlenwasserstoffe besonders gefährlich, da die Speckschicht zum Sommer hin teilweise abgebaut wird und dann die Gifte in größeren Mengen in die Blutbahn gelangen. Auch die sehr fetthaltige Milch (45%) muß bei entsprechend belasteten Weibchen eine hohe Schadstoffkonzentration aufweisen.

Bestände und das Seehundsterben 1988: Die Seehunde wurden früher recht intensiv bejagt, wobei neben der Nutzung von Fell und Tran auch die Konkurrenz um den Fisch eine Rolle spielte. Etwa seit der Mitte der siebziger Jahre wurde in allen 3 Wattenmeer-Anrainerstaaten die Jagd eingestellt. Außerdem wurden die Bestände regelmäßig vom Flugzeug (vorher von Kuttern aus) gezählt. Nach dem Jagdverbot haben sich die Bestände deutlich vermehrt (siehe Abb. 36), was den Schluß zuläßt, daß die Jagd merkliche Auswirkungen auf die Bestandsentwicklung hatte. Zum einen ist dies darauf zurückzuführen, daß vor allem in den ersten Jagdmonaten vornehmlich Jungtiere geschossen wurden (im ersten Jagdmonat 86% der diesjährigen Tiere), woraus eine ungünstige Altersstruktur des Bestandes resultierte. Noch gravierender aber waren die Störungen, denn durch die Jagd reagierten die Seehunde auch auf „harmlose" Störungen sehr empfindlich. Zudem begann die Jagdzeit schon am 16. Juli, also mitten in der Aufzuchtzeit. Nicht selten mußten die Jungtiere mehrfach während einer Ruheperiode ins Wasser robben, wodurch die Nabelwunde nicht gut heilen konnte. Über diese offene Wunde kam es zu Infektionen, die sich großflächig am Bauch ausbreiten konnten und der viele Jungtiere zum Opfer fielen. DRESCHER gibt für die Mitte der siebziger Jahre an, daß ca. 40% der Jungtiere unter solchen Hautwunden im Nabelbereich litten. In den achtziger Jahren sank der Anteil von Jungtieren mit Nabelwunden auf etwa 10%, ein deutlicher Hinweis auf die Folgen der Jagd. Bis Ende der achtziger Jahre nahm der Seehundbestand kräftig zu (s. Abb. 36). Allerdings war die Reproduktionsrate im südlichen Wattenmeer deutlich niedriger - eventuell durch die stärkere Wasserverschmutzung - als im nördlichen Teil.

Diese Entwicklung kam durch das **Seehundsterben** im Jahre 1988 abrupt zum Ende. Ausgehend von der dänischen Insel Anholt im Kattegat, wo am 12. April 1988 die ersten Totfunde auftraten, breitete sich die Krankheit auf die gan-

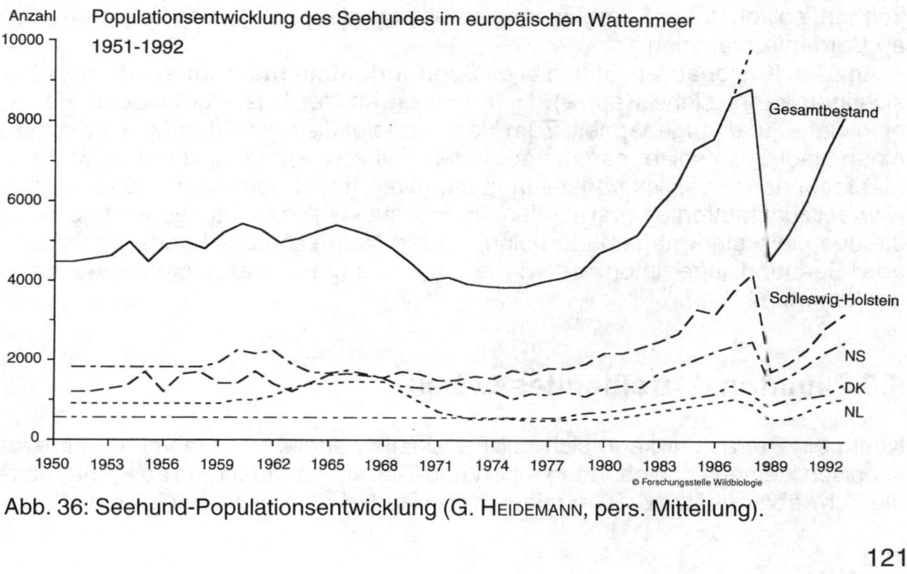

Abb. 36: Seehund-Populationsentwicklung (G. HEIDEMANN, pers. Mitteilung).

ze Nordsee aus. Im Wattenmeer fielen ihr etwa 8600 Seehunde zum Opfer. Die Infektion wurde durch ein bis dahin unbekanntes Morbillivirus aus der Verwandschaft der Erreger von Hundestaupe und Rinderpest ausgelöst. Die Herkunft des Virus ist noch nicht mit letzter Sicherheit geklärt. Die Untersuchung älterer Blutproben zeigte, daß die europäischen Seehunde vor der Infektion noch keinen Kontakt mit den Erregern hatten. Möglicherweise wurden die Viren von Sattelrobben, die 1986 und 1987 in großer Zahl aus dem nördlichen Eismeer nach Süden vordrangen und dabei auch die Nordsee erreichten, eingeschleppt. Bei 12 von 40 getesteten Sattelrobben vor Westgrönland fanden sich Antikörper gegen das Virus. Da die Mortalitätsrate in verschmutzten Gewässern, wie dem Wattenmeer, deutlich höher als an den schottischen oder nordnorwegischen Küsten war, wird vermutet, daß eine schadstoffbedingte Schwächung des Immunsystems die Ausbreitung der Krankheit begünstigt hat. Daß die Seehundsseuche eine Folge einer Überpopulation war, wie einige Küstenbewohner vermuteten, kann weitgehend ausgeschlossen werden. Denn erstens war der Bestand 1988 noch in deutlichem Zuwachs begriffen. Und zweitens zeigten viele der toten Seehunde eine sehr gute Kondition. Seit 1988 steigt der Seehundsbestand wieder an. Da jedoch die Verschmutzung der Nordsee eine eher zunehmende Tendenz zeigt, kann die Zukunft der Seehunde keineswegs als gesichert gelten.

Beobachtung von Seehunden: Von der Küste aus kann man nur mit viel Glück einen Seehund beobachten. Mit guten Ferngläsern entdeckt man gelegentlich die Rudel auf ihren Liegeplätzen auf Sandbänken. Viele Reedereien bieten Ausflugsfahrten zu den Seehundsbänken an. In früheren Jahren näherten sich die Schiffe in rücksichtsloser Fahrt soweit den Bänken, bis die Tiere Hals über Kopf die Flucht ins Wasser ergriffen. Heute wird in der Regel ein der Fluchtdistanz der Tiere angemessener Abstand eingehalten. Um die Tiere gut beobachten zu können, sollten daher Ferngläser mitgeführt werden. Einige Schiffe bieten auch an Bord Informationen an.

An allen Küstenabschnitten gibt es **Seehundaufzuchtstationen**, die man besichtigen kann (siehe Kap. 9). Hier werden an der Küste gefundene Heuler eingeliefert und aufgepäppelt. Zum Herbst erfolgt die Auswilderung. Findet man einen Heuler, so sollte man ihn auf jeden Fall erst einmal in Ruhe lassen. Die Mehrzahl der angeblich verlassenen Jungtiere findet durch den typischen Ruf Kontakt zum Muttertier. Erst in offensichtlich ausweglosen Situationen und wenn die Jungtiere stark abgemagert sind, sollten Naturschutzverbände, -behörden oder Seehundsjäger informiert werden, die sich um das alleingelassene Jungtier kümmern.

6.8 Plankton – treibendes Leben

Kaum ein Betrachter kann sich der Faszination entziehen, die von den mikroskopisch kleinen schwebenden Algen und Tieren des Planktons ausgeht. Skurrile Schwebefortsätze bei Geißelalgen und Ruderfußkrebsen, mit feinsten Strukturen besetzte Schalen von Kieselalgen, grüne, braune und rote Farbtöne der im Gegenlicht durchscheinenden Organellen und Organe, all dies kennzeichnet die Vielfalt der Planktonorganismen. Unter Plankton werden alle Lebewesen im Wasser zusammengefaßt, die passiv von Strömungen verdriftet werden. Sie können aber kleinräumige Bewegungen, wie vertikale Wanderungen, selbst vollziehen. Das Plankton wird mehrfach untergliedert (Abb. 37):

a) **Phytoplankton** umfaßt meistens einzellige Algen, die im Meer schweben. In der Nordsee sind dies vor allem begeißelte Formen wie z.B. Dinophyceen, Chrysophyceen etc. sowie Kieselalgen (Bacillariophyceen, Diatomeen).

b) **Zooplankton** läßt sich untergliedern in
- holoplanktische Arten, die ihren gesamten Lebenszyklus im freien Wasser verbringen, wie Wasserflöhe (Cladoceren) und Ruderfußkrebse (Copepoda), und
- meroplanktische Formen, die nur einen Teil ihres Lebens im Plankton verbringen. Hier sind vor allem die vielen Larven bodenlebender Tiere zu nennen, die eine planktische Verbreitungsphase besitzen.

Die **Größe der Planktonorganismen** reicht von Quallen mit mehreren Dezimetern Durchmesser und meterlangen Tentakeln über die etwa einen Millimeter großen Ruderfußkrebse bis zu den Geißelalgen von wenigen Mikrometern Größe. Um einen einigermaßen repräsentativen Überblick über die Vielfalt der Formen zu erhalten, sollte man beim Fang ein Planktonnetz mit einer Maschenweite von 60 µm oder weniger einsetzen (siehe Untersuchung 1).

Im Meer zeigt das Phytoplankton normalerweise einen ausgeprägten **Jahresgang** mit Frühjahrs- und Herbstmaximum. Im Frühjahr dominieren mit steigender Temperatur und Lichtmenge bei hohem Nährsalzangebot Kieselalgen und später Geißelalgen das Phytoplankton. Im Herbst stehen erneut genügend Nährsalze durch Remineralisation zur Verfügung, so daß eine weitere Planktonblüte erfolgt. Im Wattenmeer herrscht durch die ständigen intensiven Umsetzungsvorgänge im Boden ein Überangebot an Nährsalzen, so daß die Planktonproduktion ein breites Sommermaximum zeigt. Mit der Flutwelle wird zudem mehr Plankton ins Wattenmeer getragen als der Ebbstrom hinausführt. Dies mag mehrere Ursachen haben:

- Der Wegfraß durch filtrierende Bodentierarten, vor allem von Muscheln, ist sehr groß, wie am Beispiel der Miesmuschel gezeigt wurde.
- Die Trübe des Wassers läßt nicht viel Licht eindringen und begrenzt so die Planktonproduktion.
- Ständige Tidenströmungen und Umwälzungen des Wasserkörpers verhindern die Ausbildung starker Planktonblüten.

Im Boden des Wattenmeeres werden regelmäßig eine Reihe von Dauerstadien (Cysten) verschiedener Phytoplankter gefunden. Dies können Überwinterungs- oder sonstige Ruhestadien sein. Es ist denkbar, daß von ihnen bei günstigen Vermehrungsbedingungen neue Planktonblüten im Watt und der angrenzenden Nordsee ausgehen. In der Regel werden aber wohl die Planktonblüten von

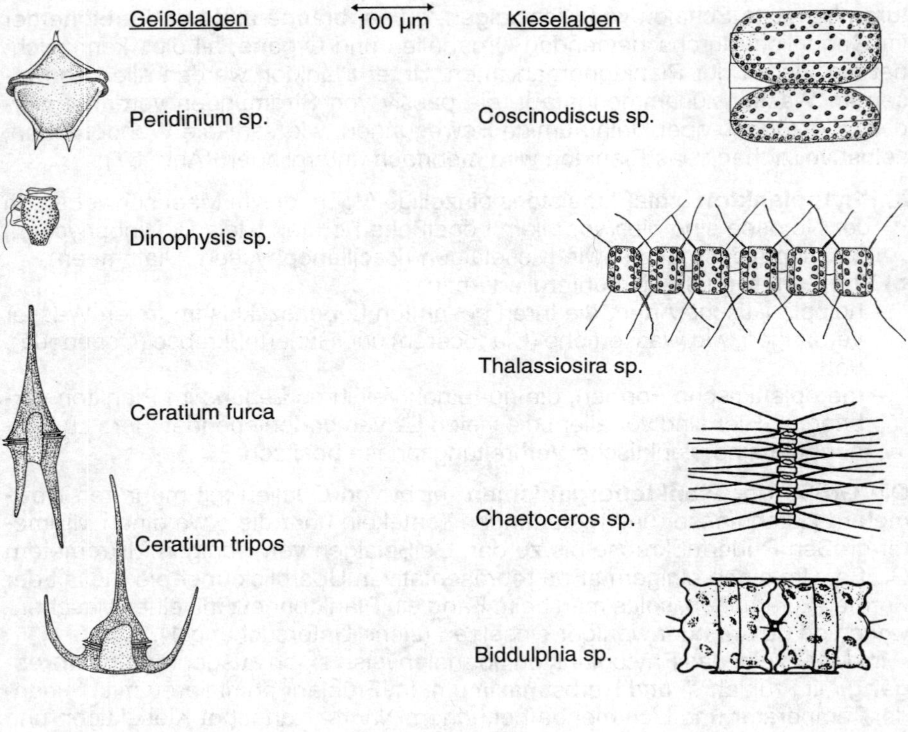

Abb. 37: Phytoplankton- (oben) und Zooplanktonorganismen (gegenüberliegende Seite) der Nordsee und des Wattenmeeres.

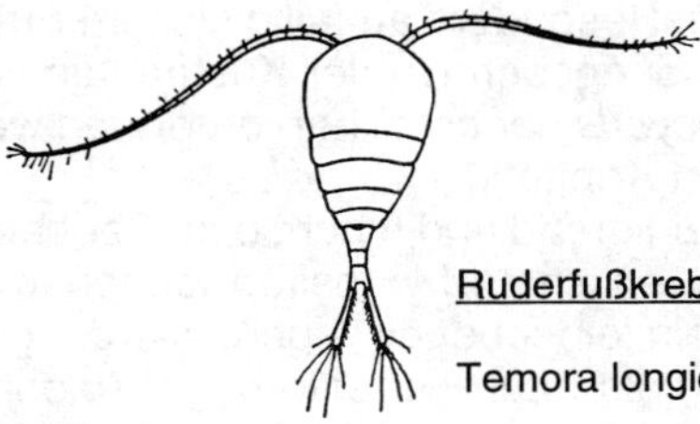

1 mm

Ruderfußkrebse

Temora longicornis

Larve von Borstenwürmern
Polydora-Wurm

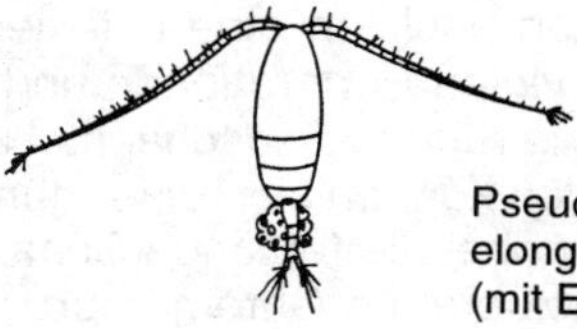

Pseudocalanus elongatus (mit Eipaketen)

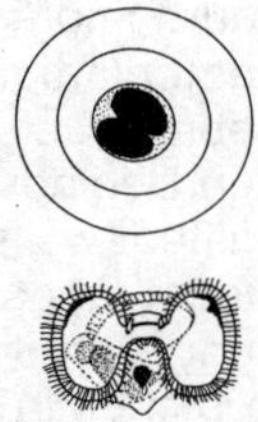

Larven von Weichtieren
Eipaket und Veligerlarve der Strandschnecke

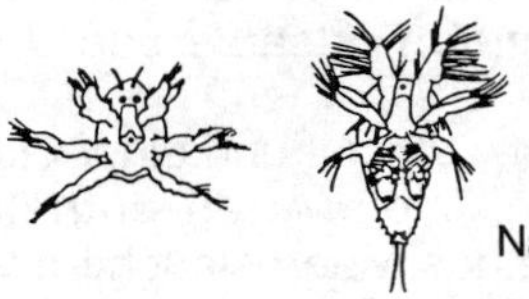

Nauplius-Larven

Veligerlarve der Miesmuschel

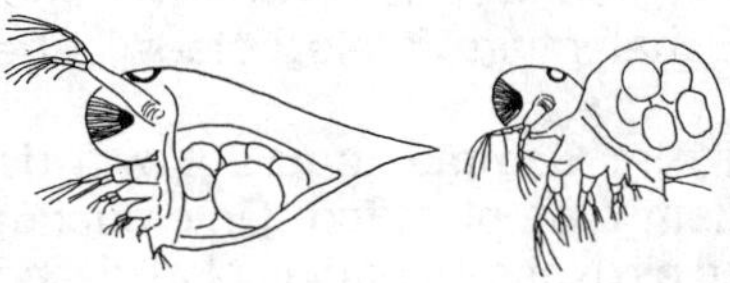

Wasserflöhe
Evadne sp., Podon sp.

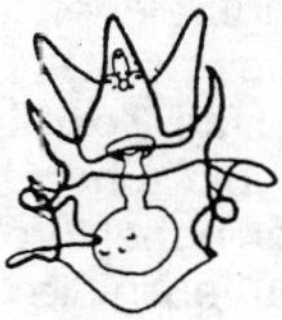

Stachelhäuter
Bipinnaria-Larve des Seesterns

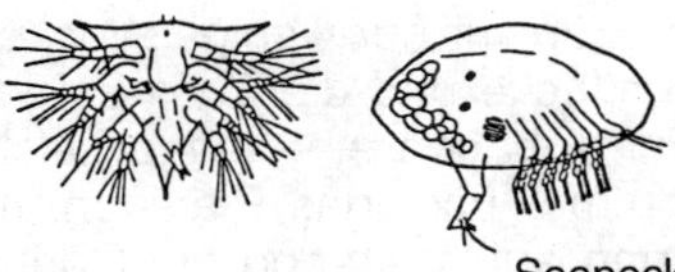

Seepocken-Larven
Nauplius-, Cypris-Larve

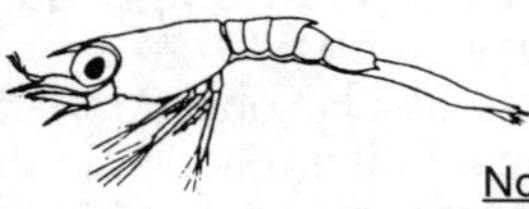

Nordseegarnele
Zoea-Larve

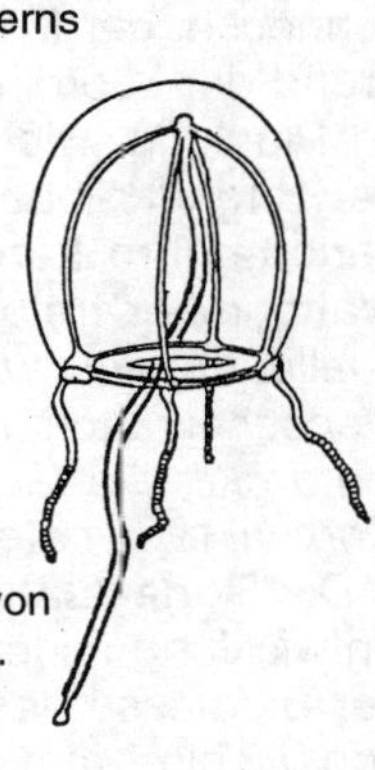

Hohltiere
Meduse von Sarsia sp.

der Nordsee ins Wattenmeer hineingetragen. Besonders auffällig sind im Frühsommer die großen Schaumflächen im Brandungsbereich der Küsten, die von der koloniebildenden gallertigen Alge *Phaeocystis pouchetii* hervorgerufen werden (siehe gesonderte Darstellung in diesem Kapitel).

Die Formenvielfalt der **Kieselalgen** ist faszinierend und macht eine Beobachtung von Plankton unter einem Binokular oder einem Mikroskop lohnenswert (siehe Untersuchung). Es kommen sowohl einzeln lebende Algen, wie die großen scheibenförmigen *Coscinodiscus*-Arten, als auch kettenförmige Kolonien vor. Im Plankton dominieren im Gegensatz zum Benthos (siehe Kapitel 6.9.) die runden Formen der Ordnung Centrales. Kieselalgen besitzen eine mit Kieselsäure imprägnierte Zellwand. Diese Schale ist mit vielen Perforationen und ornamentartigen Verdickungen besetzt. Sie ist wie eine runde Käseschachtel aufgebaut: Der Deckel überlappt das Unterteil. Die Zellen können sich unter günstigen Bedingungen drei- bis viermal am Tag teilen, wobei die fehlende Schalenhälfte jeweils ergänzt wird. Kieselalgen besitzen gelbbraune Chromatophoren, die im Gegenlicht unter dem Mikroskop beobachtet werden können. Zur Erhöhung der Schwebefähigkeit besitzen viele Arten lange Fortsätze oder Fetttröpfchen in den Zellen.

Die **Dinoflagellaten** tragen zwei Geißeln, die in einer Längs- und einer Querfurche ihres Cellulosepanzers eingebettet liegen. Viele Arten enthalten Chromatophoren zur Photosynthese, andere, wie die das Meeresleuchten verursachende Art *Noctiluca miliaris*, leben heterotroph. Einige Arten scheiden giftige Stoffwechselprodukte aus, die bei Massenauftreten den Tod von Meerestieren herbeiführen können. Die Algengifte werden nachweislich in Miesmuscheln angereichert und können beim Verzehr der Schalentiere fatale Folgen haben (siehe 6.1.).

Das **Zooplankton** des Wattenmeeres wird im Sommer geprägt von den planktischen Larvenstadien der Bodentiere, dem Meroplankton. Untersuchungen haben ergeben, daß für eine Reihe von Arten ein Netto-Export an planktischen Larven in die Nordsee besteht. Prägende Formen sind die Larven des *Polydora*-Wurmes, der Seepocken, der Nordseegarnele, der Strandkrabbe, der Strandschnecke, der Miesmuschel und des Seesternes. Einige Arten finden sich aufgrund der koordinierten Laichzeiten vor allem im Frühjahr nur wenige Wochen im Plankton, wie die Veliger-Larve der Strandschnecke und die Zoea-Larven der Strandkrabbe. Andere, wie der *Polydora*-Wurm, haben eine lange Laichperiode; ihre Larven bevölkern den ganzen Sommer über das Plankton. Im Wattenmeer treten regelmäßig einige Quallenarten auf. Während die Ohrenqualle *Aurelia aurita* und die Wurzelmundqualle *Rhizostoma octopus* für den Menschen kaum nesselnd wirken, verursachen die Blaue Nesselqualle *Cyanea lamarckii*, die Gelbe Nesselqualle *Cyanea capillata* und die Kompaßqualle *Chrysaora hyostella* bei Hautkontakt erhebliche Beschwerden.

Die **Ruderfußkrebse** sind charakteristische Vertreter des Holoplankton. Ihre Entwicklung findet vollständig im Plankton statt. Im freien Meer bilden sie 70% der Biomasse des Zooplanktons.Ihr Außenskelett besteht aus Chitin. Sie werden 0,3 bis 1 mm groß, sind also gerade als kleine Punkte mit zuckenden Bewegungen im Glas zu beobachten. Diese Fortbewegung geschieht durch ruckartiges Schlagen der beiden langen Antennen. Nach der Begattung trägt das Weibchen die Eier in einem oder zwei Säcken am Hinterleib. Hieraus schlüpfen Nauplius-Larven, die sich in ihrem planktischen Leben mehrfach häuten, bis sie die Metamorphose zum Ruderfußkrebs durchlaufen haben. Im Wattenmeer sind aus dieser umfangreichen Tiergruppe nur 6 Arten häufiger zu anzutreffen. Neben den Ruderfußkrebsen treten in den Sommermonaten häufiger Wasserflöhe im Netzplankton auf. Sie können sich unter günstigen Lebensbedingungen wie ihre Verwandten im Süßwasser über unbefruchtete Eier geradezu explosionsartig vermehren.

Beispiel: Die Schaumalge *Phaeocystis pouchetii*

In den vergangenen Jahren wurde die Öffentlichkeit wiederholt durch Meldungen über große Schaumberge an den Stränden der Nordsee aufgeschreckt. Sie wurden verursacht von der Planktonalge *Phaeocystis pouchetii*. Sie bildet Kolonien von 4 bis 8 µm kleinen Flagellaten. Die Kolonien umfassen einige hundert Einzelalgen und werden von einer eiweißhaltigen Gallerte umschlossen. Sie sehen anfangs kugelig, später schlauchförmig bis unregelmäßig aus. Im Planktonnetz lassen sie sich nur selten unversehrt fangen, am ehesten in solchen mit sehr geringen Maschenweiten. Bei Massenvorkommen schöpft man sie am besten direkt mit einer Wasserprobe und untersucht sie unter dem Binokular.

Phaeocystis entwickelt sich unter bestimmten Bedingungen massenhaft: Stark steigende Wassertemperaturen, reichliches Stickstoffangebot und ruhige Witterung mit geringer Wasserbewegung führten in den vergangenen Jahren im Mai/Juni immer wieder zu Massenentwicklungen. Untersuchungen bestätigen einen Zusammenhang der zunehmenden Eutrophierung der Küstengewässer mit den sich häufenden *Phaeocystis*-Blüten (siehe Kap. 9.3 Eutrophierung). Die Folgen sind in mehrfacher Hinsicht fatal:

- Es treten Veränderungen in den Nahrungsketten des Meeres auf, da die Art wegen ihrer schleimigen Konsistenz als Nahrung gemieden wird. Bei Muscheln verkleben beispielsweise die zur Ernährung wichtigen Kiemenapparate (siehe Kap. 6.1 Miesmuschel).
- Sie bilden auf den Leinen und Netzen der Fanggeschirre von Fischkuttern schmierige Überzüge und erschweren so die Fischerei.
- Beim Absterben der Algenmassen fallen große Mengen an abzubauender organischer Substanz an. Die Folge ist eine starke Sauerstoffzehrung im Wasser, es breiten sich sauerstoffarme Zonen am Meeresgrund aus.
- In der Brandung zerfallen die eiweißhaltigen Gallerten, und es bilden sich teilweise meterhohe Schaumteppiche an den Stränden. Dadurch wird nicht nur der Fremdenverkehr unmittelbar geschädigt, sondern darunter erstickt auch alles Leben, sowohl die Bodenfauna der Strände als auch Jungvögel von Küstenvögeln, die in dieser Jahreszeit geschlüpft sind und im Spülsaum nach Nahrung suchen. Während frischer Algenschaum für die meisten Wirbellosen tödlich ist, wird alternder Schaum von Meiofauna-Organismen aufgesucht und zersetzt.

Untersuchung: Fang und Beobachtung von Netzplankton (Freiland, Labor)

Material: Planktonnetz, Leine, Eimer, Probengefäß, eventuell Thermosgefäß; im Labor: Binokulare und Mikroskope, Petrischalen, Objektträger mit Hohlschliff und Deckgläser, Pipetten mit Gummihütchen.

Im Lehrmittelhandel werden Planktonnetze mit einer Maschenweite von 60 oder 100 µm angeboten. Diese sind für das Zooplankton sowie für die größeren Phytoplanktonformen, wie Kieselalgen, ausreichend. Die Mehrzahl der Flagellatenarten werden damit allerdings nicht erfaßt. Hier ist ein Netz mit einer Maschenweite von 25 µm hilfreich, das aber erheblich teurer ist und von Spezialwerkstätten hergestellt wird. Ein solches Netz hat den Vorteil, daß seine Fänge besser die Mengenverhältnisse zwischen Zooplankton und Phytoplankton wiedergeben. Auch lassen sich empfindliche Formen, wie die schleimigen Kolonien der Schaumalge, unversehrt fangen.

Dauer: Fang an der Küste ca. 30 Minuten, Beobachtung und Bestimmung im Labor 1 bis 2 Stunden.

Durchführung: Plankton wird am besten von Anlegestegen, Kaimauern o.ä. mit einer Wassertiefe von mehreren Metern gefangen. Während des Auflaufens der Tidewelle ist der Fang in der Regel ergiebiger. Das Netz wird an einer Leine in ein bis zwei Metern Wassertiefe einige Meter durchs Wasser gezogen. Dann wird der Netzbecher in ein Probenglas entleert. Der Fang wird mehrfach wiederholt, bis sich für das bloße Auge im Glas eine „trübe Brühe“ ergibt. Man sollte darauf achten, daß das Netz nicht zu dicht in Bodennähe oder an eine Kaimauer o.ä. gerät, da sonst viele benthische Formen mitgefangen werden. Bei wärmeren Temperaturen sollte die Probe in einem Thermosgefäß transportiert und im Labor kühl und dunkel gestellt werden. Rühren oder Belüften schädigt die Organismen. Konzentrierte Proben sollten zur Aufbewahrung verdünnt werden. Planktonproben halten sich in der Regel höchstens einen Tag.

Im Labor wird die Probe zunächst mit dem Binokular durchgemustert. Mit einer Pipette können einzelne Organismen gezielt gefangen und auf dem Hohlschliff-Objektträger unter dem Mikroskop betrachtet werden. Mit einer Pipette kann auch direkt eine Probe aus dem Bodensatz des Probengefäßes entnommen und mikroskopiert werden. Ist die Probe zu stark verdünnt, kann sie konzentriert werden, indem sie durch Planktongaze gegossen wird.

Die gefundenen Formen werden bestimmt, skizziert und verschiedenen systematischen Gruppen zugeordnet. Dabei sollte im Protokoll die relative Häufigkeit festgehalten werden.

Weiterführung:

– Es wird das Plankton verschiedener Tidenstände verglichen, z.B. zwei Stunden vor Hochwasser gegen zwei Stunden nach Hochwasser.
– Viele Zooplankter zeigen in einer Petrischale positive Phototaxis. Mit einer punktförmigen Leuchte wird das Verhalten von Ruderfußkrebsen und verschiedenen Larven zum Licht überprüft.

6.9 Kleinalgen – die Weide des Wattbodens

Die großflächigen Watten sind für das Auge des Betrachters fast vollkommen frei von pflanzlicher Besiedlung. Unter dem Mikroskop zeigen sich aber in einer Oberflächen-Sedimentprobe (siehe Untersuchung 1) große Mengen von langgestreckten einzelligen Kieselalgen (Diatomeen), die auf selbst erzeugten Schleimbahnen langsam zwischen den Sandkörnern hindurchgleiten. Sie gehören im Gegensatz zu ihren Verwandten im Plankton zur Ordnung der Pennales und sind wie eine längliche, ovale oder rautenförmige Käseschachtel aufgebaut. Ihre Größe liegt meist zwischen 10 und 100 µm. Die über 400 Arten des Wattenmeeres können nur von Spezialisten bestimmt werden; einige häufige Formen sind in Abb. 38 aufgeführt. Die braune Farbe, die auch die dichten Kieselalgen-Überzüge kennzeichnet, beruht auf dem Farbstoff Fucoxanthin, der in den Chromatophoren zusammen mit Chlorophyll a als Photosynthesepigment vorkommt. Als Reservestoff wird zum Teil Öl gebildet, das in Tröpfchen im Plasma zu erkennen ist. Nur bei langer Trockenliegezeit kann eine optimale Photosyntheseleistung erbracht werden. Deshalb finden sich die höchsten Individuenzahlen in Landnähe auf hochliegenden Schlickwatten. Dort können einige hunderttausend Zellen auf einem Quadratzentimeter Watt vorkommen. Die Hauptmenge der Diatomeen hält sich in den obersten Millimetern des Sedimentes auf, denn tiefer im Boden ist die Lichteinstrahlung zu gering. An hellen Sommertagen lassen viele kleine Sauerstoffbläschen an der Sedimentoberfläche von flachen Wattpfützen auf die Photosyntheseaktivität der Kleinalgen schließen. Man findet aber auch noch 10 cm tief im Boden verschüttete Kieselalgen. Sie bilden hier Ruhestadien aus und leben von gelösten organischen Stoffen. Werden bei Sturm die obersten Sedimentschichten abgetragen, so kann sich der Kieselalgenbestand aus diesen Ruhestadien neu rekrutieren.

Unter günstigen Bedingungen können sich die Kieselalgen des Wattbodens einmal pro Tag teilen. Dies ist im Sommer bei höheren Temperaturen, optimaler Photosyntheseleistung und günstigem Nährsalzangebot der Fall. Damit produzieren sie in einem Jahr pro m^2 etwa 250 g organische Substanz (aschefreie Trockenmasse; siehe Kap. 5.8, Abb. 12). Dies macht etwa ein Viertel der für die Konsumenten zur Verfügung stehenden Nahrung aus, weit mehr als von Großalgen und Seegras produziert wird. Dementsprechend leben viele Tiere des Wattenmeeres von den Bodendiatomeen. Zum Beispiel werden sie von der kleinen Wattschnecke abgeweidet; in ihren Kotpellets kann man unter dem Mikroskop die Reste der Kieselsäureschalen beobachten. Viele Wirbellose des Wattenmeeres, die mehr oder minder selektiv ihre Nahrung aus dem Sediment aufnehmen, ernähren sich zu einem guten Teil von Kieselalgen. Auch die Meeräsche weidet in den Sommermonaten die Diatomeenrasen mit charakteristischen Fraßspuren ab (siehe Foto in Kap. 2.3).

Untersuchung 1: Untersuchen von Kieselalgen des Wattbodens (Freiland, Labor)

Material: Probenröhrchen (Schnappdeckelgläschen); Mikroskop.

Dauer: Im Labor 30 bis 60 Minuten.

Durchführung:
- Im Watt werden an verschiedenen Stellen vergleichend Proben von den obersten Millimetern des Sedimentes genommen (z.B. Sand-, Schlickwatt; kurze, lange Trockenliegezeit; Prielränder bzw. Prielsohle).
- Im Labor werden die Proben auf Diatomeen untersucht.

Weiterführung:
- Die Formen werden gezeichnet und ggf. fotografiert.
- Es wird ein Profil mit mehreren Stationen von der Hochwasser- zur Niedrigwasserlinie gelegt. Dabei wird die Trockenliegezeit geschätzt oder gemessen (siehe Kap. 5.3).
- Es wird ein Vertikalprofil verschiedener Sedimentschichten untersucht: 0 bis 0,5 cm, bis 1 cm bis 2 cm, bis 4 cm, bis 6 cm, bis 10 cm Tiefe.
  Die Ergebnisse werden graphisch aufgetragen.

Eine Besonderheit stellt das **Farbstreifenwatt** dar. Es ist gelegentlich im Boden hochliegender, nicht regelmäßig überfluteter und nährsalzarmer Sandplaten anzutreffen. In den obersten Sedimentlagen finden sich papierdünne Schichten gelber, grüner und purpurroter Farbe über der schwarzen Reduktionszone. Man

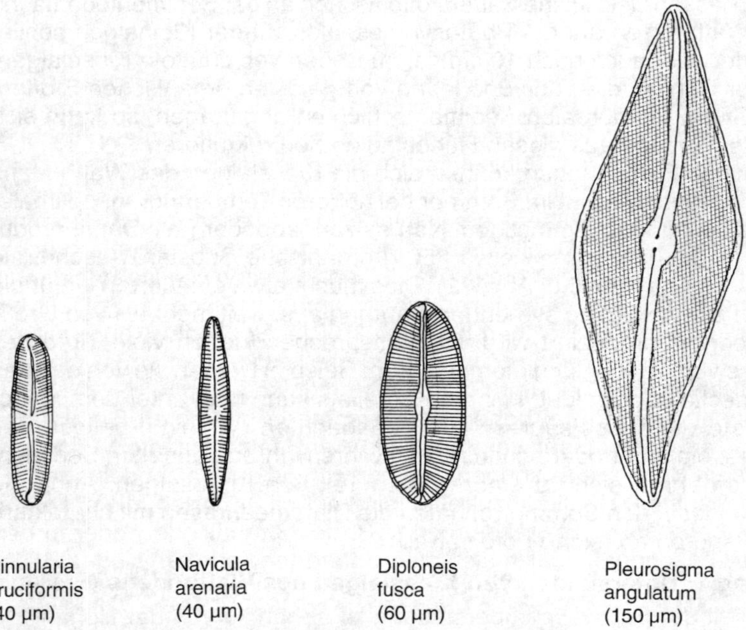

Abb. 38: Häufige Kieselalgen-Arten vom Boden des Wattenmeeres.

muß die Sedimentoberfläche mit einem Spatel oder einem Messer vorsichtig abtragen, um die Farbabfolge zu erkennen. Die gelbe Deckschicht besteht aus Sand, der durch Eisenhydroxid gefärbt ist. Darunter befindet sich eine dünne Lage von blaugrünen bis grünen Cyanobakterien (früher „Blaualgen" genannt). Sie betreiben Photosynthese und sind dabei in der Lage, wie die Knöllchenbakterien in den Wurzeln von Hülsenfrüchtlern, Stickstoff aus der Luft zu binden. So können sie im Gegensatz zu Kieselalgen auch die nährsalzarmen Sandflächen besiedeln. Die fadenförmigen Kolonien der Cyanobakterien festigen das Sediment und wirken dem Abtrag entgegen. Die abgestorbenen Cyanobakterien liefern die Nährsalze für die darunter siedelnden Purpurbakterien. In dieser rotvioletten Schicht wird mit Hilfe von Licht und Sauerstoff Schwefelwasserstoff oxidiert. Letzterer stammt aus der schwarzen Schicht und wird von den sulfatreduzierenden Bakterien abgegeben, die das im Meerwasser gelöste und beim aeroben Abbau freiwerdende Sulfat zu Sulfid reduzieren. Das Farbstreifenwatt ist also ein Klein-Ökosystem, in dem die einzelnen Glieder durch interne Stoffkreisläufe miteinander verbunden sind. Diese Lebensgemeinschaft ist eine der ältesten auf der Erde. Man nimmt heute an, daß die typischen Fossilien des Kambriums, die Stromatoliten, genauso zusammengesetzte Lebensgemeinschaften waren wie das Farbstreifenwatt. Sie stellten vermutlich lange vor den höheren Pflanzen die ersten Landlebensgemeinschaften.

6.10 Salzwiesen

Salzwiesen markieren den Übergangsbereich zwischen Watt und Festland. Diese Lebensgemeinschaft stellt in vieler Hinsicht eine Besonderheit der Wattenmeerküste dar. Weltweit gesehen gibt es zwar einige weitere Flachküsten, die von Salzwiesen mit ähnlichem Aussehen besiedelt werden, so beispielsweise in Ost-Hokkaido (Japan) und in North Carolina (USA). Die Besonderheit der Salzwiesen im Wattenmeer liegt aber in ihrer enormen Ausdehnung. Bevor der Mensch in die Küstenlandschaft eingriff, zog sich ein ununterbrochener, zum Teil mehrere Kilometer breiter Salzwiesen-Streifen von Den Helder bis Esbjerg. Heute ist die von Salzwiesen eingenommene Fläche meist auf ein schmales Vorland vor den Deichen beschränkt. Dieses Areal ist aber mit ca. 350 km^2 immer noch groß genug, um von überregionaler und sogar globaler Bedeutung für zahlreiche Tier- und Pflanzenarten zu sein.

Die Salzwiesen werden bei hohen Wasserständen überflutet. Die häufige **Überstauung mit Salzwasser** verdrängt alle nicht salzresistenten Pflanzenarten aus diesem Bereich - es können sich nur wenige auf Salzböden spezialisierte Arten behaupten. Häufig anzutreffen sind nur ca. 40 Arten, die entweder am Festland überhaupt nicht vorkommen (z.B. der Strandflieder) oder in den Salzwiesen mit besonderen, salzresistenten Unterarten vertreten sind (z.B. der Rotschwingel).

Die Häufigkeit der Salzwasserüberstauung ist abhängig von der Höhenlage der Flächen - höhergelegene Bereiche werden seltener überflutet als Bereiche im Niveau des Mittleren Tidehochwassers (MTHw). Da das Niveau der Salzwiese meist vom Watt zum Festland hin ansteigt, findet man einen entsprechenden Gradienten der Überstauung mit Salzwasser und eine **Zonierung** von salz- und überflutungsrestistenten Halophyten bis hin zu Glykophyten. Bereits geringe Höhenunterschiede von nur wenigen Zentimetern können einen vollständigen Wechsel in der Artenzusammensetzung und im Aussehen der Bestände bewirken. Tabelle 10 zeigt eine Abfolge von Vegetationsaufnahmen angefangen vom Watt bis zu den kaum noch überfluteten Bereichen.

In der Tabelle fällt auf, daß die Artenzahl vom Watt zum Festland hin stark zunimmt und daß es zwei Höhenniveaus gibt, an denen schlagartig eine ganze Reihe von Arten hinzukommt. Das ist erstens die mittlere Hochwasserlinie, unterhalb derer meist nur zwei Arten miteinander konkurrieren und zweitens die Höhenlinie MTHw + 30[1)] cm. Hier treten Arten wie der Rotschwingel, die Bottenbinse und die Strandgrasnelke hinzu, die den unteren Salzwiesenbereich meiden. Diese Arten werden zur Differenzierung der Salzwiese in eine untere und eine obere Zone herangezogen. Das Auftreten von Arten, wie Gänsefingerkraut, Weidelgras oder Weißklee markiert schließlich den Übergang in die Vegetationstypen des Festlandes.

Die Landpflanzen dringen in den täglich überfluteten Bereich bis etwa 50 cm unter die mittlere Hochwasserlinie vor. Im Sandwatt wächst an diesen Pionierstandorten meist der Aufrechte Queller (*Salicornia dolichostachya*), im Schlickwatt das Schlickgras (*Spartina anglica*). Mit zunehmender Höhe des Wattbodens wird der Bewuchs dichter, und es bilden sich geschlossene Bestände. In diesen kommt das Flutwasser zur Ruhe, und die mitgebrachten Sedimente können sich absetzen; so trägt die Vegetation zur verstärkten Auflandung bei. Ist der Boden auf ca. 20 cm[1)] unter MTHw angewachsen, treten die ersten Pflanzen des Andelgrases (*Puccinellia maritima*) auf. Es dehnt sich mit seinen Ausläufern nach allen Seiten aus und schließt sich meist an der Hochwasserlinie zum dichten Andelrasen zusammen. Dieses sehr wuchskräftige Gras ist der beste Marschbildner, bei jeder Überflutung werden weitere Sedimente gefangen und mit dem dichten Wurzelwerk festlegt. Sturmfluten schaffen gröberes Material herbei, das den Andelrasen zuweilen handhoch überdeckt. Er erstickt aber nur selten, weil er das Sediment mit neuen Trieben durchstoßen und in seinen Wurzelraum einbeziehen kann. Durch den Sedimentfang verbessert der Andel seine eigenen Wachstumsbedingungen, bereitet aber auch den Boden für weitere Konkurrenten. Besonders auf gut durchlüfteten Böden wird der Andel bald von silbriggrau-beblätterten Kleinsträuchern verdrängt - das Keilmeldengestrüpp (*Halimione portulacoides*) macht sich breit.

Ist der Wattboden bis etwa 30 cm über MTHw aufgewachsen, können die normalen Springtiden dem Boden meistens nicht mehr viel Salz zuführen. Entweder werden die Flächen nicht mehr von der Flut erreicht, oder die Verweildauer des Meerwassers auf dem Boden ist zu kurz, um das Regenwasser aus

---

1) Die genaue Höhe dieser und entsprechender im Text genannten Höhenlinien ist vom lokalen Tidenhub abhängig.

Tab. 10: Vegetationstabelle mit Vegetationaufnahmen aus der Salzwiese.
Die Aufnahmen sind entsprechend der Höhenlage der Untersuchungsflächen geordnet, die Bodenbedeckung der Pflanzenarten ist in Prozent angegeben. Die letzte Spalte gibt den Salzresistenz-Index an, wie er von VAN DIGGELEN (1988) ermittelt wurde.

Höhe bezüglich MTHw	-30	-20	-10	MTHw	+10	+20	+30	+40	+50	+60	Index
Aufrechter Queller	1	5	5	5	2	-	-	+	-	-	0,97
Schlickgras	10	30	60	25	-	-	-	-	-	-	0.83
Ästiger Queller	-	-	+	1	10	3	1	5	-	-	0.87
Andel	-	-	+	50	70	55	25	+	-	-	0,69
Strandsode	-	-	-	5	3	+	+	+	-	-	0,98
Strandaster	-	-	-	+	5	10	+	-	-	-	0,95
Keilmelde	-	-	-	-	15	10	25	2	+	-	0,75
Strandflieder	-	-	-	+	3	5	5	25	+	-	0,70
Stranddreizack	-	-	-	-	+	5	+	1	-	-	0,74
Strandgrasnelke	-	-	-	-	-	+	3	10	10	10	0,60
Bottenbinse	-	-	-	-	+	5	35	10	2	-	0,51
Strandwegerich	-	-	-	-	-	+	+	15	5	5	0,88
Rotschwingel	-	-	-	-	-	-	+	10	50	60	0,33
Milchkraut	-	-	-	-	-	-	3	5	10	1	0,55
Strandquecke	-	-	-	-	-	-	-	-	-	15	0,49
Strandbeifuß	-	-	-	-	-	-	+	-	-	10	-
Weidelgras	-	-	-	-	-	-	-	-	-	+	-
Weißklee	-	-	-	-	-	-	-	-	-	+	-

den Bodenporen zu verdrängen. Die Aussüßung der Böden durch den Regen wird in diesem Bereich noch dadurch begünstigt, daß die oberen Bodenschichten hier oft grobkörniger sind. Die Sturmfluten, die die obere Salzwiese noch erreichen, bringen meist gröbere Sedimente mit. Infolge des abnehmenden Salzstresses nehmen in der oberen Salzwiese daher weniger salzrestistente Arten immer größeren Raum ein. Der Andel wird auf dem anwachsenden Boden vom Rotschwingel (*Festuca rubra*) verdrängt. Dieses Gras ist aufgrund seines geringeren Wasserbedarfs und seiner Dürreresistenz in dieser Zone konkurrenzkräftiger.

Sowohl die untere als auch die obere Salzwiese darf man sich nicht als homogene Wiese wie eine Mähwiese am Festland vorstellen. Vielmehr gleichen sie einem bunten Flickenteppich. Im natürliche Zustand sind die Salzwiesen von mäandrierenden Prielen durchzogen, es finden sich kleine Senken, in denen Salzwasser länger stehen bleibt, oder Sandwälle, die stärker aussüßen. So kommen kleinräumig jeweils andere Pflanzenarten zur Dominanz und überformen die zuvor geschilderte großräumige Zonierung. An den meisten Küstenabschnitten ist die Zonierung heute nicht mehr vollständig vorhanden, sondern von einem Deich unterbrochen. Besonders eindrucksvolle Salzwiesen finden sich heute überall dort, wo sich Dünen anschließen. Hier geht der Rotschwingelrasen in die Vegetation der Primärdüne über.

Die ökologischen Standortfaktoren in der Salzwiese

Die prägenden ökologischen Faktoren, die zu der Zonierung in der Salzwiese führen, sind die Meerwasser-Überstauungen und die daraus resultierenden Salzgehalte in der Bodenlösung. Im typischen Fall (mittlerer Tidenhub von 3 m) lassen sich den drei Zonen ungefähr folgende jährliche Überflutungshäufigkeiten zuorden:

Eulitoral	Queller- oder Schlickgrasfluren	400 - 700 mal
Untere Salzwiese	Andelrasen/Keilmeldengestrüpp	50 - 400 mal
Obere Salzwiese	Rotschwingelrasen	weniger als 50 mal

Die Überflutung der Salzwiesen dauert jeweils etwa 1 bis 4 Stunden, nur in extremen Fällen länger.

Das Flutwasser füllt die oberen Bodenporen und vermischt sich mit dem dort gespeicherten Regenwasser. Daher bleiben die Salzkonzentrationen meist deutlich unter der Konzentration des Meerwassers. Jedoch können in sommerlichen Trockenphasen aufgrund der Verdunstung auch höhere Salzkonzentrationen in der Bodenlösung auftreten.

Der jahreszeitliche Verlauf dieser Prozesse läßt sich aus den Graphen der Abbildung 39 abblesen. Hier sind am Beispiel einer Salzwiese in der Meldorfer Bucht die Zusammenhänge zwischen klimatischen und bodenkundlichen Parametern aufgezeigt: Die Salzgehalte in der Bodenlösung des Andelrasens bleiben aufgrund der hohen Überflutungshäufigkeit über das ganze Jahr relativ hoch (im Mittel 14 ‰) und schwanken zwischen 7 und 27 ‰. Im oberen Rotschwingelrasen (MTHw +80 cm) sind die Salzkonzentrationen in der Bodenlösung in der Regel wesentlich niedriger (im Mittel 5 ‰), allerdings ist die Schwankung relativ höher (0,5 - 18 ‰). In besonders trockenen Sommern können hier die Salzkonzentrationen sogar jene im Andelrasen übersteigen.

Die hohen Salzgehalte stellen für die Pflanzen aus folgenden Gründen ein Problem dar:

- Die Eiweiße im Cytoplasma, insbesondere die Enzyme, sind salzempfindlich. Die Salzionen entziehen ihnen die Hydrathüllen und verändern ihre Struktur, so daß die katalytische Wirkung gehemmt wird. Die Enzyme der Salzpflanzen unterscheiden sich in dieser Hinsicht kaum von denen der Glykophyten, ihre Aktivität wird durch Salze im Cytoplasma drastisch erniedrigt (Abb. 40).
- Die Wasseraufnahme der Wurzeln aus einer salzigen Bodenlösung ist erschwert. Der Salzgehalt erzeugt einen osmotischen Sog, den die Pflanze überbieten muß, um Wasser aufnehmen zu können. Der osmotische Sog der Bodenlösung kann in der unteren Marsch bis zu 40 HPa betragen, in der oberen Salzmarsch ist er in der Regel viel geringer, kann aber an hypersalinen Stellen 50 HPa erreichen.
- Die Aufnahme von Nährsalzen kann behindert sein. Zum Beispiel konkurrieren K^+-Ionen mit den Na^+-Ionen um die Carrier in der Wurzelzellmembran; eine Wachstumseinbuße durch Kaliummangel kann die Folge sein.

Abb.39: Jahresgänge der Überflutungshäufigkeit sowie der Salz- und Wassergehalte in den Böden einer unteren und oberen Salzwiese in der Meldorfer Bucht/Dithmarschen (nach WEIGMANN 1973).

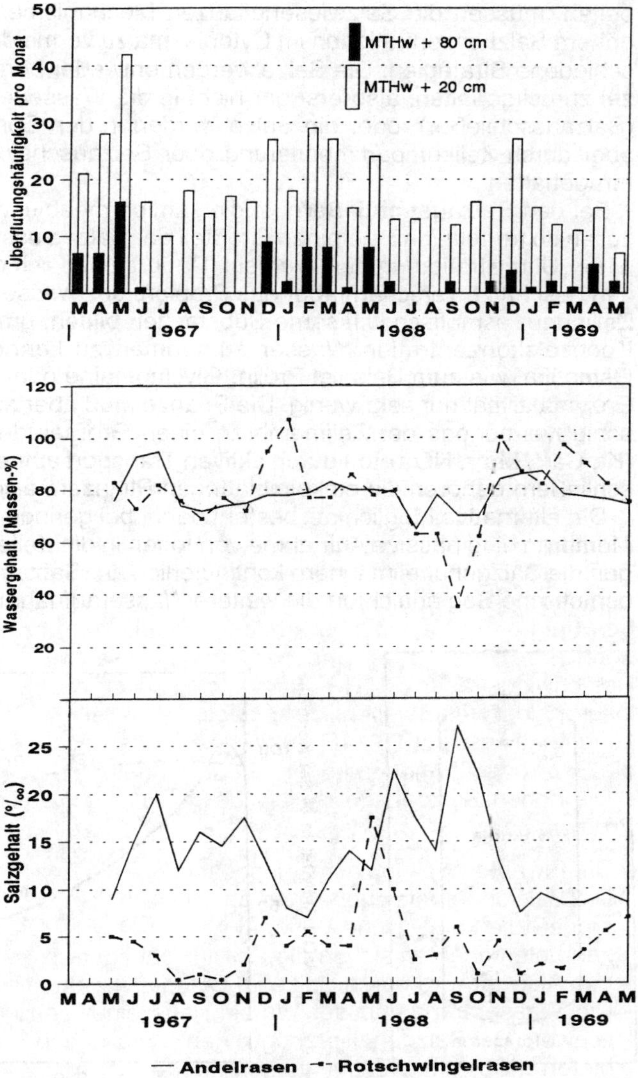

Salz-Vermeidungsstrategien

Da es bei höheren Pflanzen keine echte Salztoleranz gibt, wie zum Beispiel bei Algen und Bakterien, deren Enzyme erst bei höheren Salzgehalten optimal arbeiten, müssen die Salzwiesenpflanzen Mechanismen entwickelt haben, um höhere Salzkonzentrationen im Cytoplasma zu vermeiden. Man findet zwei verschiedene Strategien: Die Salze werden entweder bereits an oder in der Wurzel zurückgehalten, also erst gar nicht in die Wasserleitgefäße aufgenommen (Salzausschließer), oder die Salze werden in den Sproß aufgenommen, dort aber durch Zellkompartimentierung oder Salzauscheidung von den Enzymen ferngehalten.

Bei den **Salzausschließern** ist die semipermeable Membran in den Wurzelzellen so perfekt, daß sie einen Großteil der Salze ausschließt, man spricht von einer „Ultrafiltration" in den Wurzeln. Dadurch hat sich die Pflanze vor den Salzen geschützt, verschärft aber das Problem der Wasseraufnahme - sie muß im Zellinnern osmotisch wirksame Substanzen bilden, um gegen das Gefälle der Kochsalzkonzentration Wasser aufnehmen zu können. Diese organischen Osmotika, wie zum Beispiel Prolin, Glycinbetaine oder Zucker, beinflussen die Enzymaktivität nur sehr wenig. Die Pflanze muß aber aufgrund des hohen Ausschlußvermögens der Zellmembran einen Großteil der benötigten Nährsalze (K^+, Ca^{++}, Mg^{++}, NO_3^- etc.) durch aktiven Transport aufnehmen. Zu den Salzausschließern gehören die einkeimblättrigen Pflanzen, also Gräser und Binsen.

Die alternative Möglichkeit besteht darin, bei geringer Ausschlußfähigkeit der Membran eine passive Aufnahme von Ionen in die Zelle zuzulassen. Dann steigen die Salzgehalte im Innern kontinuierlich an (**Salzanreicherer**). Der erhöhte osmotische Sog erleichtert die weitere Wasseraufnahme. Da die Pflanzen aber

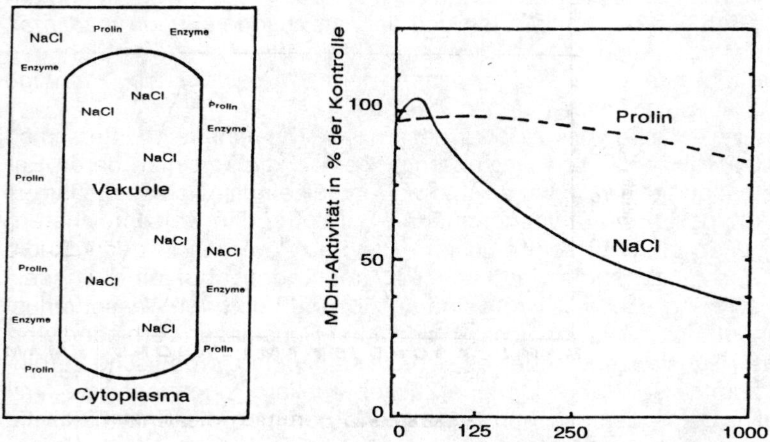

Abb. 40 A: Vereinfachtes Schema der Kompartimentierung von Prolin und Natriumchlorid in der Zelle. Abb. 40B: Einfluß der Salzkonzentration (mMol NaCl) auf die Enzymaktivität der Malatdehydrogenase im Reagenzglas (Aktivität in Prozent der Kontrolle). Im Vergleich dazu der Einfluß der Konzentration (mMol) des organischen Osmotikums Prolin (LÜTKE TWENHÖVEN, nach ROZEMA 1986, verändert).

fortwährend transpirieren, führt diese Strategie langfristig zu einer Vergiftung der Zellen, sie würden mit dem Transpirationsstrom wesentlich mehr Salze anreichern, als sie für die Aufrechterhaltung eines Sogs brauchen. Der drohenden Vergiftung begegnen die Pflanzen mit zwei verschiedenen Gegenstrategien: Salzabgabe über die Blätter oder Verdünnung der Salzlösung durch Sukkulenz. Die Salzabgabe kann auf verschiedene Weise erfolgen:

– durch den Abwurf alter Blätter; die dort angereicherten Salze werden entfernt (alle Arten)
– über den Abwurf winziger Blattanhängsel, sogenannter Blasenhaare, die zuvor mit Salz gefüllt werden (Keilmelde, *Halimione portulacoides*)
– bei einigen Arten über Salzdrüsen, sie scheiden aktiv eine Salzlösung aus (Strandflieder, *Limonium vulgare*; Strandgrasnelke, *Armeria maritima*; Schlickgras, *Spartina anglica*).

Verdünnung des Salzes durch Sukkulenz

Einige Arten geben trotz fortgesetzter Salzaufnahme keine nennenswerten Mengen an Salzen nach außen ab. Bei diesen Arten fällt auf, daß sie dicke fleischige Blätter und Stengel haben. Sie ähneln daher Pflanzen aus Trockengebieten. Experimentell kann man zeigen, daß der Grad der Sukkulenz mit dem Salzgehalt des Bodens zunimmt. Das Wachstum der Zellen erfolgt schneller als die NaCl-Aufnahme, so daß eine Verdünnung des aufgenommenen Salzes erreicht wird. Dieser Mechanismus ist besonders extrem ausgebildet bei einjährigen Pflanzen, wie den beiden Quellerarten und der Strandsode (*Sueda maritima*), findet sich aber in unterschiedlichem Ausmaß bei vielen, auch mehrjährigen Arten wie der Strandaster (*Aster tripolium*), dem Strandwegerich (*Plantago maritima*) und der Spießmelde (*Atriplex hastata*).

In Bezug auf die Salzempfindlichkeit der Enzyme besteht kein Unterschied zwischen Salzanreicherern und Salzausschließern. Extrahiert man deren Enzyme, so stellt man fest, daß sie gleichermaßen salzempfindlich sind. Daraus kann man folgern, daß die aufgenommenen Salze bei den Salzanreicherern von den Enzymen getrennt sein müssen - die Salze werden in der Vakuole gespeichert. Da die Vakuole unter diesen Umständen aber eine wasserentziehende Wirkung auf das Cytoplasma ausübt, muß dort der Wasserverlust durch die Anhäufung anderer osmotisch wirksamer Substanzen verhindert werden. Bei diesen Substanzen handelt es sich um stark polare organische Verbindungen, wie zum Beispiel verschiedene Zucker, Zuckeralkohole oder die Aminosäure Prolin. Diese osmotischen Ersatzstoffe hemmen die Enzymaktivität wesentlich weniger als das Kochsalz (Kompartimentierung, siehe Abb. 40).

Sowohl Salzanreicherer als auch Salzausschließer haben erhebliche **Energiekosten** für ihre Überlebensstrategie. Die einen müssen für eine Ultrafiltration der Bodenlösung sorgen, benötigte Nährsalze über aktiven Transport in die Zellen holen und die Wasseraufnahme durch die Bildung großer Mengen an organischen Osmotika gewährleisten. Die anderen müssen die Salze in die

Vakuole transportieren und durch den Betrieb von Ionenpumpen für die Aufrechterhaltung des Konzentrationsgefälles am Tonoplast sorgen. Osmotisch wirksame Substanzen müssen in diesem Fall nur für das Cytoplasma synthetisiert werden.

Unabhängig davon, wo die Osmoregulation der Halophyten stattfindet, an der Wurzelmembran oder am Tonoplast, benötigt die Aufrechterhaltung des Ionengefälles Energie, die ihnen bei der Produktion von Biomasse fehlt. Das ist der Grund, warum diese Pflanzen auf salzhaltige Standorte beschränkt bleiben und an anderen Standorten den Konkurrenten nicht gewachsen sind. Untersuchungen an zwei Unterarten des Rotschwingels, die sich in ihrer Salzresistenz unterscheiden, machen das deutlich: Hält man diese Unterarten auf Salzböden, so ist die Produktion beider Arten erniedrigt, aber die Salzwiesen-Unterart (*Festuca rubra litoralis*) hat die relativ höheren Zuwächse. Auf nicht salzhaltigen Böden wachsen beide Unterarten absolut gesehen besser, hier ist aber der normale Festlands-Rotschwingel (*Festuca rubra rubra*) der Salzwiesen-Unterart weit überlegen.

Die Ursachen für dieses Phänomen liegen in den unterschiedlichen energetischen Kosten für das salzausschließende System. Bei gleicher Salzkonzentration im Boden sind die Salzkonzentrationen im Zellsaft von *Festuca rubra litoralis* stets niedriger als bei der Festlandsart (Abb. 41). Die hohe Effektivität des Salzausschlusses wird aber durch einen geringeren Zuwachs erkauft, so daß sich der Aufwand nur auf salzhaltigen Böden als Konkurrenzvorteil auszahlt. Interessant in diesem Zusammenhang ist das Verhalten der Dünen-Unterart (*Festuca rubra arenaria*), die ein intermediäres Verhalten zeigt.

Die Folgen der Überstauung

Die Überstauung der Salzpflanzen stellt neben der Salzwirkung den zweitwichtigsten Streßfaktor im Vorland dar, denn mit der Überstauung geht eine Reihe negativer Veränderungen des Standortes einher: Zunächst laufen die mit Luft gefüllten Bodenporen voll Wasser. Damit ist der Gasaustausch zwischen dem Boden und der Luft fast vollständig unterbrochen. Da die Diffusionsgeschwindigkeit in Wasser etwa 10.000 mal langsamer ist als in Luft, gelangen nur noch sehr geringe Mengen an Sauerstoff in den Boden. Die Wurzelzellen und die aeroben Boden-Mikroorganismen verbrauchen aber weiterhin Sauerstoff, so daß es innerhalb weniger Stunden zu reduzierenden Bodenverhältnissen kommen kann. Fehlt der Sauerstoff, beginnen anaerobe Mikroorganismen alternative Elektronenakzeptoren zu benutzen. In dieser Situation gewinnen zwei Reaktionen an Bedeutung, bei denen giftige Produkte entstehen: die Reduktion von Eisenionen, Fe^{3+} wird zu Fe^{2+}, und die Reduktion von Sulfationen zu Schwefelwasserstoff (H_2S). Besonders in der unteren Salzwiese und im Watt finden sich deshalb hohe Konzentrationen an zweiwertigen Eisen- und Sulfidionen bis hinauf in den durchwurzelten Oberboden. Es konnte nachgewiesen werden, daß sich die typischen Pflanzen im Bereich der Hochwasserlinie durch eine hohe Resistenz gegenüber diesen Ionen auszeichnen.

Die Wurzeln der überflutungsresistenten Salzwiesenpflanzen besitzen meist ein **ausgedehnte Luftspeicher- und Lufttransportgewebe** (Aerenchym). Mit diesem sorgen sie für einen Sauerstoffnachschub aus den oberirdischen Pflanzenteilen. Das Schlickgras hat einen Aerenchymanteil in den Wurzeln von bis zu 40 %, während Arten der oberen Salzwiese, wie die Spießmelde, überhaupt keine luftgefüllten Hohlräume in ihren Wurzeln aufweisen. Auch die in der unteren Salzwiese zu findende Keilmelde hat kein Aerenchym; sie ist daher besonders überflutungssensibel. Dies erklärt, warum diese Art trotz ihrer hohen Salzresistenz (siehe Tabelle 10) die untersten Zonen des Andelrasens meistens meidet und nur auf gut durchlüfteten Sandböden in diese tiefgelegen Bereiche vorstößt (Abb. 42). Der Sauerstofftransport in der Pflanze ermöglicht aber nicht nur die Fortsetzung der Wurzelatmung, sondern führt auch zu einer Sauerstoffdiffusion durch die Wurzelhaut in den Boden. Durch die Sauerstoffverluste wird die unmittelbare Umgebung der Wurzel oxidiert. Dies läßt sich an ausgegrabenen Pflanzen beobachten; die Wurzeln sind von rotbraunen Rost-Häutchen (wasserhaltige Oxide des Fe^{3+}) umgeben. In diesen Häutchen wird ein Teil der giftigen Eisen- und Sulfidionen gefällt.

Es ist vielfach diskutiert worden, welcher der beiden genannten Faktoren, **Salzkonzentration** oder **Überstauungshäufigkeit**, für die Zonierung der

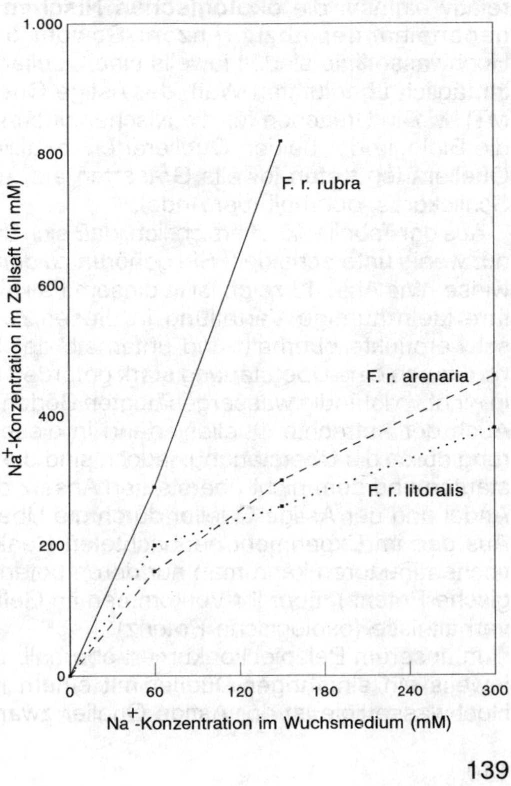

Abb.41: Salzgehalte (mMol NaCl) im Zellsaft von drei Unterarten des Rotschwingels (*Festuca rubra* agg.) bei zunehmendem Salzgehalt (mM NaCl) der Bodenlösung (LÜTKE TWENHÖVEN, nach ROZEMA 1986, verändert).

Pflanzenarten ausschlaggebend ist. Die Beantwortung dieser Frage ist nur durch das Experiment möglich, denn in der Natur geht eine zunehmende Überstauung immer auch mit einer höheren Salzbelastung einher. Untersucht man die Salzwirkung ohne Überstauung im Gewächshausexperiment, so kann man den Zuwachs der Arten mit und ohne Salzeinwirkung vergleichen. Das Verhältnis des Zuwachses unter Salzstreß zum Zuwachs im Süßwasser kann als Maß für die Salzresistenz der Arten verwendet werden. In der Tabelle 10 ist dieser Quotient für jede Art als Salzresistenzindex ausgewiesen. Die Pflanzenarten sind in der Tabelle in der Reihenfolge ihres Vorkommens in der Salzwiese aufgelistet. Es fällt auf, daß die Abfolge im wesentlichen die Größe der Salzresistenz widerspiegelt. Entsprechende Untersuchungen der Überstauungsresistenz ergaben keinen signifikanten Zusammenhang mit der Zonierung im Gelände. Daraus kann man schließen, daß die Salzresistenz der Arten der für die Zonierung wichtigste ökologische Faktor ist.

Die Überstauungs- und Strömungsresistenz modifizieren diese Abfolge aber erheblich, insbesondere sind sie für die kleinräumige Verteilung der Arten ausschlaggebend. Das kann sehr anschaulich für den Bereich der mittleren Hochwasserlinie gezeigt werden. Hier ist die Wirkung der abiotischen Faktoren so extrem, daß nur noch wenige Pflanzenarten existieren können. Es ist daher relativ einfach, die **ökologischen Nischen** dieser Arten zu beschreiben und gegeneinander abzugrenzen: Sowohl oberhalb als auch unterhalb der Hochwasserlinie siedelt jeweils eine Queller-Art: Der Aufrechte Queller wächst im täglich überfluteten Watt, der Ästige Queller in der Salzwiese oberhalb der MTHw. Die Ursachen für die Nischendifferenzierung werden im Abschnitt über die Biologie der beiden Quellerarten detailliert erläutert. Als Konkurrenten der Quellerarten treten jeweils Grasarten auf, unterhalb der Hochwasserlinie das Schlickgras, oberhalb der Andel.

Aus der Tabelle 10 ist ersichtlich, daß sich diese vier Arten in ihrer Salzresistenz nur wenig unterscheiden. Sie gehören zu den salzresistentesten Arten der Salzwiese. Wie Abb. 42 zeigt, ist in diesem Fall die Überflutungsresistenz wichtig für ihre kleinräumige Verteilung in dieser Zone und erklärt die Verbreitungsschwerpunkte oberhalb und unterhalb der Hochwasserlinie. Das Schlickgras wird durch eine Überstauung stark gefördert oder, so muß man vermuten, leidet in nicht vollständig wassergesättigten Böden bereits frühzeitig an Trockenstreß. Auch der Aufrechte Queller erfährt in diesem Experiment eine leichte Förderung durch die Überstauung, jedoch sind die Unterschiede zwischen dem überstauten und dem nicht überstauten Ansatz gering. Demgegenüber werden der Andel und der Ästige Queller durch die Überstauung im Wachstum gehemmt. Aus den im Experiment beobachteten Reaktionen der Pflanzen auf die abiotischen Faktoren kann man nur deren potentielle Standorte ableiten (physiologische Potenz); über ihr Vorkommen im Gelände entscheiden die Konkurrenzverhältnisse (ökologische Potenz).

In unserem Beispiel konkurriert oberhalb und unterhalb der Hochwasserlinie jeweils ein einjähriger Queller mit einem mehrjährigen Gras. Oberhalb der Hochwasserlinie ist der Ästige Queller zwar dem Andelgras an Zuwachs weit überlegen, das Andelgras wird ihn aber aufgrund seiner Mehrjährigkeit langfristig überwuchern (Andelrasen). Hinzu kommt, daß das Andelgras relativ geringe Licht- und Temperaturansprüche hat, es fängt daher sehr früh im Jahr an zu wachsen und beschattet die Quellerkeimlinge. Den Quellerkeimlingen fehlt dann das nötige Licht. Daher bleibt der Ästige Queller im voll entwickelten Andelrasen auf unbewachsene Störstellen in der Grasnarbe beschränkt. Man findet ihn hauptsächlich in stark beweideten Salzwiesen.

Der frühe Wachstumsbeginn des Andels erklärt auch, warum dieses kleinwüchsige Gras das vergleichsweise riesige Schlickgras auf die Standorte unterhalb der Hochwasserlinie verdrängen kann. *Spartina* hat als C_4-Planze ein hohes Licht- und Wärmebedürfnis und fängt daher relativ spät im Jahr an zu wachsen. Zu diesem Zeitpunkt hat der „Frühaufsteher" Andel bereits oberhalb der MTHw-Linie eine dichte Grasnarbe gebildet, in der *Spartina*-Sprößlinge an Lichtmangel zugrundegehen.

Unterhalb der Hochwasserlinie ist die Mehrjährigkeit nicht unbedingt die erfolgreichere Strategie; hier entscheidet zusätzlich die Strömung und damit einhergehend die Bodenart über den Erfolg der Arten. **Spartina** hat auf wellengepeitschten Sandböden nur noch sehr geringe Zuwächse und ist dort aufgrund seiner geringen Strömungsresistenz dem Aufrechten Queller unterlegen (Quellerfluren), im ruhigen Schlickwatt muß demgegenüber der Aufrechte Queller langfristig dem Schlickgras das Terrain überlassen (Schlickgrasfluren). Fazit: Nur bei relativ stabilen Umweltbedingungen machen die mehrjährigen Arten das Rennen; sehr dynamische Lebensräume weisen daher einen hohen Anteil an Einjährigen auf.

Die Mikrotransekte in Abbildung 42b zeigen die resultierende Abfolge der Pflanzengesellschaften. Sie lassen noch einige bisher nicht erwähnte Details erkennen: Der Andel ist auf Sandböden so vital, daß er noch unterhalb der Hochwasserlinie vorkommt und die Quellerflur auf die tieferliegenden Bereiche begrenzt. Im oberen Bereich des Andelrasens zeigt sich erneut die Wirkung der unterschiedlichen Überstauungsresistenz. Hier erwächst dem Andel auf gut durchlüfteten Sandböden früher Konkurrenz als auf Schlickböden. Die Keilmelde, eine Art, die sehr salzresistent aber sehr überstauungsempfindlich ist, wird hier dominant.

Die Salzwiesen sind Lebensraum für ca. 1500 **wirbellose Tierarten** und Rast- und Brutplatz für zahlreiche **Vogelarten**. Schon im Bereich der Hochwasserlinie fallen die ersten Spuren auf: Kleine Häufchen lockeren Bodens auf unbewachsenen Flächen. Gräbt man mit dem Finger unter diesen Häufchen, läuft mitunter ein kleiner Kurzflügelkäfer mit roten Flügeldecken davon - *Bledius spectabilis*. Der Käfer hat sich unter dem Bodenhäufchen einen Gang gebaut, dazu hat er Sandkörnchen für Sandkörnchen herausgetragen oder in die Seitenwände seiner Wohnröhre gepreßt und diese so gegen die Flut abgedichtet. Bei Niedrigwasser wird gefressen. Er leckt Algen von den herumliegenden Sandkörnern ab. Einen Teil der Algen bringt er in seine Wohnröhre als Vorrat für ihn selbst und als Futter für seinen Nachwuchs. Wenn die Flut seine Wohnröhre erreicht, wird der Eingang mit einigen Sandkörnern verstopft. *Bledius* betreibt

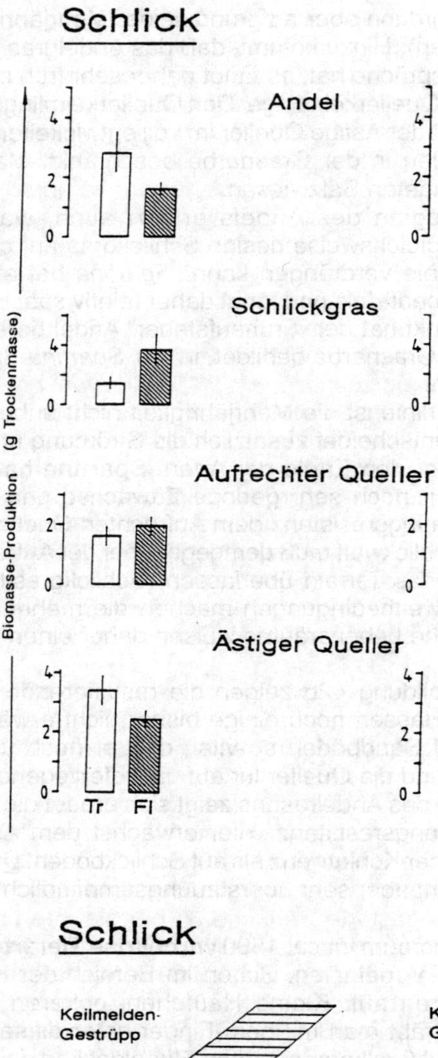
Schlick
Sand
Andel
Schlickgras
Aufrechter Queller
Ästiger Queller
Biomasse-Produktion (g Trockenmasse)
4
2
0
Tr
Fl

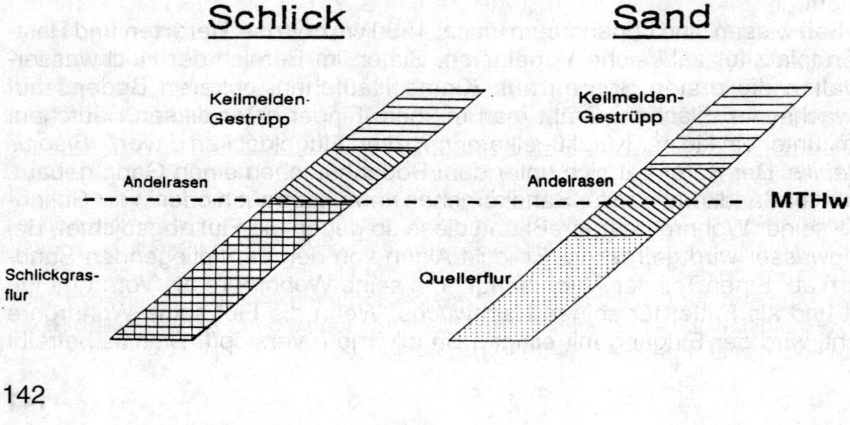
Schlick
Sand
Keilmelden-Gestrüpp
Andelrasen
MTHw
Schlickgrasflur
Quellerflur

eine intensive Brutpflege. Die Weibchen graben, von der Wohnhöhle ausgehend, kleine Eikammern, in die sie jeweils ein kleines Kotbällchen ablegen, an das sie ein Ei heften. Nach drei Wochen schlüpfen aus den Eiern die Larven, die dann von der Mutter mit Algen versorgt werden. Später bauen sich die größeren Larven eigene Röhren, in denen sie sich auch verpuppen. Der Bau der Verpuppungskammern stellt eine beachtliche Anpassung an den Lebensraum dar. Die Kammern werden von der Larve mit einem raffinierten Reusenmechanismus versehen, der die Puppe vor eindringendem Wasser schützt, aber trotzdem einen Luftaustausch zuläßt. Im Herbst zieht sich der Käfer in höhere Bereiche der Salzwiese zurück, in denen die Überflutungshäufigkeit geringer ist. Hier baut er sich eine neue Röhre, in der er auch überwintert. Die größten Feinde von *Bledius* sind Käfer der Gattung *Dyschirius*. Diese nur 2 mm großen Käfer sind unter der Lupe an dem schaufelförmigen Kopf und den Grabbeinen gut zu erkennen. Sie leben hauptsächlich von Springschwänzen. Wenn diese sich aber in den Sommermonaten nicht als Nahrung zur Verfügung stehen, stürzen sie auf die *Bledius*-Larven. Man hat festgestellt, daß etwa 60% der *Bledius*-Larven diesen Räubern zum Opfer fallen.

Auch wenn man den Insekten keine große Aufmerksamkeit schenkt, fallen die Gallen am Blütenstengel des Strandwegerichs (*Plantago maritima*) auf: Hier lebt nicht weit unterhalb des Blütenstandes die Larve von *Mecinus collaris*, einem Rüsselkäfer. Durch die endophage Lebensweise ist die Larve ebenfalls vor den Überflutungen geschützt. Diese Strategie verfolgt auch *Apion limonii*, ein weiterer interessanter Rüsselkäfer, dessen Biologie im Abschnitt über den Strandflieder erläutert wird.

Die Salzwiesen sind für die Vogelwelt von außerordentlich großer Bedeutung. Sie dienen den Millionen von Watvögeln als Rastplatz. Viele dieser Arten sind auf das Vorhandensein von Salzwiesen in der Nähe der Nahrungsflächen im Watt angewiesen, da sie keine Rastplätze hinter dem Deich annehmen. Den nordischen Gänsen dienen sie als Nahrungsflächen, ohne die sie besonders auf dem Frühjahrzug nicht die erforderlichen Energiereserven aufbauen können. Im Sommer brüten in den Salzwiesen zahlreiche Vogelarten. Hier seien nur die Austernfischer, die Rotschenkel und die Seeschwalben erwähnt. Sie brauchen als Bodenbrüter ungestörte Bereiche, in der sie ihre Nachkommen aufziehen können. Alle diese Vögel befinden sich in einer Situation, in der sie sehr empfindlich auf Störungen reagieren. Dies muß man bei allen Aktivitäten in Salzwiesen beachten. Während der Brutzeit sollte man sich auf die ohnehin durch Tourismus vogelfrei gehaltenen Bereiche am Wegesrand oder Badestrand

---

Abb. 42a: Biomasse-Produktion von vier Salzwiesenpflanzen, Mittelwerte und Standardabweichung. In allen Varianten wurde ein Salzgehalt der Bodenlösung von 350 mM NaCl eingestellt. Die mit „Fl" bezeichneten Varianten wurden überstaut, die mit „Tr" bezeichneten Behälter regelmässig gegossen. Der Versuch wurde auf Schlick- und Sandböden durchgeführt. (Abbildung nach VAN DIGGELEN 1988, verändert.)

Abb.42b: Vergleich der Zonierung der Pflanzengesellschaften vom Watt zur unteren Salzwiese auf sandigen und schlickigen Böden. (Nach Angaben div. Autoren, vor allem RAABE 1981; SCHOLTEN et al. 1987, PREISING 1990.)

beschränken. Während der Zugzeit sind die wichtigen Rastplätze zu meiden. Vorher Informationen einholen!

Die Autökologie einiger wichtiger Vertreter der Salzwiesenarten

Das Schlickgras (*Spartina anglica*): Die Entstehungs- und Ausbreitungsgeschichte des Schlickgrases stellt ein ökologisches Lehrstück par excellence dar.

Diese bemerkenswerte Art ist erst knapp 100 Jahre alt, sie wurde 1892 an der Kanalküste entdeckt und 1927 vom Menschen im Wattenmeer angepflanzt. Die Ansiedlung im Wattenmeer war von vorn herein heftig umstritten - den einen galt das Gras als „Verbündeter von allerhöchstem Werte" bei den anderen war es als „Spartakistengras" verschrien und stand im Verdacht, das Vorland und die Halligwelt zu ruinieren.

Seine Entstehung verdankt das Schlickgras dem Menschen. 1870 wurde bei Southampton, an der südenglischen Küste ein neues Gras entdeckt. Es handelte sich um einen Bastard aus dem in England heimischen Schlickgras (*Spartina maritima*, 2n = 60[1]) mit der kurz zuvor vom Menschen eingeschleppten amerikanischen Schwesterart (*Spartina alterniflora*, 2n = 62). Der sterile Bastard (*Spartina x Townsendii*) verbreitete sich zunächst nur vegetativ und relativ langsam. Neue Kolonien wurden durch Pflanzen und Rhizome gegründet, die während der Stürme ausgerissen und entlang der Küste verdriftet wurden. Nach wenigen Jahren entstand aus diesem sterilen Bastard durch Selbstverdopplung des Chromosomensatzes die fertile Art *Spartina anglica* (2n = 122). Die neue Art breitete sich mit unglaublicher Geschwindigkeit aus. Sie verdrängte binnen kurzer Zeit sowohl ihre Elternarten als auch den sterilen Bastard. 1907 bedeckte sie schon mehrere tausend Hektar südenglischen Küstenlandes. Mit Hilfe des ausgedehnten Systems von Wurzeln und Rhizomen legt *Spartina* den Schlick fest, seine Halme und Blätter halten Schwebstoffe zurück und sorgen für eine erhöhte Sedimentation. Dadurch hebt sich die Oberfläche der Schlickflächen langsam an. An der südenglischen Küste wächst das Gras bis etwa 1 m unter dem mittleren Tidenhochwasser. Es brachte schon wenige Jahrzehnte nach seiner Entstehung die Schiffahrtsrinnen vor Southampton zum Verschlicken. Das machte die Wasserbauingenieure in anderen Ländern auf dieses neue Gras aufmerksam. Sie hofften, daß das Schlickgras auch an ihren Küsten bis in eine Tiefe von 1 m unter MTHw vordringen und sich damit unterhalb der Quellerzone siedeln würde. Außerdem erwarteten sie eine gründlichere Festlegung der Sedimente durch das ausdauernde Schlickgras im Vergleich zum einjährigen Queller, der durch die Herbststürme ausgerissen wird und nur in günstigen Lagen und Jahren flächendeckende Bestände bildet. Das Gebiet in dem sich das Schlickgras ausbreitete, war nicht, wie erwartet, die Zone unterhalb des Quellers, sondern dieselbe, in der *Salicornia* siedelt (-0,4 bis 0,2 m MTHw) und in der die Vorposten des Andelgras wachsen. Da das Schlickgras

[1] Angaben zum Chromosomensatz nach HUBBARD (1973)

von Schafen nicht gefressen wird und sein tiefes Wurzelsystem das Grabenauswerfen (Grüppeln) im Vorland erheblich erschwert, zog es sich den Zorn der Vorlandarbeiter zu. *Spartina* wurde in den dreißigerJahren als „Spartakistengras" verflucht.

Die folgenreiche Fehleinschätzung des Verhalten dieses Grases beruhte auf einem ökolgischen Mißverständnis. Die mit der Ansiedlung befaßten Bauämter hatten die Verbreitungsgrenzen an der Kanalküste kritiklos auf des Wattenmeer übertragen - sie hatten dessen ökologische Nische räumlich verstanden und nicht funktionell. Aber die beiden Naturräume unterscheiden sich im Hinblick auf die wichtigen ökologischen Faktoren Strömung und Überstauungsdauer. Ein wichtiger Unterschied zu den englischen Standorten resultiert aus dem höheren Tidenhub im Kanal. Die Angabe „wächst 1 m unterhalb der Hochwasserlinie" kann an der Kanalküste mit seinem zum Teil viel größeren Tidenhub eine kürzere Überstauung der Pflanze bedeuten als am entsprechenden Ort im Wattenmeer. Die Überstauungszeit ist aber der für die Pflanze relevante Umweltfaktor. Ein zweiter Unterschied zwischen den Standorten am Kanal und im Watt ist von noch größerer Bedeutung. Beobachtungen im Gewächshaus zeigen, daß *Spartina* bei -1 m fast so gut wie wie bei - 0,2 m gedeiht, vorausgesetzt, es handelt sich um unbewegtes Wasser. Betrachtet man die englischen Standorte, so findet man *Spartina* dort in den relativ ruhigen Buchten und Flußmündungen, während es im Wattenmeer mit den vorherrschenden Westwinden einer viel stärkeren Strömung ausgesetzt ist. Bei größerer Strömung oder langandauerndem Anprallen von Wellen wird aber die Wurzelverankerung erschwert, und die Pflanze kann keine geschlossenen Bestände bi den. In den lockeren Beständen wird der Flutraum, durch den das Wasser aus- und einschwingt, eingeengt und dadurch die Strömungsgeschwindigkeit zwischen den Spartinabulten erhöht. Es kommt zu Erosionen im Wurzelbereich. Der Wattboden wird rund um die Pflanze ausgekolkt. Einen Hinweis auf die Strömungsempfindlichkeit der Art gibt schon ihr deutscher Name - sie bevorzugt schlickige Watten, also solche, wo eine geringe Strömung die Ablagerung dieser feinen Sedimente erlaubt!

Das Schlickgras ist auch physiologisch gesehen eine sehr bemerkenswerte Art. Es ist verglichen mit den anderen Arten der Salzwiese mit Abstand der effektivste Salzausscheider, und es ist eine **C_4-Pflanze**, kann also die interne CO_2-Konzentrationen durch ein vorgeschaltetes Aufkonzentrierungssystem erhöhen. Damit ist es in der Lage, auch bei hohen Wasserdefiziten und weitgehend geschlossenen Spaltöffnungen eine hohe Fotosyntheseleistung zu erbringen. Übrigens kann man bei *Spartina* die typische Blattanatomie der C_4-Pflanzen ausgezeichnet beobachten. Erstaunlicherweise gelingen auch ungeübten Schülern bei dieser Pflanze fast immer mikroskopierbare Querschnitte.

Der Queller (*Salicornia* div. spec.):

Obwohl er meist zeitlebens im nassen Boden steht, erinnert der Queller an eine Wüstenpflanze. Er hat keine Blätter, und die verdickten Sproßachsen sind von Wasserspeichergewebe erfüllt. Pflanzenphysiologen hielten dieses Aussehen noch am Ende des vergangenen Jahrhunderts für eine Anpassungserscheinung an extremen Wassermangel. Sie nahmen an, der Queller würde wie die Kakteen eine sehr geringe Wasserverdunstung aufweisen. Da er auf Salzböden gezwungen ist, Wasser gegen einen osmotischen Sog der Bodenlösung aufzunehmen, so die damalige Theorie, sei es für ihn, wie bei einer Wüstenpflanze, optimal, seinen Wasserverbrauch so stark wie möglich zu reduzieren. Transpirationsmessungen zeigten aber bald, daß die Verdunstungsintensität des Quellers nicht wesentlich geringer ist als die der meisten Glykophyten. Es zeigte sich zudem, daß der Sukkulenzgrad im Lauf der Vegetationsperiode nicht konstant bleibt, sondern infolge einer Zellvergrößerung durch Wasseraufnahme zunimmt. Die Sukkulenz erwies sich hier nicht als Wasserspar-Strategie sondern als eine Strategie zur Vermeidung von Salzstreß. Durch die Erhöhung des Sukkulenzgrades wird erreicht, daß die sich in der Vakuole anhäufenden Salzmengen fortwährend verdünnt werden und somit unter der Toxizitätsgrenze bleiben. Trotz der kontinuierlichen Salzaufnahme steigt die Salzkonzentration in den Zellen nicht wesentlich an - die von der Zelle aufgebaute Saugspannung hat im September etwa die gleiche Höhe wie im Mai. Die internen Salzgehalte liegen bereits im Frühjahr weit über denen in der Bodenlösung, so daß auch eine Erhöhung der Salzgehalte im Boden in Trockenphasen die Wasseraufnahme der Pflanzen nicht verhindern kann. Der Queller gleicht seine Saugspannung also nicht nach und nach an den steigenden osmotischen Sog im Boden an, sondern es findet von Anfang an eine Überkompensation statt, was zu einer günstigen Wasserversorgung und zu üppigem Wachstum führt. Dies ist vermutlich auch der Grund, warum man bei ihm, wie bei einigen anderen echten Halophyten, eine Wachstumssteigerung durch die Zufuhr geringer Salzmengen bewirken kannt. Bei hohen Salzgehalten tritt aber bei allen Halophyten eine Wachstumshemmung ein, die allerdings wesentlich geringer ist als bei Glykophyten.

Die Möglichkeit, den osmotischen Wert durch Salzakkumulation zu steigern, ist natürlich begrenzt. Ist ein bestimmter Grenzwert erreicht, verträgt die Pflanze keine weitere Erhöhung der Chloridkonzentration. Die Pflanze kann dann einer weiteren Erhöhung der Saugspannung des Bodens noch eine Weile durch die Anreicherung anderer Osmotika begegnen, bis sie schließlich kein weiteres Wasser mehr aufnehmen kann. Diese Extremwerte werden aber in den Nordsee-Salzwiesen sehr selten erreicht.

Es ist lange Zeit übersehen worden, daß es in der Salzwiese zwei Quellerarten gibt. Diese sehen sich so ähnlich, daß sie einer einzigen Art *Salicornia europaea* zugerechnet wurden. Die Botaniker hatten zwar schon früher bemerkt, daß die Pflanzen unterhalb der mittleren Hochwasserlinie meist schlanker und weniger verzweigt waren als die gedrungeneren, ästigen Formen auf den höhergelegenen Flächen. Sie hielten diese Unterschiede aber nicht für hinreichend, um zwei Arten zu differenzieren. Heute weiß man, daß es sich nicht nur um verschiedene Formen, sondern um zwei cytologisch und ökologisch vollständig getrennte Arten handelt. Offenbar sind die ökologischen Standortfaktoren unterhalb und oberhalb der Hochwasserlinie so unterschiedlich, daß sie nicht durch die ökologische Potenz einer Art abgedeckt werden können. Es hat eine **Artdifferenzierung** auf engstem Raum stattgefunden. In diesem Fall haben wir keine historischen Belege für diesen Vorgang, wie beim Schlickgras, aber man kann den Weg der Artbildung anhand der Chromosomenzahlen rekonstruieren: Die schlanke Art im Watt, *S. dolichostachya,* hat 36 Chromosomen, die andere, ästige Art auf den Salzwiesen, *S. brachystachya,* hat 18 Chromosomen. Bei genauerer Diagnose stellt man fest, daß *S. dolichostachya* tetraploid ist und sehr wahrscheinlich durch eine Verdopplung des Chromosomensatzes aus den Vorfahren der heutigen *S. brachystachya* entstanden ist. Somit können sich heute die beiden Arten, obwohl sie nebeneinander vorkommen, nicht mehr vermischen.

Wenn man die beiden Queller-Arten zu unterscheiden gelernt hat, staunt man, wie stark ausgeprägt ihre räumliche Trennung im Gelände ist. Es ist, als ob jemand zwei nebeneinanderliegende Gartenbeete mit verschiedenen Samen bestreut hätte, und nur hin und wieder ein Samenkorn auf die falsche Fläche verweht worden wäre. Im Abstand von wenigen Metern findet ein vollständiger Abundanzwechsel statt. Dieses erstaunliche Phänomen hat zahlreiche Ökologen dazu veranlaßt, nach den trennenden ökologischen Faktoren zu forschen. Bis heute ist dies nicht restlos gelungen, aber die vorliegenden Ergebnisse lassen bereits wichtige Ursachen für die Art- und Nischendifferenzierung erkennen. Erste Hinweise auf die unterschiedliche Anpassung gibt die Morphologie. Die breit abstehenden Seitenäste des Ästigen Quellers (*S. brachystachya*) verstärken den Wellendruck auf die Pflanze. Der weniger verzweigte Sproß des Aufrechten Quellers (*S. dolichostachya*) bietet der Strömung weniger Angriffsfläche und kann den Wellen im Wattbereich besser standhalten. Der Verdacht ließ sich durch Verpflanzungsexperimente bestätigen. Oft fand man die ins Watt gesetzten Pflanzen des Ästigen Quellers schon nach wenigen Tagen im Spülsaum wieder; die Wurzeln waren abgerissen. Der Ästige Queller hat wesentlich mehr aber dünnere Wurzeln, die bei mechanischer Beanspruchung durch Wellenbewegung reißen. Die wenigen Wurzeln des Aufrechten Quellers sind dikker und zugfester. Die Trennung im Vorkommen fand sich aber auch in windgeschützten Buchten, dort, wo der Strömungsfaktor nicht zum Tragen kommt. Was hindert dort den Ästigen Queller daran, im Eulitoral vorzukommen? Man vermutete zunächst Unterschiede in der Salzresistenz, in der Samengröße oder im Keimungsverhalten, fand aber diesbezüglich nur geringfügige Unterschiede. Schließlich stellte sich die Überflutungsresistenz im Salzwasser als differenzierender Faktor heraus (siehe Abb. 43). Die zahlreichen dünnen Wurzeln werden dem Ästigen Queller bei Überstauung zum Verhängnis - sie benötigen sehr viel Sauerstoff, der zwar in der Bodenluft der Salzwiese, nicht aber im überstauten, anaeroben Wattboden zur Verfügung steht.

Welchen Vorteil haben aber die vielen dünnen Wurzeln des Ästigen Quellers? Die Antwort gab wiederum ein Verpflanzungsexperiment - diesmal in einem wellengeschützen Bereich: Der Aufrechte Queller leidet am falschen Standort unter Stickstoffmangel. Eine nähere Untersuchung dieses Sachverhaltes zeigte, daß das dichte Wurzelwerk des Ästigen Quellers in den höhergelegenen Flächen eine größere Stickstoffmenge sammeln kann als die wenigen Wurzeln des Aufrechten Quellers. In der Salzwiese wird das Bodenwasser seltener ausgetauscht als im Watt; die unmittelbare Umgebung der Wurzeln verarmt schnell an Nährsalzen, insbesondere die hier wachstumslimitierenden Stickstoffionen sind bald aufgebraucht. In dieser Situation kann die Pflanze ihre Versorgung nur durch eine Vergrößerung der Wurzelmasse und damit der aufnehmenden Wurzeloberfläche verbessern, wie sie beim Ästigen Queller zu finden ist. In den täglich überfluteten Flächen wird die Bodenlösung hingegen zumindest in den obersten Schichten regelmäßig von der Tide und den Wellen bewegt. Obwohl die Nährsalzkonzentrationen in der Bodenlösung sehr gering sind, stehen den Pflanzen aufgrund der fortwährenden Verwirbelung relativ viele Stickstoffionen zur Verfügung; das Angebot ist also relativ groß. Hier sind weniger Wurzeln, die eine hohe Aufnahmefähigkeit für Stickstoffionen haben, von Vorteil. Der Aufrechte Queller ist an diese Situation angepaßt - er hat zwar wenig Wurzeln, diese weisen aber ein stärkeres Aufnahmevermögen pro Wurzeloberfläche (mehr oder bessere Carrier) für Stickstoffionen auf.

An diesem Beispiel läßt sich sehr gut die evolutive Notwendigkeit der Artaufspaltung verdeutlichen. Die Strömungsverhältnisse im Eulitoral machten eine stärkere, zugfeste Bewurzelung notwendig. Diese konnte aber die Nährstoffversorgung des Quellers in der Salzwiese nicht mehr gewährleisten. Eine Artaufspaltung war die Folge, mit einer Verengung des Wuchsbereiches beider Arten (**Nischendifferenzierung**). Selbst bei geringer Strömung kann der Ästige Queller nicht mehr tiefer ins Watt vordringen, weil seine große Wurzelmasse seine Überflutungsresistenz herabsetzt, der Aufrechte Queller hingegen leidet auf der höheren Salzwiese an Stickstoffmangel. Die Artbildung gelang in diesem Fall infolge der reproduktiven Isolation durch die Verdopplung des Chromosomensatzes beim Aufrechten Queller.

Das Andelgras (*Puccinellia maritima*): Das Andelgras erkennt man an seiner blaugrünen Farbe, seinem niedrigen Wuchs und den deutlich sichbaren oberirdischen Ausläufern. Bleiben Zweifel bei der Bestimmung, hilft ein Schmecktest. Die Blätter schmecken zuckersüß, der Gehalt an löslichen Zuckern ist sehr hoch. Zucker machen etwa 1/3 des osmotischen Sogs der Pflanze aus; Chloridionen spielen demgegenüber eine untergeordnete Rolle. Der Schmecktest offenbart die Salzstrategie des Andelgrases - Salzausschluß durch Ultrafiltration. Das Salz wird bereits in der Wurzel zurückgehalten, genauer gesagt an der Endodermis. Ein Durchwandern der Zellwände wird ihnen hier durch wasserabweisende Wandeinlagerungen verwehrt. Die Salzionen müssen das Zellumen bestimmter Durchlaßzellen passieren und unterliegen damit der Kontrolle der Pflanze. Bei dem hohen Salzausschlußvermögen dieser Pflanze verwundert es nicht, daß der Andel diese physiologische Salzschranke gleich in doppelter Ausfertigung besitzt; er hat - eine Ausnahme im Pflanzenreich - eine zweifache Endodermis.

Der Andel ist eines der wenigen Gräser, die im Volksmund nicht einfach nur als „Gras“ bezeichnet werden. Die Art ist an der Küste und auf den Inseln bekannt. Der Andel gilt als relativ ertragreiche **Futterpflanze** und, wie oben bereits ausgeführt, als der wichtigste **Marschbildner**.

Das Andelgras steht auch bei den nordischen Gänsen, die auf ihrem Zug im Frühjahr und Herbst im Watt Station machen, hoch im Kurs. Er ist für sie, zu-

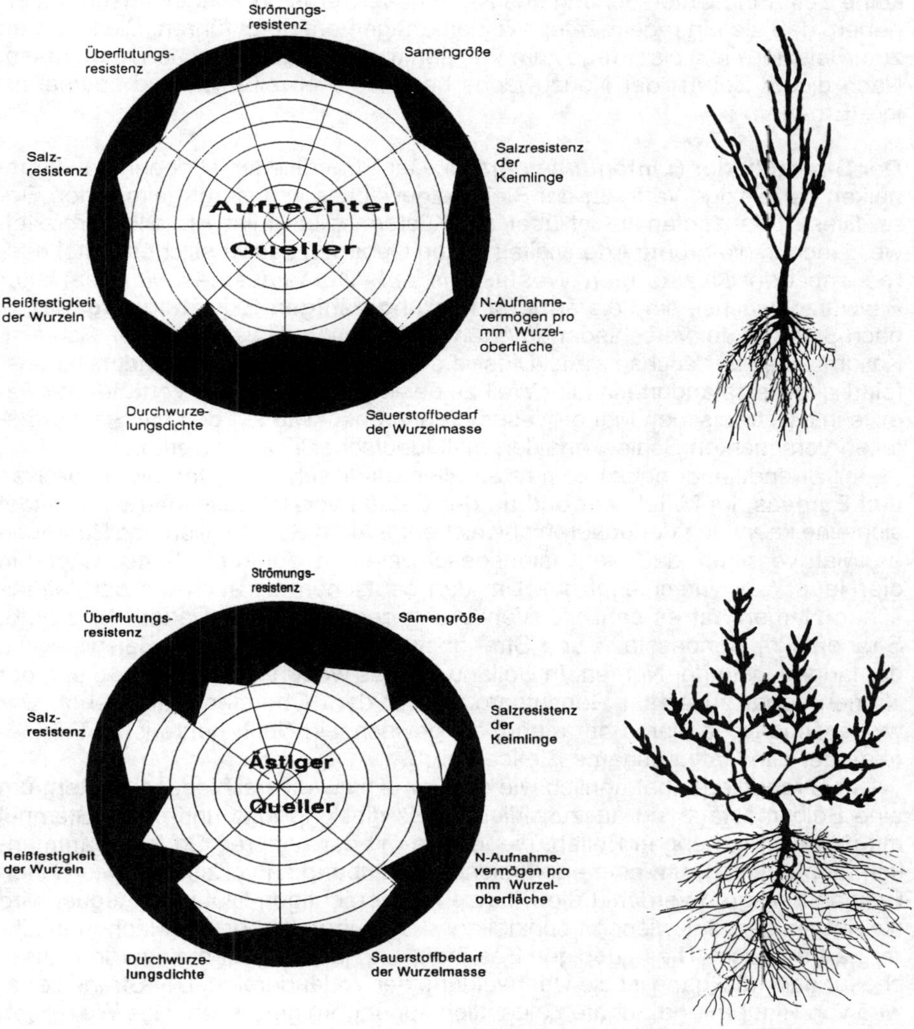

Abb. 43: Vergleich der wichtigsten morphologischen und physiologischen Anpassungen der beiden Quellerarten an ihre weitgehend getrennten Nischen (Lütke Twenhöven nach Angaben von Schat (1986) und Huiskens et al. (1985))

sammen mit dem Strandwegerich, die beliebteste Nahrungspflanze. Möglicherweise ist es auch für sie wichtig, daß der Andel soviel Zucker enthält. Sie sind auf leicht aufschließbare Nahrung angewiesen, denn die gefressenen Pflanzen durchlaufen den Darm der Vögel in ca. 45 Minuten. Für den Aufschluß schwerverdaulicher Nahrung, wie zum Beispiel Cellulose bei den Wiederkäuern, bleibt keine Zeit. Eine Untersuchung des Nahrungserwerbs bei Ringelgänsen hat ergeben, daß sie ein regelrechtes Weidemanagement durchführen. Sie kommen zum Beispiel alle 4 bis 5 Tage zum Fressen wieder auf die gleichen Andelrasen. Nach dieser Zeit ist der Neuzuwachs besonders eiweißreich und optimal für ihre Ernährung.

Der Strandflieder (*Limonium vulgare*): Der Strandflieder ist neben den Grasnelken der einzige Vertreter der Bleiwurzgewächse in unserer heimischen Flora. Diese Pflanzenfamilie ist über die Küstengebiete aller Erdteile verbreitet, weist jedoch die größte Artenvielfalt in den Gebirgen des westlichen Mittelmeeres und den Salzsteppen Westasiens auf. Gemeinsames Merkmal aller Bleiwurzgewächse sind die **äußerst leistungsfähigen Exkretionsorgane**. Je nach Standort der verschiedenen Arten scheiden ihre Drüsen Wasser, Schleim, Kaliumsalze oder Kochsalz aus. Dies versetzt sie in die Lage, besonders lebensfeindliche Salzstandorte in aller Welt zu besiedeln. Man findet Vertreter der Familie in den tropischen Mangrovesümpfen ebenso wie auf den mit Schwermetallen verseuchten Schlackehalden mitteldeutscher Erzbergwerke.

Der Strandflieder selbst kommt an allen atlantischen Küsten Nordamerikas und Europas, im Mittelmeer und an der Ostsee vor. Interessanterweise findet sich eine kaum von der unseren abweichende Art in Südbrasilien und Patagonien. Man vermutet, daß die Küstenseeschwalbe sie auf ihren Wanderungen in die Neue Welt verschleppt hat. Um den deutschen als auch um den lateinischen Namen hat es sehr viel Verwirrung gegeben. Halligflieder, Widerstoß, Strandnelke, Bondesstave und Strandheliotrop sind nur einige Beispiele aus der langen Liste der Namen. In Holland kam es wegen der Verwechselung der Namen sogar zu einem Gerichtsprozeß vor dem Obersten Gerichtshof. Der wissenschaftliche Name hat mehrmals gewechselt. Noch heute ist in Gärtnereien der alte Gattungsname Statice üblich.

Der Strandflieder hat ähnlich wie die Primeln zwei verschiedene **Blüten**, um eine Selbstbestäubung auszuschließen. Es gibt papillöse und glatte Stempel mit den dazugehörigen Pollen, die jeweils mit der anderen Sorte zusammenkommen müssen, um eine erfolgreiche Bestäubung zu vollziehen. Den hohen Bekanntheitsgrad verdankt die Pflanze ihrer prächtigen Blüte. Im August wird sie auf einigen Salzwiesen aspektbildend und überzieht große Flächen mit ihrer Farbenpracht. Diese üppigen Bestände sind jedoch selten geworden. Ursache für den Rückgang ist die Überweidung der Vorländereien. Der Strandflieder wird von Rindern und Schafen eigentlich nur ungern gefressen. Das Weidevieh und übrigens auch die Ringelgänse meiden ihn wegen der herben ledrigen Blätter. Eine geringe Beweidung inbesonders mit Rindern fördert ihn deshalb sogar. Überall dort aber, wo mit dem heute üblichen überhöhten Schafbesatz (EUsubventioniert!) beweidet wird, verschwindet die Art vollständig. Somit ist sie geradezu zur Zeigerart der Übernutzung geworden.

Um die letzten Strandfliederwiesen zu erhalten, ist die Art in die Bundesartenschutzverordnung aufgenommen worden und darf seitdem nicht mehr gepflückt werden; eine bei den Halligleuten, die ja sozusagen in den größten Vorkommen sitzen, heftig umstrittene Regelung. Die Ausflugsfahrten zur Halligblüte, von denen man einen Erinnerungsstrauß mit nach Haus nimmt, gehörten nämlich seit langem zu den touristischen Attraktionen an der Westküste. An diesem Beispiel wird deutlich, wie traditionelle Nutzungen, die aus der Sicht der Naturpädagogik zu begrüßen waren, in Zeiten des Massentourismus problematisch werden. Das Verbot, den Strandflieder zu pflücken, bedeutet eine weitere Entfremdung von der Natur, sie wird zum geschützten, unberührbaren Objekt der reinen Anschauung - bitte auf den Wegen bleiben - pflücken verboten!

Wie bereits erwähnt, gehören die **Salzdrüsen** des Strandflieders zu den höchstentwickelten Exkretionsorganen des Pflanzenreichs. Sie sind wissenschaftlich besonders intensiv untersucht worden und seien deshalb etwas eingehender besprochen (Abb. 44 b): Die eigentliche Drüse besteht aus insgesamt 16 Zellen. Davon stellen nur 4 die eigentlichen Exkretionszellen dar; sie haben eine kleine Öffnung zur Blattoberfläche. Die übrigen Zellen, 4 Nebenzellen und 2 x 4 Becherzellen haben unterstützende Funktion. Der ganze Komplex ist gegen die Nachbarzellen durch eine für Wasser und Salze undurchlässige Schicht abgeschlossen. Lediglich durch ein ‚Fenster' an der Basis der äußeren Becherzellen steht die Drüse mit den übrigen Blattzellen in Kontakt. Durch dieses Fenster werden die Salze über Tausende kleiner Plasmabrücken, die die beiden Zellen dort verbinden, in die Drüse gepumpt. Die Energie für diesen Vorgang wird durch eine besonders aktive Atmung der Drüsenzellen bereitgestellt. Im elektronenmikroskopischen Bild sieht man, daß sie angefüllt sind mit Mitochondrien. Seit einigen Jahren weiß man auch mehr über den Mechanismus der 'Salzpumpe'. Es werden die Chloridionen aktiv nach außen gepumpt die Natriumionen, strömen passiv hinterher (Ladungsausgleich). Damit aber nicht genug, man weiß auch, wie die Drüse reguliert wird. Sie arbeitet nicht fortwährend, sondern nur bei erhöhten Chloridkonzentrationen im Gewebe. Ist nur wenig Chlorid vorhanden, wird die Energieversorgung für die Salzausscheidung unterbrochen (Cl^- abhängige ATPase), also der Ionenpumpe sozusagen der 'Saft' abgedreht. Das erneute Einschalten kann sehr schnell vollzogen werden. Wird der Strandflieder mit Salzwasser überflutet, beginnt er bereits nach drei Stunden mit der Salzausscheidung. Die Zahl der Salzdrüsen auf der Blattfläche ist enorm hoch. Die Angaben schwanken zwischen rund 600 und 3000 Drüsen pro cm^2 Blattoberfläche. In einem Laborexperiment stellte sich heraus, daß *Limonium* 33 % der aufgenommenen Na^+-Ionen wieder ausscheidet. Diese Exkretionsrate wird nur noch von *Spartina* mit 60 % übertroffen. Bei den beiden übrigen Salzausscheidern unserer Salzwiesen, *Glaux maritima* und *Armeria maritima,* sind es nur 20% bzw. 4%.

Die sehr flexible Reaktion des Strandflieders auf Salzstreß macht es auch verständlich, daß wir ihn sowohl im unteren Andelrasen als auch in der oberen

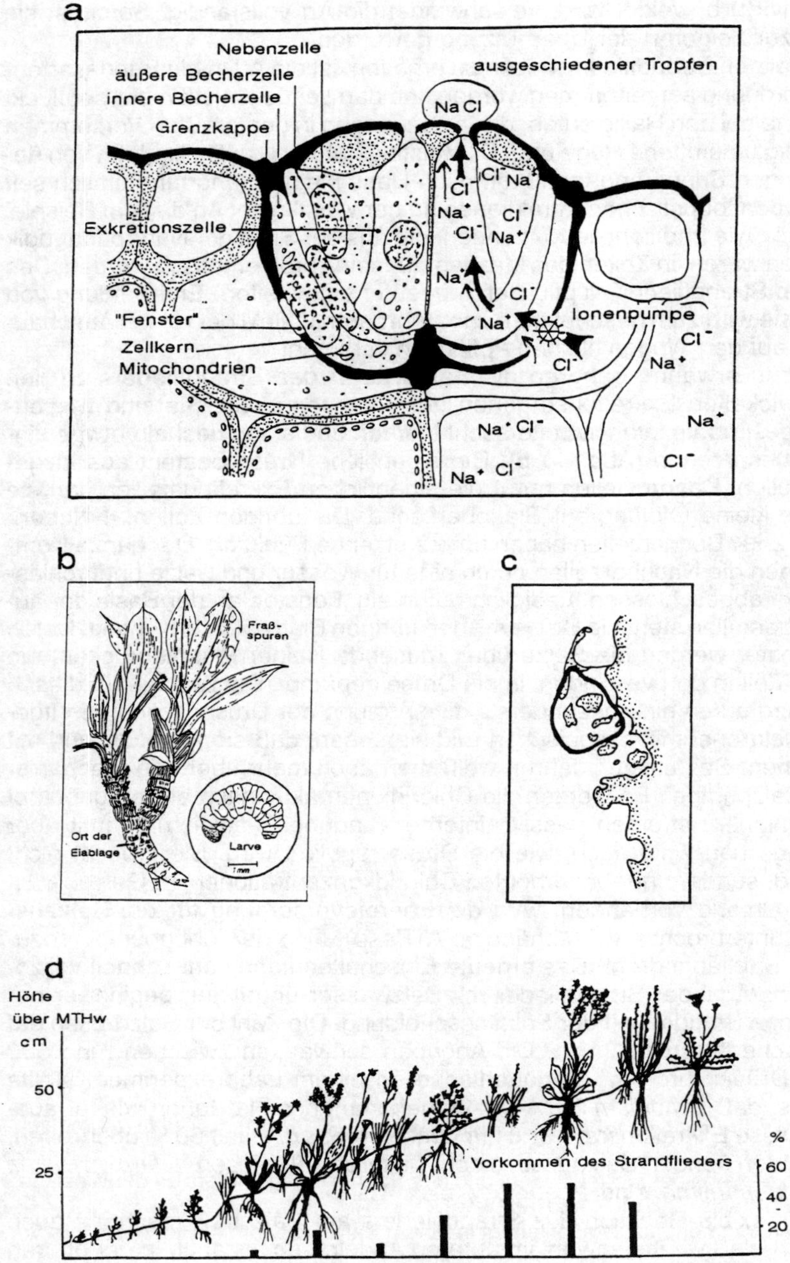
a
Nebenzelle
äußere Becherzelle
innere Becherzelle
Grenzkappe
ausgeschiedener Tropfen
Na Cl
Exkretionszelle
"Fenster"
Zellkern
Mitochondrien
Ionenpumpe
Na+
Cl-
Na+ Cl-
b
Fraß-
spuren
Ort der
Eiablage
Larve
1 mm
c
d
Höhe
über MTHw
cm
50
25
Vorkommen des Strandflieders
%
60
40
20

Salzwiese finden. Sein Optimum liegt jedoch im unteren Teil der Rotschwingelwiese (Abb. 44d), wo Überflutungen mit anschließender starker Austrocknung des Bodens duch Verdunstung besonders häufig vorkommen und die höchsten Salzkonzentrationen gemessen wurden.
Mit der Beschreibung seines Vorkommens sind wir schon bei der **Synökologie der Art** angelangt, das heißt, bei der Beschreibung des gesamten Wirkungsgefüges, in das diese Art eingespannt ist. Über die Beweidungempfindlichkeit wurde bereits berichtet, ebenso wie über die positive Selektion durch die Ringelgans. Wie steht es mit den Insekten? Hier gibt es ein spannendes Beispiel für die enge Spezialisierung einer Käferart - des Strandflieder-Rüßlers (*Apion limonii*). Dieser ist nicht nur auf das Vorhandensein seiner Wirtspflanze, sondern sogar auf die Wirtspflanze an ganz bestimmten Standorten angewiesen. Insgesamt haben sich auf den Halligflieder acht verschiedene pflanzenfressende Insektenarten spezialisiert. Der 3mm große Käfer frißt ausschließlich die Blätter. Als Larve lebt, frißt und überwintert er in der dicken Wurzel der Wirtspflanze. Nach der Paarung legt das Weibchen seine Eier in die Wurzeln ab. Der Käfer ist jedoch nicht in der Lage, sich durch den Boden hindurch Zugang zu den Wurzeln zu verschaffen. Er ist auf offenliegende freigespülte Wurzeln angewiesen. Folglich fehlt der Käfer in Salzwiesen, in denen die Sedimentation stark überwiegt oder die regelmäßig übersandet werden (z. B. St.-Peter-Ording). In Schleswig-Holstein ist die Art auf die Geestinseln und Halligen beschränkt (Abb. 44c). Während dort seit Jahrhunderten die erodierenden Vorgänge überwiegen, wurden die anwachsenden Salzwiesen am Festland immer dann bedeicht, wenn ihr Reifegrad das stetige Vorhandensein von geeigneten Eiablageplätzen für den Käfer zugelassen hätte. Dieses Beispiel belegt eindrucksvoll, wie sehr die Dynamik des Lebensraumes als auch seine Geschichte beim Naturschutz berücksichtigt werden müssen. Es ist eine Hiobsbotschaft für alle jene, die meinen, den Artenschutz durch eine Reihe auf dem Reißbrett entworfener Biotope gewährleisten zu können, statt durch eine lebendige Landschaft.

Naturschutzprobleme in den Salzwiesen

Salzwiesen stellen einerseits **natürliche Lebensräume** dar, die man möglichst ursprünglich erhalten möchte, andererseits werden sie in vielfältiger Weise vom Menschen genutzt. Sie werden als **Schaf- oder Rinderweiden** genutzt; sie die-

---

Abb. 44a: Aufbau und Funktion der Salzdrüsen des Strandflieders (Lütke Twenhöven, nach Ruhland, stark verändert).
Abb. 44b: Der Strandflieder und das Fraßbild des Strandflieder-Rüßlers, Ort der Eiablage und Darstellung der Larve.
Abb. 44c: Verbreitung des Strandflieders und des Strandflieder-Rüßlers an der Westküste Schleswig-Holsteins (nach Tischler 1980).
Abb. 44d: Vorkommen des Strandflieders in einem Salzwiesenprofil. Häufigkeit des Vorkommens in 25 Teilflächen eines Frequenzrahmens, Angaben in Prozent.

nen dem **Küstenschutz**, indem sie die auf die Küste zulaufenden Wellen frühzeitig brechen und als **Erholungsgebiet** für Einheimische und Touristen. Daraus ergeben sich selbstverständlich Auseinandersetzungen zwischen Naturschützern, Küstenschützern, Landwirten und Fremdenverkehrsgemeinden darüber, welche Eingriffe man in diesen Lebenraum zulassen soll.

Die Priorität lag früher eindeutig bei der **landwirtschaftlichen Nutzung**. In Nordfriesland beispielsweise wurden noch 1986 über 90 % der Salzwiesen begräst. Die Europäische Gemeinschaft subventioniert die Vorlandschäfer nach der Anzahl der Schafe, die Folge war, daß die Flächen stark überweidet wurden und eher Golfrasen denn Salzwiesen glichen. In intensiv beweideten Salzwiesen sind nur noch relativ wenige Arten zu finden. Da sich das Kleinklima bei Beweidung drastisch verändert, fallen in den kurzrasigen Vorländern ganze Tiergruppen aus, unter den Spinnen und Insekten leiden zuerst die empfindlichen, feuchtigkeitsbedürfigen Arten, unter den Insekten finden die Blatt- und Sproßsauger nicht mehr genügend Nahrung, oder es fehlen ihre Fraß- und Verpuppungsverstecke. Man denke nur an die Larven von *Mecinus collaris* in den Stengeln des Strandwegerichs, sie werden sich bei einer Beweidung im Magen eines Wiederkäuers wiederfinden. Es gibt auch einige Insektengruppen, die bei Beweidung zunehmen, zum Beispiel profitieren Stelzmückenlarven als Algenverzehrer von dem stärken Lichteinfall an der Bodenoberfläche. Die Bewohner der Stengelbasen von Gräsern werden durch die Vermehrung der Sproßzahl gefördert. Insgesamt aber nimmt sowohl die Anzahl der Pflanzenarten als auch der Tierarten bei intensiver Beweidung ab. Dies gilt auch für die Brutvogelarten, sie reagieren empfindlich auf die Störungen durch das Vieh, und es werden zahlreiche Gelege zertreten. Außerdem fehlt einigen Arten wie dem Rotschenkel die Deckung durch hochwüchsige Pflanzen. Wird die Beweidung eingestellt, nimmt die Zahl der Gelege dieser gefährdeten Art stark zu. Die Wirkungen auf die Zugvögel sind vielschichtig: Zum Beispiel mögen Ringelgänse den kurzgefressenen Andelrasen lieber als hochwüchsiges Gras. Außerdem erschwert ihnen hohes Gras das Sichern. Dies führt zu erheblichen Problemen auf den Halligen: Die Gänseschwärme bevorzugen die kurzgrasigen Weiden der Bauern und verbeißen die Gräser im Frühjahr derartig stark, daß die Rinder, wenn sie im Mai auf die Flächen kommen, kein Futter mehr finden. Andererseits leiden die Gänse unter den Störungen, die mit der Nutzung der Salzwiesen einhergehen. Erfahrungen aus lange unbeweideten Salzwiesen in Holland zeigen, daß Ringelgänse auch höherwüchsige Wiesen nutzen, wenn sie die Erfahrung gemacht haben, daß sie dort ungestört bleiben.

Mit der Einrichtung der **Nationalparke** beginnt sich die Situation zugunsten der Natur zu verändern. Zahlreiche Flächen sind seitdem völlig aus der Beweidung genommen worden und haben sich zu blütenreichen Lebensräumen entwickelt, die nun ihrerseits für den Reiz der ungestörten Natur Reklame machen. Allerdings gibt es auch im Naturschutz konkurrierende Zielvorstellungen. Die ungestörte Entwicklung ist in den deutschen Nationalparks ein Ziel, daß ganz oben oben auf der Prioritätenliste des Naturschutzes steht. Hierzu gibt es besonders in den Niederlanden auch abweichende Meinungen. Dort wird diskutiert, ob es nicht sinnvoll ist, einen Naturraum so zu managen, daß er möglichst vielen Tier- und Pflanzenarten gleichzeitig und auf engstem Raum als Lebensraum dient. Eine möglichst hohe Artenvielfalt sei angesichts der Artenbedrohung im Binnenland das wichtigste Naturschutzziel. Eine erhöhte Artenvielfalt ist in der oberen Salzwiese durch eine extensive Beweidung zu erreichen, da hier von Natur aus einige Pflanzen dazu neigen, einartige Bestände aufzubauen (dichte Rotschwingel- oder Queckenrasen). Als Konsequenz werden in Holland einige Flächen wieder beweidet, um diese Arten zurückzudrängen. Bei dieser Diskussion muß man sich aber die völlig verschiedene Situation in den Anrainerländern vor Augen halten: Während in Schleswig-Holstein und Jütland bis zur Errichtung der Nationalparke fast alle Salzwiesen intensiv beweidet wurden, waren in Niedersachsen und Holland 1980 schon etwa die Hälfte der Flächen ungenutzt und große Teile nur extensiv beweidet. Die Diskussion „natürlich" oder „optimiert artenreich" kann sinnvoll nur am konkreten Naturschutzobjekt entschieden werden. Im Einzelfall wird man sehen, ob man einzelnen, bedrohten Arten durch eine Beweidung die Existenzgrundlage sichern muß.

Aus Sicht des **Küstenschutzes** stellt das Vorland einen Energiewandler dar. Die Energie der anrollenden Wellen trifft nicht mit unverminderter Wucht auf den Deich. Wie muß aber ein Vorland beschaffen sein, das dieser Aufgabe gerecht wird? Noch vor wenigen Jahren hieß es: Wir brauchen ein möglichst breites, kurzrasiges, entwässertes und von Schafen festgetretenes Vorland. Besonders die Entwässerung durch parallelverlaufende Gräben war dem Naturschutz ein Dorn im Auge. Es konnte sich nirgendwo im Vorland ein natürliches Prielsystem ausbilden. Nasse Flächen mit ihren besonderen Lebensgemeinschaften waren nicht zu finden. Mittlerweile haben Untersuchungen gezeigt, daß auch ein unbeweidetes und unbegrüppeltes Vorland gleichermaßen die Deichsicherheit gewährleisten kann. Höhere Vegetation fängt zudem mehr Sediment und trägt somit zum Höherwachsen des Vorlandes und damit der Deichsicherheit bei. Die künstliche Entwässerung kann man auf den Deichfuß beschränken. Ein weiterer Streitpunkt zwischen Küstenschutz und Naturschutz ist schwieriger zu lösen: Die Küstensicherung durch Bauwerke wie Lahnungen, Steinbuhnen, Steinschüttungen, Steindämme usw. Der Bauingenieur in den Küstenschutzämtern ist bereits durch seine Ausbildung auf ein Sichern und Bewahren des Vorhandenen ausgerichtet, erodierende Vorlandkanten sind ihm daher suspekt, und die Aufgabe von bereits angewachsenem Vorland zugunsten eines Sedimenttransportes an eine andere Stelle widerstrebt seiner Berufsauffassung. Auf der anderen Seite wissen wir, daß das Vorland ein dynamischer Lebensraum ist, den gerade die oben genannten Vorgänge auszeichnen. Es sei an *Apion limonii* erinnert, der sogar auf den Vorlandabbruch angewiesen ist, um seine Eier ablegen zu können.

Es wird immer eine Auseinandersetzung geben müssen, wieviel Dynamik wir im Vorland zulassen können, und wann die Interessen der hinter den Deichen lebenden Menschen zusätzliche Küstensicherungsmaßnahmen notwendig machen. Es hat an dieser Stelle keinen Sinn, tiefer in diese Problematik einzusteigen, es lohnt sich aber, vor Ort eine Diskussion mit Einheimischen zu diesem Thema zu suchen. Es wird besonders im Hinblick auf die steigenden Wasserstände brisant bleiben.

Untersuchung 1: Der selbstgemachte Bestimmungsschlüssel (Freiland)

Spielerisches Kennenlernen der Pflanzenarten der Salzwiese.

Material: Papier und Bleistift, Schreibunterlage, farbige Schnüre oder Markierungsstäbe, evt. wasserdichte Sitzunterlage.

Dauer: 1 bis 2 Stunden.

Durchführung: Die Teilnehmer werden in Gruppen eingeteilt. Jede Gruppe bekommt eine zuvor mit farbiger Schnur oder Holzstöckchen umgrenzte Untersuchungsfläche (0,5 m^2) mit dem Auftrag, alle verschiedenen Pflanzenarten zu finden und für diese einen Bestimmungsschlüssel zu entwerfen. Die Teilnehmer entdecken dabei die ungewöhnliche Morphologie der Salzwiesenarten. Sie lernen, wie ein Teilnehmer es ausdrückte, „ein Fleckchen Erde total kennen". Es bietet sich für Anfänger an, Flächen in der Nähe der Hochwasserlinie auszuwählen, da diese besonders artenarm sind. Für anspruchsvollere Untersuchungen sollte eine Fläche in der unteren und eine in der oberen Salzwiese liegen. Mit Hilfe des selbstgemachten Schlüssels soll anschließend eine andere Gruppe die Pflanzen finden und die Namen zuordnen. Je nach Altersstufe und Motivation der Gruppe werden den Arten Phantasienamen gegeben oder die richtigen Namen mit dem Bestimmungsbuch ermittelt. Besonders reizvoll ist es nach meiner Erfahrung, einen reinen Tast- und Schmeckschlüssel zu entwerfen, den die andere Gruppe selbstverständlich mit verbundenen Augen erproben muß. In den Salzwiesen gibt es keine giftigen Pflanzen. So kann ein derartiger Bestimmungsschlüssel aussehen (erstellt von Schülern einer 11. Klasse):

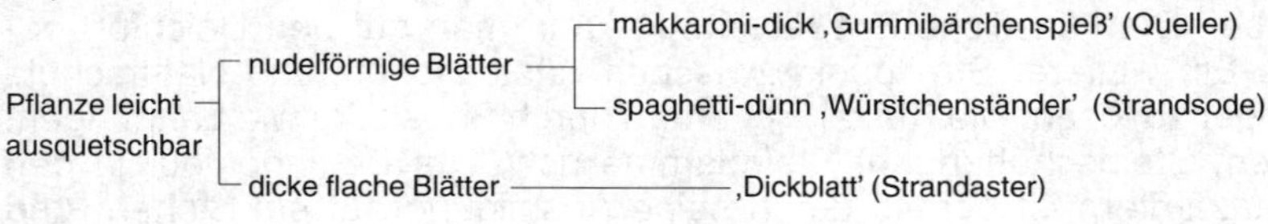

Arten, die von den Bestimmungsschlüsseln nicht unterschieden wurden (z.B. Andel - Rotschwingel, Strandflieder - Aster), werden abschließend besprochen und eingebaut. Es kann sich eine Diskussion über den Wert der exakten Namensgebung anschließen. Shakespeare meinte dazu: *„ Was sind uns Rosen, wie immer sie auch hießen, sie würden lieblich duften"*

Untersuchung 2 : Fingerabdrücke von Salzdrüsen (Labor)

Material: Mikroskope, Objektträger, Deckgläser, eine Tube UHU (mit Lösungsmittel) oder Nagellack, Rasierklinge oder Skalpell, Pinzette, Zeichenmaterial.

Dauer: 1 Stunde.

Durchführung: Auf die Blattoberfläche von Strandfliederblättern wird eine sehr dünne Schicht UHU-Normal-Klebstoff oder Nagellack aufgetragen. Nach dem Trocknen werden kleine Stückchen in einem Wassertropfen auf dem Objektträger unter dem Mikroskop betrachtet. Die Uhu-Abzüge sehen beim Abziehen recht unansehnlich und schrumpelig aus. Um so überraschter ist der Betrachter, wenn er im mikroskopischen Bild die sehr ästhetischen Oberflächenstrukturen sieht. Die Abdrücke geben die Feinstruktur der komplizierten Drüsen besser wieder als die meisten Dünnschnitte. Die von der Blattoberseite gewonnenen Abzüge sind meist besser.

Zur Vertiefung kann man die erstaunlich hohe Anzahl der Drüsen pro Fläche bestimmen. Mit Hilfe eines Projektionsaufsatzes oder einer Kamera kann man eine Reise über die Blattoberfläche zu Pink-Floyd-Musik inszenieren.

Untersuchung 3: Verteilung der Arten an der Hochwasserlinie – Erkundungen mit der Schlauchwaage (Freiland)
In kleinen Gruppen, jede ausgestattet mit einer Schlauchwaage, können folgende Fragestellungen beantwortet werden: Wie tief dringt der Queller oder das Schlickgras unter die Hochwasserlinie vor? Was ist der tiefste und der höchste Standort des Strandflieders? Wie verteilen sich die beiden Quellerarten an der Hochwasserlinie?

Material: Schlauchwaage und Meßlatten, Gummiringe zum Befestigen der Schlauchwaage, Stöcke oder Markierungsstäbe, Tidenkalender, Armbanduhr, evt. wasserdichte Sitzunterlage, Protokolliermaterial, falls Transekte erstellt werden sollen, ein Maßband.

Vorbereitung: Ein durchsichtiger Kunststoffschlauch mit Stopfen an den Enden (Baumarkt) wird mit Gummiringen an zwei Meßlatten befestigt. Die Meßlatten besteht aus einem Vierkant-Holzstab (1000 x 30 x 30 mm), auf den ein Maßband aufgeklebt wurde. In das untere Ende der Meßlatten kann man einen 3 mm starken Gewindestab einsetzen, um den Stab in den Boden stecken zu können. Das ist aber nicht unbedingt erforderlich.

Frühzeitig im Tidekalender nachsehen, wann das Hochwasser zeitlich günstig liegt. Springtide-Termine (2-3 Tage nach Voll- und Neumond) beachten. Geeignete Stelle suchen, wo Wind und Wellen die Beobachtung nicht stören.

Das Prinzip der kommunizierenden Röhren und ihre Nutzbarmachung muß zuvor an einer Abbruchkante im Vorland oder an der Eingangstreppe der Unterkunft erklärt werden.

Dauer: Mindestens 1 Stunde.

Durchführung: Zu Beginn muß die Hochwasserlinie ermittelt werden; sie stellt das Bezugsniveau für alle nachfolgenden Untersuchungen dar. Zugleich bietet diese Messung die Möglichkeit, die Teilnehmer zum stillen Beobachten des aufsteigenden Wassers und des Scheitelpunktes der Tidebewegung anzuleiten (siehe Einleitung). An einer geeigneten Stelle verteilen sich die Gruppen an der Vorlandkante. Die Hochwasserlinie wird deutlich markiert und der Zeitpunkt des Kenterns festgestellt. Ist die Hochwasserlinie markiert, tritt die Schlauchwaage in Aktion. Es wird gemessen, ob alle die gleiche Höhe bestimmt haben. Anschließend beginnen die Arbeitsgruppen mit ihren eigenen kleinen Forschungsvorhaben mit der Schlauchwaage und gegebenenfalls einem Maßband. Die Höhe des gemessenen Hochwassers in Bezug auf das langjährige Mittel kann man telefonisch bei der nächstgelegenen Schleuse erfragen.

Die nächste Stufe der Salzwiesenerkundung kann die Feststellung des Höhenniveaus einer Untersuchungsfläche im Andelrasen im Vergleich zu einer im Rotschwingelrasen sein. Diese Fragestellung kann sich aus der Diskussion der unterschiedlichen Artenzusammensetzung der beiden Flächen ergeben (Untersuchung 1). Welcher Faktor sorgt für die Zonierung der Arten? Wie oft werden diese überflutet?

Untersuchung 4: Erstellen eines Vegetationsprofils – Arbeiten mit dem Frequenzrahmen (Freiland)

Material: Frequenzrahmen, evt. wasserdichte Sitzunterlage, Protokolliermaterial.

Dauer: Mindestens 2 Stunden.

Durchführung: Ein Holzrahmen (1x1m) wird mittels Schnüren in Teilquadrate (16 oder mehr) eingeteilt und entlang eines vorher vermessenen Profils in bestimmten Abständen auf die Salzwiese gelegt. Es wird festgestellt, in wievielen der Teilquadrate die untersuchte Art vorkommt. So kann ein Verbreitungsdiagramm einzelner Arten im Salzwiesenprofil erstellt werden (Abbildung 44d).

Untersuchung 5: Salzstrategien von Pflanzen der Salzwiese (Freiland, Labor)

Material: Marmeladengläser oder Plastikbecher, Kochsalz, Spülwanne, evt. Leitfähigkeitselektrode, Protokolliermaterial.

Dauer: Mehrmals täglich über einen halben Tag verteilt.

Durchführung: Anknüpfungspunkte für eine intensivere Beschäftigung mit der „Salzstrategie" der Vorlandpflanzen gibt es viele. Falls ein Schmeck-Bestimmungsschlüssel erstellt wurde, ist dabei aufgefallen, daß manche Arten salzig schmecken, andere aber süß. In einem anderen Fall führt die Beobachtung, daß die „normalen" Pflanzen in den Salzwiesen weitgehend fehlen zur Frage, „wie die Vorlandpflanzen das Salz aushalten."

Wir gehen ins Vorland und sammeln Blätter des Strandflieders, der Strandaster und des Strandwegerich sowie die oberirdischen Sprosse des Quellers, des Schlickgrases und des Andels (große Pflanzen suchen). Die Pflanzen werden für den Transport in eine Plastiktüte gesteckt, damit sie nicht welken. In der Unterkunft werden sie zunächst gründlich gewaschen, wobei die Pflanzen einzeln mit den Fingern abgerieben und anschließend mit Fließpapier abgetupft werden. Dann stellt man sie in die mitgebrachten Marmeladengläser. In die Gläser haben wir zuvor Leitungswasser oder Salzwasser gefüllt (2 Eßlöffel Salz in einem Liter Wasser lösen). Die Gläser werden an einen nicht zu sonnigen Fensterplatz gestellt. Die Salzausscheidung kann stündlich oder nach einer Wartezeit von 4 - 5 Stunden kontrolliert werden. Für den Salztest gibt es zwei Möglichkeiten: Erstens, einfach unsere für Salz sehr sensible Zunge als Testorgan nutzen; zweitens, die Blätter bzw. Sprosse wiederholt in ein Glas mit Leitungswasser oder deionisiertem Wasser tauchen und die Zunahme der Leitfähigkeit mit einer Elektrode messen. Darauf achten, daß keine Salzlösung aus den Aufbewahrungsgläsern in die Testlösung gelangt, z.B nur einen bestimmten oberen Teil der Pflanze wiederholt eintauchen.

Auf diese Weise werden der Strandflieder und das Schlickgras als Salzausscheider entlarvt. Anschließend wird mittels des Schmecktestes festgestellt, welche Arten Salz in ihren Zellen angereichert haben. Die sukkulenten Arten sind die Salzspeicherer. Das Andelgras schmeckt süß - reichert also Zucker an und ist in der Lage, die Salzaufnahme zu vermeiden.

Statt des Schmecktestes kann die zelluläre Salzkonzentration auch annähernd mit Hilfe der Leitfähigkeitselektrode bestimmt werden: Von verschiedenen Pflanzen eine bestimmte Menge im Mixer zerkleinern, wiegen, die gleiche Menge deionisiertes Wasser zugeben, stehenlassen und periodisch die Leitfähigkeit der Lösung bestimmen, bis keine Änderung mehr feststellbar ist.

Untersuchung 6: Vereinfachte Bestimmung des Salzgehaltes im Boden. (Freiland, Labor)

Material: Stechzylinder aus PE-Rohr (z.B. 4,6 cm Durchmesser und 3 cm Länge), Gläser für Babynahrung mit Deckel, Leitfähigkeitselektrode und Eichgerade, deionisiertes Wasser, Meßzylinder, Spritzflasche, Taschenrechner, Protokolliermaterial.

Dauer: Mindestens 2 Stunden.

Durchführung: Zur exakten Bestimmung des Salzgehaltes der Bodenlösung muß zuvor der Wassergehalt des Bodens bestimmt werden. Dazu muß der Boden getrocknet und gewogen werden. Außerdem müssen die Salzionen quantitativ von den Austauscheroberflächen des Bodens gelöst werden. Um diese zeitaufwendigen Prozeduren zu umgehen, wird im Folgenden ein vereinfachtes Verfahren vorgeschlagen, das einen schnellen Vergleich der Salzgehalte des Bodens erlaubt. Es ist aber nicht geeignet, die exakten Salzgehalte zu bestimmen.

Vor der Probennahme werden Gläser für Babynahrung mit Hilfe von Meßzylinder und Leitungswasser auf 200 ml kalibriert. Zur Probenahme wird in einer möglichst vegetationsfreien Lücke in der Grasnarbe ein Stechzylinder in den Boden gedrückt, bis die Oberkante des Rohres mit der Bodenoberfläche abschließt. Dann wird das Rohr mit Hilfe eines stabilen Messers ausgegraben, so daß man den Bodenzylinder am unteren Ende des Rohres gerade abschneiden kann. Der Inhalt des Stechrohrs wird noch am Entnahmeort in ein Glas für

Babynahrung überführt und verschlossen. Im Labor übergißt man die Bodenproben mit deionisiertem Wasser bis etwa 2/3 der kalibrierten Wassermenge. Dann werden die Gläser kräftig geschüttelt, bis eine feinkörnige Suspension entsteht. Schließlich füllt man alle Probengläser mit Hilfe einer Spritzflasche bis zum Eichstrich mit deionisiertem Wasser auf. Diesen Ansatz läßt man eine Stunde stehen und schüttelt ihn zwischenzeitlich mehrfach. Anschließend wird in der Aufschwemmung die Leitfähigkeit gemessen und mit Hilfe der Eichkurve (Abb. 3) der Salzgehalt der Lösung ermittelt. Da wir den ursprünglichen Wassergehalt der Proben nicht kennen, beziehen wir die gefunde Salzmenge auf den mittleren Wassergehalt des Bodens bei Wassersättigung. In sehr unterschiedlichen Böden der Salzwiese liegt dieser Wert erfahrungsgemäß meist im Bereich von 60 Vol% . Ein Stechzylinder mit den oben genannten Maßen enthält bei Wassersättigung 30 ml Wasser. Durch diesen Trick haben wir trotz des unterschiedlichen Wassergehalts der Proben eine einheitliche Bezugsgröße für den Vergleich der Salzgehalte. Der Mittelwert von 60 Vol.% wird in der Regel nur um 15 % unter- oder überschritten, so daß wir einen entsprechend großen Fehler in Kauf nehmen.

6.11 Seegras und Großalgen

Seegraswiesen

Mitunter sieht man auf einer Wattwanderung schon von von weitem dunkelgrün schimmernde Flächen. Bei näherer Betrachtung findet man dort Pflanzen mit riemenartigen, schmalen Blättern die von parallelen Leitbündeln durchzogen sind. Es ist offensichtlich keine Alge, sondern eine Höhere Pflanze. Die ganz nahe Betrachtung bringt schließlich Sicherheit: Die Pflanze hat Blüten.

Seegräser sind die einzigen Blütenpflanzen, die das Sublitoral und die tiefliegenden Watten besiedeln. Man kann zwei Arten unterscheiden: Das Seegras *Zostera marina* (Unterart *stenophylla*) mit etwa 3 mm breiten, grasgrünen Blättern und das Zwergseegras *Zostera noltii,* mit nur 1 mm breiten, dunkelgrünen und kürzeren Blättern. Manchmal wachsen beide in unmittelbarer Nähe, aber immer deutlich voneinander getrennt. Das Zwergseegras wächst dann auf einer trockenfallenden Wattfläche, während die Schwesterart daneben in einer seichten Pfütze wächst. Bereits ein Höhenunterschied von einem Zentimeter bewirkt einen vollständigen Dominanzwechsel. *Zostera marina* ist zwar konkurrenzkräftiger, ist aber empfindlicher gegen Austrocknung. Es hat daher sein Hauptverbreitungsgebiet unterhalb der Niedrigwasserlinie.

Als einzige Blütenpflanze im Watt zieht die **Fortpflanzungsbiologie** dieser Art natürlich das Interesse auf sich. Wie sieht eine Unterwasserblüte aus, wie der Pollen, und wie wird bestäubt? Wie in diesem unsteten Lebensraum zu erwarten, muß alles ganz schnell gehen. Die weiblichen und männlichen Blüten liegen in einer sogenannten Spatha, einem teilweise durchsichtigen Hüllblatt, in einer Doppelreihe angeordnet. Die weiblichen Blüten werden zuerst befruchtungsfähig. Sie richten sich auf und strecken ihre Narben eine nach der anderen aus dem Hüllblatt. Dieser Prozeß dauert nur wenige Stunden, oft ist er bereits nach einer Stunde abgeschlossen. Das Aufblühen der männlichen Blüten kündigt sich durch das Erscheinen einer kleinen Gasblase in der Spatha an. Die Gasblase entweicht aus den inneren Gaskanälen, die das ganze Blatt durchziehen und ihm Auftrieb geben. Die Gasblase kann austreten, weil sich die Staubbeutel von dem Blatt abtrennen und eine kleine Wunde hinterlassen. Die Gasblase enthält hauptsächlich Luft, aber auch Ethen, das vermutlich als Signalstoff dafür sorgt, daß sich alle gelblich-grünen Antheren eines Blütenstandes innerhalb einer Stunde aus dem Hüllblatt strecken und den Pollen freisetzen. Die Pollensäcke reißen auf und entlassen ein Knäuel langer, fadenförmiger Pollen. Werden die Pollen unter Wasser freigesetzt, schweben sie relativ lange und können an den vorgestreckten Narben der weiblichen Blüten hängenbleiben. Die Fadenform der Pollen erhöht die Trefferquote und ist vorteilhaft für die Verankerung an den weiblichen Blüten. Öffnen sich die Pollensäcke aber an der Wasseroberfläche, zum Beispiel bei Ebbe im Eulitoral, so verhalten sich die Pollen ganz anders. Kaum sind sie aus dem Pollensack, verteilen sie sich explosionsartig auf der Oberflächenhaut des Wassers und bilden ein kleines Netz. Offenbar haben die Pollen eine besondere wasserabweisende Oberflächenstruktur, die in diesem Fall ein Absinken verhindert (Untersuchung 1). Das auf dem Wasser treibende Netz kann nun von den benachbarten weiblichen Narben gleichsam auf den Haken genommen werden. Man vermutet, daß die Bildung der Pollennetzchen auf der Wasseroberfläche die Wahrscheinlichkeit einer Befruchtung erhöht. Der dreidimensionale Raum für eine Bestäubung ist auf eine zweidimensionale Schicht reduziert. Noch am gleichen Tag ziehen sich die weiblichen Blüten wieder in die häutige Blatthülle (Spatha) zurück und werfen den Griffel samt Narben ab. Erst dann beginnt in dieser Spatha die oben beschriebene Reifung der männlichen Blüten, so ist eine Bestäubung der Blüten im selben Hüllblatt unmöglich und die Wahrscheinlichkeit einer Fremdbestäubung erhöht.

Das Große Seegras hat früher eine wesentlich bedeutendere Rolle im Ökosystem Wattenmeer gespielt. Es wurde vom Menschen hektarweise gemäht und zur Matratzenfüllung verwendet. Aus Holland liegen Berichte vor, daß es auch zum Deichbau benutzt wurde. Die großen Seegrasbestände wurden aber um 1930 von einem amöboiden Parasit *Labyrinthula* fast vollständig vernichtet. Die Krankheit breitete sich damals von Nordamerika her an allen Küsten des Nordatlantiks aus. Während sich aber die Seegrasbestände an anderen Küsten wieder erholten, sind die sublitoralen Seegraswiesen im Wattenmeer nicht wieder entstanden. Im Gegenteil, inzwischen wurde in Holland und Niedersachsen ein erneuter starker Rückgang der eulitoralen Seegraswiesen beobachtet, von dem z.T. auch das Zwergseegras betroffen ist. Nur das schleswig-holsteinische Wattenmeer blieb bisher von diesem erneuten Seegrassterben verschont.

Mit dem **Verschwinden der großen Seegrasbestände** ist eine wichtige Komponente im Ökosystem ausgefallen. *Zostera*-Wiesen gehörten zu den Hauptproduzenten im Watt. Die Seegraswiesen stiegen bis etwa 3 m unter die mittlere Niedrigwasserlinie hinab und bedeckten in der südlichen Nordsee eine Gesamtfläche 100.000 ha mit einer geschätzten Jahresproduktion von rund einer halben Million Tonnen Trockenmasse. Pro Jahr und Hektar erzeugen die

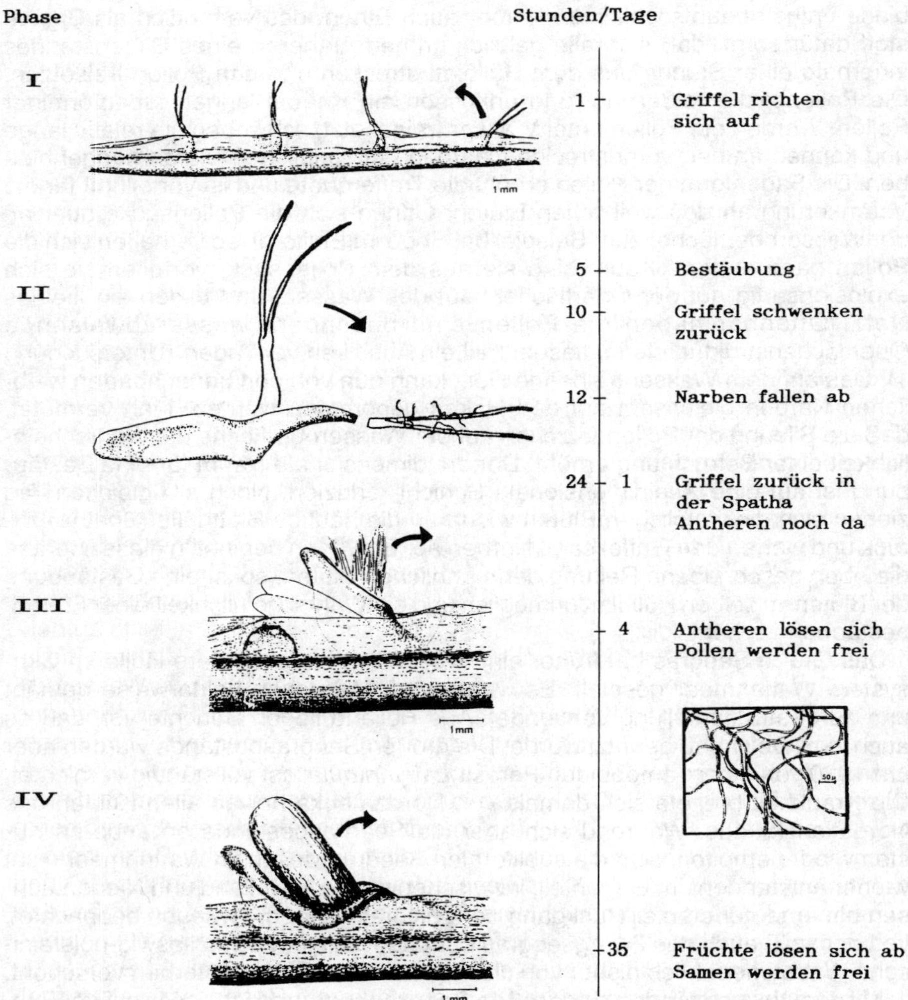

Abb.45: Zeitskala der Blütenentwicklung und der Samenreife beim Seegras (*Zostera marina*). (Lütke Twenhöven, nach De Cock 1980, verändert.)

Seegraswiesen also so viel wie eine Mähwiese (50 dt) am Festland. Da ein großer Teil der Seegrasblätter jährlich vom Meer auf die Watten geschwemmt wurde, war dies eine der wichtigsten Nahrungsquellen des Wattenmeeres. Zu der Produktion des Seegrases selbst muß man noch diejenige der Aufwuchsalgen hinzurechnen. Die Blätter sind regelmäßig von einem dichten Algenteppich überzogen, der sich übrigens gut zum Mikroskopieren eignet.

Einige Vogelarten ernähren sich während der Zuges von Seegras, wie zum Beispiel die Ringelgänse aus der nordsibirischen Tundra. Auch die Bestände der Ringelgans sind in den 30er Jahren dramatisch zurückgegangen, was von einigen Forschern auf den Ausfall dieser Nahrungsquelle zurückgeführt wurde. Neuerdings mehren sich die Hinweise, daß die Bejagung die entscheidende Ursache für den Rückgang war.

Die Ursachen des heute zu beobachtenden Rückgangs des Seegrases bzw. der nicht erfolgenden Wiederbesiedlung der Watten sind unklar. Veränderte Strömungsverhältnisse, erhöhte Trübung des Wassers, Vergiftung durch Chemikalien und die Eutrophierung werden diskutiert. Wahrscheinlich ist ein ganzer Faktorenkomplex für die Schädigung der Bestände verantwortlich. Die Folgen der Überdüngung lassen sich leicht beobachten: im Herbst sind die Blätter beider *Zostera*-Arten meist von einem dichten Pelz aufwachsender Algen überzogen, die den Pflanzen das Licht entziehen. In Holland ist zudem beobachtet worden, daß das Seegras immer stärker von Kleinkrebsen gefressen wird. Eine chemische Untersuchung ergab, daß *Zostera marina* bei hoher Stickstoffdüngung weniger Phenole produziert, die als Fraßschutz dienen. Die Kleinkrebse fallen dann über die schmackhafteren Pflanzen her. In Anbetracht der allgemeinen Überdüngung unserer Ökosysteme werden zur Zeit die verschiedenen Lebensgemeinschaften des Wattenmeers daraufhin untersucht, ob sie mehr Nährsalze freisetzen als sie verbrauchen oder umgekehrt - in der Sprache der Systemökologen, ob sie „source“ oder „sink“ sind, das heißt Netto-Quellen oder Netto-Verbraucher im Ökosystem darstellen. Bei oberflächlicher Betrachtung erwartet man selbstverständlich, daß die Seegraswiesen mehr Mineralstoffe aufnehmen als sie abgeben. Es ist aber zu bedenken, daß die *Zostera*-Pflanzen die im Sediment vorhandenen Vorräte anzapfen und über die Blätter ans Wasser abgeben können. Isotopen-Experimente haben bewiesen, daß Phosphat- und Stickstoffionen von *Zostera* aus dem Sediment aufgenommen werden und sehr rasch in den Blättern und bald darauf auch in der epiphytischen Flora nachgewiesen werden können. Es findet also auch ein Nährsalzexport vom Sediment in die Wassersäule statt. Welcher der genannten Prozesse überwiegt, wird heute durch quantitative Untersuchungen der Stoffströme erforscht. Dazu werden Strömungskanäle in eine Seegraswiese gebaut, an deren Enden das ein- und ausströmende Wasser untersucht wird. Eine derartige Bilanzierung ergab, daß die Nährsalzaufnahme die Nährsalzfreisetzung in Seegraswiesen etwas übersteigt. Sie stellen daher Nährsalz-“sinks“ dar und stehen damit im Gegensatz zu unbewachsenen Wattböden und in noch stärkerem Gegensatz zu Muschelbänken, die Nährsalz-„sources“ im Wattenmeer darstellen (vergleiche Kapitel 5.8).

Auf die Anpassung von *Zostera* an das Leben im Salzwasser sei an dieser Stelle nur kurz eingegangen. Sie entspricht im wesentlichen einer auch bei den Höheren Pflanzen der Salzwiesen gefundenen Strategie, die im vorangegangenen Kapitel ausführlich erörtert wurde. *Zostera* nimmt Salz über die Wurzeln und den Sproß auf. In der Zelle findet eine Kompartimentierung statt, das heißt, die Salze werden in der Vakuole gespeichert und zum Ausgleich des osmotischen Gefälles wird im Cytoplasma die Aminosäure Prolin angereichert. Zusätzlich können osmoregulatorische Zellen die Salze auch wieder ausscheiden und die Zelle vor toxischen Konzentrationen bewahren.

Großalgen im Watt

Das Watt ist als Lebensraum für makrophytische Algen denkbar ungeeignet, denn es fehlen die Hartsubstrate, auf denen sie wachsen könnten, fast vollständig. Dort wo sich trotzdem Großalgen finden, sind fast immer Tiere an der Ansiedlung beteiligt, sei es, daß sie selbst als Verankerung dienen, oder daß sie durch ihre Grabtätigkeit für eine Verankerung sorgen.

Ein Teil der Muschelbänke im Gezeitenbereich ist mit dem Blasentang (*Fucus vesiculosus*) bewachsen, der im Wattenmeer mit einer weitgehend blasenlosen Unterart, dem sogenannten *Fucus mytili,* vorkommt. Dieser nutzt die Muschelschalen zu seiner Verankerung. Die Algendecke verändert die gesamten Austauschprozesse der Muschelbank mit der Umgebung erheblich. Da der Algenbesatz zu einer erhöhten Sedimentation führt, werden die Muscheln zum Teil im Schlick begraben und sterben ab.

Erst seit dem Ende der 80er Jahre wird auf vielen Wattflächen eine **Massenbesiedlung mit benthischen Grünalgen** beobachtet. Streckenweise gleichen die Wattflächen seitdem einer grünen Wiese. Wahrscheinlich ist die Eutrophierung für dieses Phänomen verantwortlich. Im wesentlichen sind an der Bildung der Algenmatten vier leicht unterscheidbare Gattungen beteiligt: Der Meersalat (*Ulva lactuca*), der Wasserdarm oder Darmtang (*Enteromorpha* sp.), *Chaetomorpha* und *Cladophora*. Die Algenbedeckung ist eine ernste Bedrohung der Lebensgemeinschaften im Watt. Die Algenmatten decken den Wattboden zu und behindern den Sauerstofftransport ins Sediment. Unter den verrottenden Algen dehnt sich der giftige Schwefelwasserstoffhorizont bis an die Oberfläche aus. Die Bodenfauna wandert aus diesen Flächen aus oder stirbt ab. Durch die anoxischen Verhältnisse werden aus dem Wattboden vermehrt Phosphationen freigesetzt, die wiederum das Wachstum der Algen förden. Somit schaukelt sich dieser Prozeß durch positive Rückkopplung auf.

Die Algen werden nur von wenigen Tieren als Nahrung benutzt, so daß eine Reduzierung durch Tierfraß nicht zu erwarten ist. Im Gegenteil, Tiere sind maßgeblich an der Entstehung der Algenmatten beteiligt. Die Algengeflechte rutschen in die Freßtrichter des Wattwurm und werden dort in 10- 20 cm Tiefe verankert und so vor dem Verdriften geschützt. Selbst die kleine Wattschnecke kann die Bildung großer Algenfelder auslösen: In schlickigen Watten finden keimende *Enteromorpha*-Sporen keine Sandkörner, an denen sie sich verankern können. Es gelingt aber trotzdem eine Ansiedlung auf den Gehäusen der hier massenhaft vorhandenen Wattschnecken. Auf solchen Flächen konnten bis zu 30.000 Grünalgenkeimlinge pro Quadratmeter gezählt werden. Sind die Algen herangewachsen, werden sie zusammen mit den anhaftenden Schnecken freigespült und verdriftet. In der Strömung verflechten sie sich zu großen Algenteppichen. Die Fäulnis in dem treibenden Algenmaterial läßt in den Prielen anoxische Sedimentbereiche entstehen. Reduziertes Bodenmaterial, von den Gezeiten hin und her transportiert, kann dann die gesamte Prielsohle zum Umschlagen in den anaeroben Zustand bringen. Vom Flugzeug aus konnte man in den letzten Sommern zahlreiche derartiger „schwarzer Priele“ im Watt ausmachen.

Untersuchung 1: Beobachtungen am Seegras (Freiland, Labor)

Material: Spitze Pinzette, Lupe 10-15fach, evt. Mikroskop und Mikroskopierzubehör, Protokolliermaterial

Dauer: Mindestens eine Stunde.

Durchführung:

1. Der Entwicklungszustand von Seegrasblüten kann mit Hilfe der Abbildung 45 bestimmmt werden. Aus den reifen Pollensäcken kann der fadenförmige Pollen herauspräpariert und unter dem Mikroskop beobachtet werden. Mitunter platzen die Pollensäcke in der Präparierschale unter Bildung des beschriebenen Pollennetzchens.
2. Die epiphytische Lebensgemeinschaft auf Seegrasblättern kann mit der Kante eines Objektträgers abgestreift und unter dem Mikroskop beobachtet werden.

Untersuchung 2: Biomassebestimmungen bei Seegras und Großalgen (Freiland, Labor)

Material: Waage, Protokolliermaterial, Plastiktüten, alte Zeitungen, Schere, Zollstock oder Rahmen.

Dauer: Mindestens zwei Stunden, über zwei Tage verteilt.

Durchführung: Seegras und Grünalgen trocken leicht ab, so daß eine Phytomassenbestimmung innerhalb von zwei bis drei Tagen auch ohne Trockenschrank gelingen kann.

Auf einer repräsentativen Fläche von einem viertel Quadratmeter werden alle Großalgen, Seegrassprosse oder Seegraswurzeln geerntet und in Plastiktüten verpackt. Faktoren des Entnahmeortes werden notiert: Überstauungszeit, Untergrundbeschaffenheit, Nähe zum Priel oder zur nächsten Schleuse, wo belastetes Wasser vom Festland eingeleitet wird. Die Pflanzen werden an geeigneter Stelle in der Unterkunft auf Zeitungspapier getrocknet. Die Mittelwerte der Biomasse von jeweils 4 Parallelproben werden verglichen und zu den am Entnahmeort vorgefundenen Umweltbedingungen in Beziehung gesetzt.

7 Bedrohungen des Wattenmeeres

Das Wattenmeer liegt im direkten Einflußbereich der Nordsee und des Festlandes. Die enge Verzahnung von Land und Meer bedingt sowohl seine Einmaligkeit als auch seine besondere Gefährdung. Die heute vielfach zutage tretenden Probleme der Nordsee sind zugleich auch Probleme des Wattenmeeres. Und die Landnähe beschert dem Wattenmeer Schadstoffeinträge, intensive Nutzungen z.B. durch Beweidung der Vorländer (siehe Kap. 6.10.), durch Fischerei und durch den Tourismus. Als Küstenregion wird das Wattenmeer von den Folgen des sich ausweitenden Schiffsverkehr betroffen: Öl und Müll, Ausbau der Verkehrswege und der Hafenanlagen. Hinzu kommen Öl- und Gasförderungen sowie der Bau von Pipelines. Schließlich existieren eine Reihe militärischer Einrichtungen am oder im Wattenmeer. Alle gefährdenden Einflüsse wirken auf einen nur 10 bis 30 km schmalen Küstenstreifen. Es ist daher nicht verwunderlich, daß der im Wattenmeerschutz besonders engagierte WWF 1991 anläßlich der 6. Trilateralen Wattenmeerkonferenz in Esbjerg feststellte: „Zehn Jahre gemeinsamer Bemühungen für den Wattenmeerschutz haben noch nicht einer Verschlechterung des ökologischen Zustandes entgegenwirken können." Als Ergebnis dieser Konferenz stellten die Umweltminister der drei Wattenmeerstaaten unter anderem den Grundsatz auf, „so weit wie möglich ein natürliches und sich selbst erhaltendes Ökosystem, in dem natürliche Prozesse ungestört ablaufen können, zu erreichen."

7.1 Öl

Seit dem Unglück der Torrey Canyon 1967 vor Cornwall sind die Gefährdungen der Küsten durch Öl ins Bewußtsein gerückt. Die Serie von schweren Tankerunfällen im Winter 1992/1993 hat die Diskussion heftiger aufflammen lassen. Für das gesamte Wattenmeer ist die Gefahr einer vernichtenden Ölpest groß, denn es grenzt an eine der am stärksten befahrenen Seeschiffahrtsstraßen der Welt. Zudem ist seine ökologische Empfindlichkeit in Bezug auf Ölverschmutzung besonders hoch. Ein Ölteppich, der aus der Deutschen Bucht auf die Küste zutriebe, würde die periodisch trockenfallenden Watten flächig bedecken. Das Öl würde das Leben im Wattboden ersticken oder zumindestens vergiften, und es würde vor allem lange im Ökosystem verbleiben, so daß unabsehbare Spätfolgen drohen. Fachleute gehen davon aus, daß noch nach weit mehr als 5 Jahren die Auswirkungen nachweisbar wären.

Eine **Ölbekämpfung** ist im Wattenmeer wegen seiner besonderen Gegebenheiten nur wenig wirksam. Durch die Seegatten und Wattströme mit ihren hohen Strömungsgeschwindigkeiten kann treibendes Öl schnell eindringen. Breitet es sich dann aus, so kommt es bereits beim nächsten Niedrigwasser mit dem Sediment in Kontakt und wird dort gebunden. Durch Absaugen läßt sich daher nur ein kleiner Teil des Öls erfassen. Zudem funktioniert dieses Verfahren nur bei einer ruhigen Wasseroberfläche. Schließlich bereitet das Abtragen von verölten Sedimentflächen große technische Schwierigkeiten und ist fast unmöglich. Chemische Bekämpfungsmittel, meist Dispergatoren, haben eine stark toxische Wirkung auf das gesamte Ökosystem.

Bisher spielen Öleinträge in die Nordsee aus Tankerunfällen allerdings eine mengenmäßig untergeordnete Rolle. Untersuchungen ergeben meistens, daß das Öl aus dem normalen Schiffsbetrieb stammt. Nach dem starken Anstieg der Ölpreise 1973/74 wurden viele Schiffsmaschinen auf den billigeren Schwerölbetrieb umgestellt. Dabei fallen aber erheblich größere Mengen an Rückständen an als bei Dieselbrennstoffen (Ölfilter, Schlämme in den Tanks, Bilgenabwässer), die dann illegal auf See abgelassen werden. Etwa 90% der Ölverschmutzung der Nordsee stammen vermutlich aus dem Schiffsbetrieb. Hier kann nur eine kostenlose Zwangsentsorgung in den angelaufenen Häfen, die aber neuerdings wieder eingestellt wurde, und eine lückenlose Überwachung der Schiffahrtswege aus der Luft Abhilfe schaffen. Heute fliegen mehrere Flugzeuge die Schiffahrtsrouten mit Spezialkameras ab, und die abgelassenen Ölreste können kriminalistisch genau dem Verschmutzer zugeordnet werden, jedoch ist das Überwachungsnetz viel zu weitmaschig. Wirkungsvoller wäre eine Euro-Coast-Guard nach amerikanischem Vorbild. Dies erscheint umso notwendiger, als durch den zunehmenden Kostendruck auf die internationale Schiffahrt einerseits immer billigere Treibstoffe mit mehr Rückständen eingesetzt werden, andererseits das illegale Abpumpen dieser Rückstände auf See zunimmt. Einträge aus der Luft und durch die Flüsse sowie der Betrieb von Förderanlagen Offshore stellen weitere Quellen der Ölverschmutzung der Nordsee dar. Im Wattenmeer vor Dithmarschen wird seit 5 Jahren Öl gefördert, was für den gesamten Bereich ein erhebliches Gefährdungspotential darstellt und so die Schutzbemühungen im Rahmen des Nationalparks konterkariert. Seit Ende der siebziger Jahre werden immer häufiger tote verölte Seevögel an die Küsten angetrieben (siehe Abb. 46).

Seevögel können als **Bioindikatoren** für die Ölverschmutzung gelten. „Der Bioindikator muß ständig in bestimmten Umweltbereichen vorkommen, muß aus diesem Bereich seine Nahrung suchen, eine relativ schnelle Generationsfolge haben, gut beobachtbar sein. Wichtig ist darüber hinaus, daß der Bioindikator auf negative wie auch auf positive Veränderungen seiner Umwelt möglichst deutlich und schnell reagiert. Der Seevogel erfüllt alle diese Anforderungen in fast idealer Weise" (Vauk zit. aus Buchwald 1990). Besonders betroffen sind Arten, die überwiegend tauchend auf dem Meer nach Nahrung suchen, wie die Trottellummen, Eiderenten, Samt- und Trauerenten sowie Meerestaucher. Durch die verölten Seevögel konnte überhaupt erst nachgewiesen werden, daß die Hauptquelle der Ölbelastung in der Nordsee der normale Schiffsbetrieb ist. Die Folgen der Verölung für die Seevögel sind verheerend: Verlust der Wasserfestigkeit und der Wärmeisolation des verölten Gefieders, Streß durch heftigere Schwimm- und Putzbewegungen, Erfrieren, Verhungern. Vielfach sind auch äußerlich scheinbar saubere Seevögel Ölpestopfer: Sie putzen sich intensiv und schlucken da-

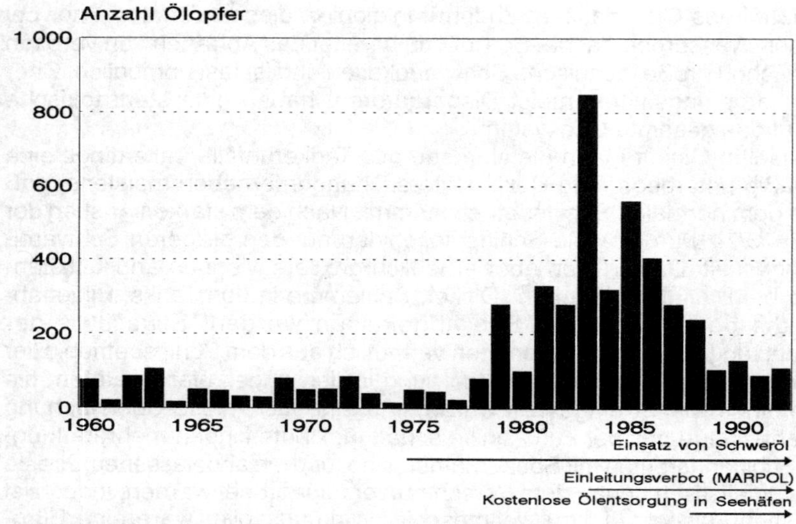

Abb. 46: Ölpestopfer unter den Seevögeln auf Helgoland. Die Datenreihen von dieser Insel sind am umfangreichsten und dürften repräsentativ für die gesamte deutsche Nordseeküste sein (verändert nach BUCHWALD 1990, ergänzt durch neuere Daten des Umweltbundesamtes).

bei das Öl in den Verdauungstrakt. Das so aufgenommene Öl wirkt giftig: letal, fortpflanzungshemmend oder krebsauslösend. Bei Funden von noch lebenden Ölvögeln ergibt sich immer wieder die Frage, wie man helfen kann. Rechtlich ist es nicht zulässig, ohne Genehmigung wildlebende Tiere aus der Natur aufzunehmen. Damit werden sich die von der Not des einzelnen Tieres bewegten Strandwanderer aber sicher nicht zufrieden geben. Man sollte in solchen Fällen unbedingt die Tiere in Ruhe lassen und Naturschutzorganisationen informieren. Ein Entölen des Gefieders erfordert eine anschließende Hälterung über mehrere Wochen in Gefangenschaft, bis das Federkleid wieder voll funktionsfähig ist. Dies bedeutet einen enormen Streß für die Tiere, dem sie oft erliegen. Zudem können die Spätfolgen der Verölung keinesfalls beseitigt werden. Fachleute schätzen, daß nur wenige Prozent der entölten Vögel eine Überlebenschance haben.

7.2 Schwermetalle und Chlorkohlenwasserstoffe

Schwermetalle spielten vor dem industriellen Zeitalter praktisch keine Rolle in marinen Ökosystemen. Dies zeigen jedenfalls Untersuchungen von Bohrkernen aus der Deutschen Bucht, wo sich diese Stoffe vor allem an Feinsedimenten anlagern. Erst durch industrielle Prozesse gelangten größere Mengen ins Meer. Bis in die siebziger Jahre nahm ihr Eintrag in die Nordsee zu; heute stagniert er.

Zwar wurde das direkte Einbringen von Schwermetallen durch Abfallverbrennung auf See oder durch Verklappung deutlich verringert. Der Eintrag über die Atmosphäre und durch die Flüsse ist aber gestiegen. Deshalb gelangen diese hochgiftigen Stoffe weiterhin in die Nordsee. Der Gehalt an Schwermetallen in den Sedimenten wird in den nächsten Jahren voraussichtlich nicht abnehmen. Denn sie sind nicht abbaubar und bleiben in den Ökosystemen erhalten. Durch chemische und biologische Wechselwirkungen werden sie immer wieder aus dem Boden freigesetzt und den Nahrungsketten zugeführt.

Das Beispiel **Quecksilber** läßt die Problematik von Schwermetallen in der Deutschen Bucht und im Wattenmeer gut erkennen: Seit den fünfziger Jahren sind die Gefährlichkeit dieses Metalles und seine Ausbreitung in Nahrungsketten ins Bewußtsein gerückt. Damals starben im japanischen Minamata 46 Personen an einer bis dahin nicht bekannten Nervenkrankheit. Eine Fabrik hatte Quecksilber ins Meer geleitet, Bakterien setzten es in das gut lösliche Methylquecksilber um; dieses wanderte über die Nahrungsketten vom Plankton in Muscheln und Fische und wurde schließlich von den Menschen aufgenommen. Quecksilber besitzt von allen Schwermetallen die höchste Toxizität. Es passiert die Blut-Gehirn-Schranke, wird in Nervenzellen angereichert und zerstört diese. Folgen sind Störungen im Bewegungs- und Sprechapparat, Verlust der Hörfähigkeit, Blindheit, Koma und Tod. Quecksilber überschreitet leicht die Plazentaschranke und schädigt Embryonen. Obwohl es mit 70 Tagen eine relativ geringe Verweildauer in Organismen besitzt, kann es sich doch vor allem in Form des fettlöslichen und hochgiftigen Methylquecksilbers stark in Organismen anreichern: In Fischen um das 30 bis 1.000fache gegenüber dem Wasser, in Nahrungsketten insgesamt um das 100 bis 10.000fache.

In etwa einem bis zwei Meter Tiefe im Sediment ist der „geochemische background“ des Quecksilbers erkennbar, die natürliche Belastung der Umwelt mit diesem Stoff. Die Tiefe der Sedimentschicht kann aufgrund der Sedimentationsbedingungen mit ihrem Alter in Beziehung gesetzt werden. So ist erkennbar, daß der Quecksilbergehalt erst mit der Industialisierung im letzten Jahrhundert deutlich zugenommen hat.

Die gebundenen Quecksilber-Mengen können nun durch unterschiedliche Vorgänge mobilisiert werden. Planktonorganismen dienen als „Schleuse“ in die Nahrungsketten. Die Aufnahme der Schwermetalle wird durch eine Vielzahl von Faktoren beeinflußt; maßgeblich für die Erhöhung der Quecksilberkonzentration gegenüber dem Meerwasser um das 10 bis 100fache sind die große resorbierfähige Oberfläche der sehr kleinen Plankter (alle Phytoplankter der Nordsee besitzen zusammen eine Oberfläche von 6 x 10^6 km^2!) und ihre hohe Stoffwechselleistung (die gelösten Schwermetalle werden knapp 2 x pro Jahr von Planktern umgesetzt!).

In der nächsten Nahrungs-Ebene, beim Zooplankton sowie bei den Muscheln, Schnecken, Ringelwürmern und Krebstieren des Meeresbodens findet erneut eine erhebliche Anreicherung statt. Besonders deutlich ist dies bei Arten zu beobachten, die sich filtrierend ernähren. Seit 20 Jahren werden Miesmuscheln aus verschiedenen Meeresgebieten international standardisiert auf Schadstoffgehalte untersucht. Die Art ist aufgrund ihrer weiten Verbreitung, ihrer geringen ökologischen Ansprüche und ihrer filtrierenden Ernährungsweise geeignet. Zudem werden sie als Nahrungsmittel einer besonders gründlichen Kontrolle unterworfen. In der inneren Deutschen Bucht zeigt sich deutlich der Einfluß der Schadstofffracht der großen Flüsse (Abb. 47). Miesmuscheln der Elbe und der Wesermündung weisen bei weitem die höchsten Quecksilbergehalte auf. Für die Verteilung der Quecksilberbelastung in der gesamten Nordsee hat sich der Einsiedlerkrebs als idealer Testorganismus erwiesen. Seine Untersuchung bestätigte die besondere Belastung der küstennahen Bereiche.

Soll man nun aufgrund dieser Schadstoffmuster keine Meerestiere mehr essen? Droht das Minimata-Phänomen auch bei uns? Dies ist sicher eine Frage der aufgenommenen Menge. Bei normalen Konsumgewohnheiten werden nach wie vor durch Nahrung aus dem Meer weitaus weniger Schwermetalle in den menschlichen Körper zugeführt als über die übrige Ernährung. Laboruntersuchungen haben gezeigt, daß zwischen den aktuellen Schwermetall-Konzentrationen im Meerwasser und der nachweisbaren Schädigungsgrenze noch

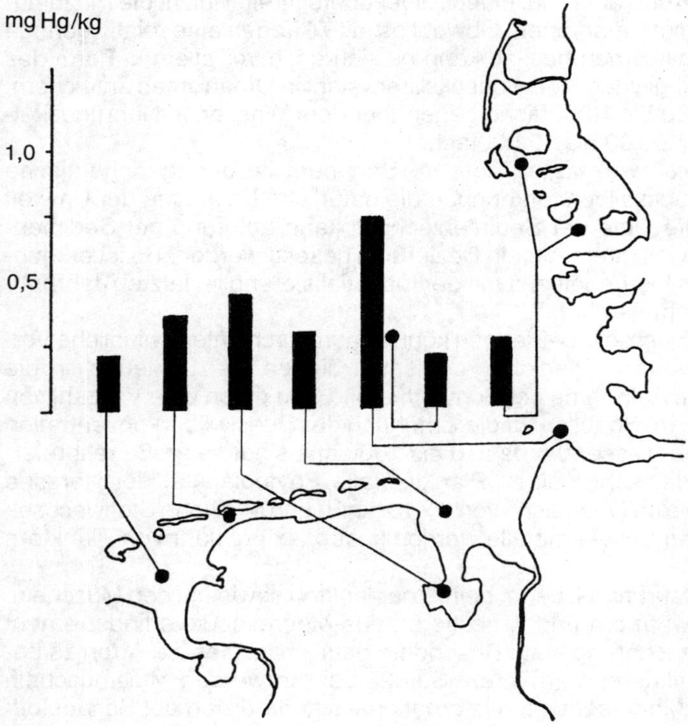

Abb. 47: Quecksilber in Miesmuscheln der Deutschen Bucht 1986/87. Werte gemittelt in mg/kg Trockensubstanz (nach LOZAN u.a. 1990).

eine Zehnerpotenz liegt. Berücksichtigt man jedoch, daß viele Wechselwirkungen diese Schädigungsgrenzen herabsetzen können, so ist die Aussage sicher berechtigt, daß die Grenze der Belastbarkeit von Organismen durch Schwermetalle nahezu erreicht ist.

Chlorierte Kohlenwasserstoffe (CKW) werden wie das Quecksilber durch menschliche Tätigkeit in die Umwelt freigesetzt. Die Vielzahl der angewendeten Stoffe und Stoffgemische sowie deren in der Umwelt gebildeten Metaboliten bereitet große analytische Schwierigkeiten; nur etwa 5% der CKW's aus den Analysen sind zu identifizieren. Die polychlorierten Biphenyle (PCB), ein Gemisch aus etwa 120 ähnlich gebauten Stoffen (Kongenere) gelangen seit etwa 1930 in die Umwelt. Ihre Anreicherung in der Nahrungskette wurde aber erst 1966 zufällig entdeckt, weil sie beim Nachweis bekannter CKW in Fischen störten. PCB fanden bis zu ihrem Produktionsverbot zunächst Verwendung in offenen Systemen, z.B. in Farben und Harzen. Danach wurde die Anwendung nur noch in geschlossenen Systemen als Isolierflüssigkeit (Transformatoren) und als Hydrauliköl erlaubt. Aufgrund der Langlebigkeit und dem weiteren Betrieb der vorhandenen PCB-haltigen Anlagen kann man davon ausgehen, daß in den kommenden Jahrzehnten keine Verringerung ihrer Konzentration in der marinen Umwelt eintreten wird. Der Eintrag in die Nordsee liegt nach wie vor bei geschätzten 3 bis 10 t über die Flüsse und bei 3 t über die Atmosphäre.

Die PCB-Konzentrationen in verschiedenen Organismen der Nordsee und des Wattenmeeres spiegeln ihre Stellung in der Nahrungskette wieder:

Meerwasser	10^{-6} ppm
Phytoplankton	10^{-3} ppm
Zooplankton	10^{-2} ppm
Wattwurm	10^{-2} ppm
Miesmuschel	10^{-2} ppm
Scholle	10^{-1} ppm
Seeschwalbe	10^{1} ppm
Silbermöwe	10^{1} ppm
Seehund	10^{2} ppm

Der starke Anstieg der Konzentration vom Meerwasser zum Phytoplankton erklärt sich aus der sehr großen Oberfläche der Planktonorganismen, die eine Akkumulation durch Sorption um mehrere Zehnerpotenzen ermöglicht. Das Plankton der Nordsee ist bis zu 50 x stärker mit PCB belastet als das Plankton im Atlantik. Als Testorganismus zur Kartierung der PCB-Belastung hat sich auch hier der Einsiedlerkrebs bewährt; neben seiner weiten Verbreitung bietet er den Vorteil, daß sein lipidhaltiger Hinterleib die fettlöslichen Schadstoffe besonders gut speichert.

PCB werden mitverantwortlich für das Seehundsterben 1988 in der südlichen Nordsee gemacht, weil diese Stoffe das Immunsystem schädigen. Weitere durch PCB hervorgerufene Schädigungen betreffen die Mobilität männlicher Samenzellen sowie die Follikelreifung. PCB greifen in den Metabolismus von Fortpflanzungshormonen bei Wirbeltieren ein. Die Folgen von PCB-Belastungen sind

Auf keinen Fall Möweneier essen

Umweltministerium: Schadstoffbelastung ist nach wie vor hoch

NORDFRIESLAND (fub). Möweneier sind hochgradig giftig und sollten keinesfalls gegessen, gesammelt oder verkauft werden. Das ergab jetzt die offizielle Antwort des Kieler Umweltministeriums auf eine Anfrage.

So sind bereits im Jahre 1989 an 17 Orten in Schleswig-Holstein Möweneier untersucht worden. Fast überall wurden zu hohe Konzentrationen an Polychlorierten Biphenylen (PCBs), Pestiziden und Quecksilber festgestellt. Auch im Kreis Nordfriesland sind die Eier der Seevögel verseucht und krankheitserregend, nachgewiesenermaßen auf der Hallig Langeneß und den Inseln Föhr sowie Amrum.

Während die Möweneier auf Langeneß und Föhr die Grenzwerte für PCB um das doppelte überschritten haben, sind sie auf Amrum sogar um das sechs- bis achtfache zu hoch, was noch im Bereich des Verträglichen wäre.

Diese Schadstoffbelastung von vor drei Jahren besteht fort, erklärt die Landesregierung. So gibt es seitdem keine behördliche Freigabe mehr, Möweneier vermarkten zu dürfen. „Der Verzehr von schadstoffbelasteten Möweneiern ist zweifelsfrei als gesundheitsbedenklich anzusehen," heißt es aus dem Umweltministerium.

Die enormen Schadstoffmengen ließen sich darauf zurückführen, daß die Vögel sie nur in sehr geringem Maße abbauen können. Außerdem müsse davon ausgegangen werden, daß die Tiere aufgrund ihrer Ernährunsgewohnheiten und ihrer Stellung in der Nahrungskette permanent giftige Substanzen aufnehmen. Um diese Entwicklung weiterzuverfolgen, will die Landesregierung auch im nächsten Jahr wieder Möweneier untersuchen lassen. Die Ergebnisse sollen als „Bioindikator" dienen.

Abb. 48: Aus den Husumer Nachrichten vom 26.8.1992.

umso schwerer abzuschätzen, als sich mit anderen CKW eine gesteigerte Toxizität ergibt. In Ökosystemen sind langlebige Arten, die am Ende von mit PCB belasteten Nahrungsketten stehen, besonders gefährdet: Während der Hering „nur" 6,6 mg PCB/kg Körperfett enthält, sind es im Speck von Seehunden der Deutschen Bucht durchschnittlich 170 mg. Auch Seevögel sind erheblich PCB-belastet. So starben im Winter 1987 nach einem kräftigen Kälteeinbruch einige hundert Austernfischer. Untersuchungen ergaben stark erhöhte Gehalte an PCB in den Lebern der verendeten Tiere. Sie hatten wohl unter Nahrungsmangel ihre Fettreserven mobilisiert, und dabei wurde der Körper mit den Giften „überschwemmt". Möweneier sind heute so stark belastet, daß sie nicht mehr zum Verzehr geeignet sind (siehe Zeitungsartikel, Abb. 48).

Beim Menschen finden sich vergleichsweise hohe Konzentrationen in der Muttermilch (2 mg/kg Fett; in Kuhmilch 0,4 mg/kg Fett). Die höchstzulässige Menge an PCB in der menschlichen Nahrung liegt bei etwa 1 mg/kg Nahrung.

7.3 Eutrophierung

Phosphate, Nitrate und Silikate nehmen eine Schlüsselstellung im Nährsalzhaushalt der Meere ein. Ihre Konzentration steuert im Sommerhalbjahr maßgeblich die Planktonblüten. Von 1962 bis 1985 nahmen im Wasser der Deutschen Bucht der Gehalt an Nitrat-Stickstoff um das Vierfache und der Gehalt an Phosphat-Phosphor um das 1,5-fache zu. Im unmittelbaren Einflußbereich der großen Flüsse liegen diese Konzentrationen noch höher. Sie verdeutlichen, wie gravierend das Problem der Eutrophierung für die Nordsee und damit auch für das Wattenmeer geworden ist. Von den 1,6 Millionen Tonnen Stickstoff, die jährlich vom Land in die Nordsee gelangen, werden 0,5 Mio Tonnen durch die Luft eingetragen. Hauptursachen sind die intensive Landwirtschaft mit ihrer Massentierhaltung und die Abgase von Verbrennungsmaschinen. Über das gesamte Niederschlags-Einzugsgebiet der Nordsee kommen fast zwei Drittel der Stickstoffeinträge aus der Luft. Als Folge der Nährsalzzufuhr steigt die Phytoplankton-Produktion. Vor allem die Flagellaten profitieren vom erhöhten Stickstoff-Angebot, denn ihr Wachstum wird nicht wie bei den Kieselalgen durch Silikat begrenzt. Die Biomasse der Flagellaten hat in den vergangenen 20 Jahren um das Vierfache zugenommen. Heute gilt für die küstennahe Nordsee nicht mehr der klassische Ablauf des Phytoplankton-Jahresganges mit Frühjahrs- und Herbstmaximum, sondern es treten unvermittelt und unvorhersehbar Blüten einzelner zum Teil auch giftiger Arten auf (siehe Kap. 6.8.). Das Absterben dieser Planktonmassen führt zur Sauerstoffzehrung am Boden, was wiederum ein Absterben von Bodentieren nach sich zieht. In den achtziger Jahren traten mehrfach ausgedehnte sauerstofffreie Flächen am Boden der Deutschen Bucht auf.

Für das Wattenmeer als Teilökosystem der Nordsee hat die Eutrophierung in mehrfacher Hinsicht Konsequenzen. Zunächst einmal bedingt das planktonreiche Wasser eine stärkere **Trübung**. Eine der Folgen ist beispielsweise das weitgehende Verschwinden der Rotalgen aus dem Wattenmeer. Sie besiedeln eher größere Tiefen, wo nun Lichtmangel herrscht. Auf den Wattflächen kommt es in den letzten Jahren zu **Massenvermehrungen von Grünalgen**, vor allem von *Enteromorpha*-Arten. Sie bilden teilweise dicke Matten und ersticken die Bodenfauna darunter. Die wirbellosen Tiere des Wattenmeeres profitieren direkt oder indirekt vom vermehrten Nahrungseintrag aus der Nordsee. In den vergangenen 30 Jahren hat sich ihre Biomasse vervierfacht.

Umgekehrt setzt das Wattenmeer aus dem mit der Flutwelle eingetragenen Detritus Nährsalze frei. Durch seine Kläranlagenfunktion (siehe Kap. 5.8., Tab. 4) werden Stickstoff- und Phosphorverbindungen in die Nordsee exportiert und verstärken dort wiederum das Wachstum des Phytoplankton. Auch anthropogene Eingriffe ins Wattenmeer können die **Nährsalz-Freisetzung** stark erhöhen. So geben die Miesmuscheln von den Kulturbänken große Mengen Ammonium ab. Auf natürlichen Bänken nehmen die darauf siedelnden Braunalgen, wie der blasenlose Blasentang *Fucus vesiculosus*, Nährsalze auf.

Im Sommer 1984 wurden auf Sandwattflächen in Niedersachsen erstmals „schwarze Flecken“ beobachtet. Sie stehen in Zusammenhang mit der zunehmenden Eutrophierung, denn sie beruhen auf einem vermehrten Eintrag von organischer Substanz in den Wattboden. Ihre Größe schwankt von wenigen Quadratdezimetern bis zu einigen Quadratmetern, und sie haben einige Wochen Bestand. Mittlerweile sind sie im gesamten Wattenmeer zu beobachten. Bisher bedecken die schwarzen Flecken bisher nur wenige Promille der Fläche, können aber bei weiter zunehmender Eutrophierung zu einer Bedrohung von Teilen des Wattenmeeres werden. Ihr Auftreten geht mit einer längerfristig beobachteten Abnahme der Dicke der Oxidationszone vor allem in Sandwatten einher. Die dunklen Sandstränge, die die Wattwürmer beim Fressen von sulfidhaltigem Sediment abgeben, zeigen diesen Trend ebenso an wie dunkel gefärbte Schalenklappen der dicht unter der Sedimentoberfläche siedelnden

Herzmuscheln. Treten schwarze Flecken an der Bodenoberfläche auf, so erodieren die oberen Zentimeter des Sedimentes, denn es wird nicht mehr durch den Schleim der Kieselalgen verfestigt. In diesen Senken sammelt sich sauerstoffarmes Wasser und verhindert die Diffusion von Luftsauerstoff ins Sediment. Zusätzlich verhindern graue Matten von *Beggiatoa*-Bakterien das Eindringen von Sauerstoff. Die Mikroorganismen oxidieren Schwefelwasserstoff mit Hilfe von Sauerstoff zu Schwefel oder Sulfat, können also nur an dieser Grenzfläche zwischen Luft und anoxischem Sediment gedeihen. Unter dieser Abdeckung existieren keine höheren Lebewesen mehr.

7.4 Eindeichungen

Eindeichungen werden seit rund tausend Jahren von der Küstenbevölkerung betrieben (siehe Kap. 4). Insbesondere betrafen sie den Biotoptyp der Salzwiese. Dieser Bereich war sowohl durch seine Landnähe als auch durch seine hohe Lage gegenüber dem MTHw und seinen nährstoffreichen Böden besonders begehrt. Noch in den letzten 15 Jahren sind alleine vor den Festlandsdeichen Schleswig-Holsteins über 2.000 ha Salzwiese durch Eindeichung verlorengegangen, so daß es dort heute nur noch 6.900 ha Salzwiesen gibt.

Es soll an einem Beispiel die Frage geklärt werden, ob eingedeichte Flächen einen Ausgleich für die ursprünglichen Wattflächen erbringen können. Der im Sommer 1987 eingedeichte Beltringharder Koog, ehemals Nordstrander Bucht, ist das bestuntersuchte Gebiet: Nach dem Deichschluß wurde es überwiegend dem Naturschutz gewidmet. Die Untersuchungen begannen lange vor dem Deichbau und werden noch weiter fortgesetzt, was einen guten Vergleich zwischen früherem Watt und heutigem Zustand zuläßt. Große Flächen des Gebietes werden von einem flachen Salzwasser-See eingenommen, der durch eine schmale Verbindung in Wasseraustausch mit dem Watt steht. So können Meerestiere und ihre planktischen Larven in den See gelangen. Daneben finden sich Süßwasserbereiche, Sukzessionsflächen und Feuchtgrünland.

Der **Knutt** kann als Bioindikator über den Wert des neuen Kooges für viele Watvogelarten herangezogen werden. Diese Vögel nutzen das Wattenmeer überwiegend als Energie-Tankstelle für ihren Langstreckenzug und sind daher in besonderem Maße auf den Nahrungsreichtum und auf die schnelle Erreichbarkeit der Nahrungsquellen angewiesen (siehe Kap. 6.6., Abb. 32). Denn erst die in wenigen Wochen angelegten Fettvorräte ermöglichen ihnen den weiten Flug in die Arktis und sind eine Voraussetzung für die erfolgreiche Fortpflanzung. Ist dies aufgrund des Nahrungs-Angebotes nicht mehr möglich, müßten sich die Vogelbestände in den betreffenden Wattbereich verringern. Vor der Eindeichung war das Gebiet der Nordstrander Bucht ein bevorzugter Rast- und Nahrungsraum für diese Zugvögel. Gut ein Viertel des gesamten im Wattenmeer anzutreffenden Knutt-Bestandes konzentrierte sich hier. Ihre Anzahl hat sich dann mit dem Deichschluß im Sommer 1987 drastisch reduziert. Die wichtigsten und ergiebigsten Nahrungsorganismen, die Plattmuschel (*Macoma*

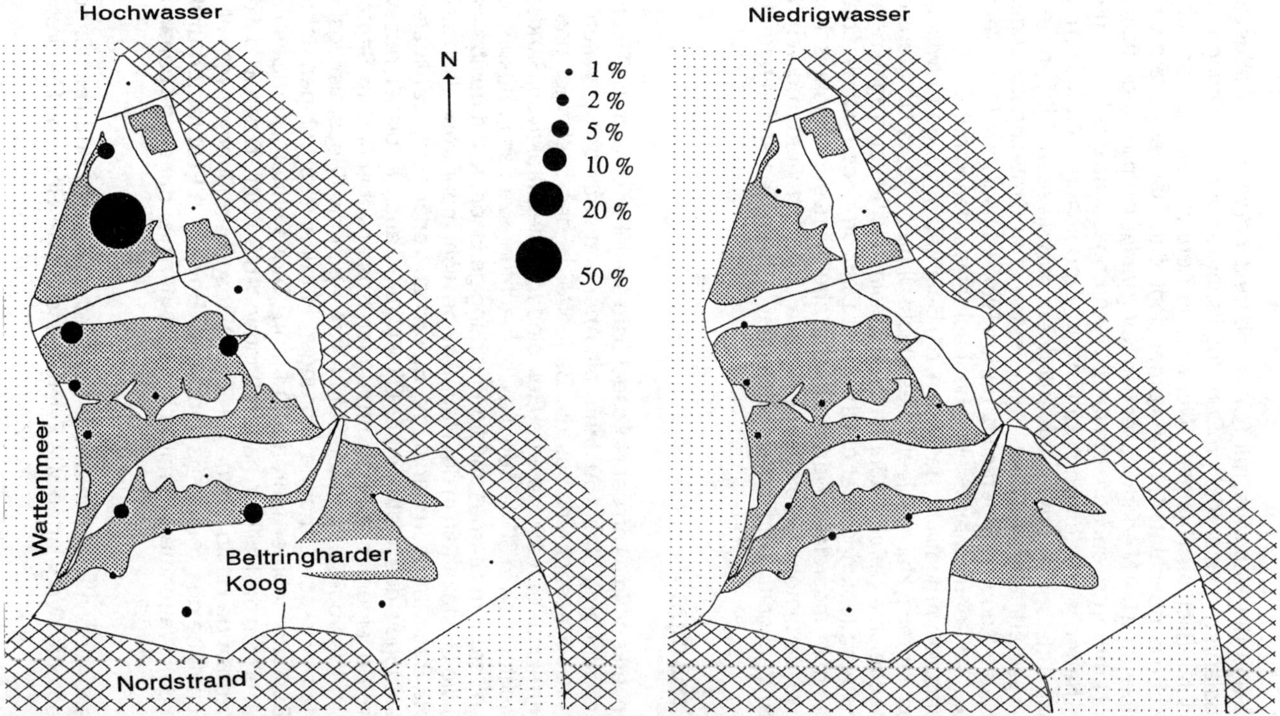

Abb. 49: Rast- und Nahrungsverhalten der Knutts im neueingedeichten Beltringharder Koog (nach HÖTKER u.a. 1993). Zahlen: Anteil an der Knutt-Population der gesamten Region. Rautiert: Festland und ehemalige Insel Nordstrand, grob gerastert: Wattenmeer, fein gerastert: Wasserflächen im Beltringharder Koog, weiß: Wiesenflächen im Beltringharder Koog.

balthica) und die Herzmuschel (*Cerastoderma edule*) waren abgestorben. In den Folgejahren nutzten die großen Vogelschwärme den Beltringharder Koog fast ausschließlich als Rastplatz. Nur wenige Tiere wurden bei der Nahrungssuche im Koog beobachtet. Abb. 49 verdeutlicht, daß fast der gesamte Hochwasser-Rastbestand bei Niedrigwasser den Koog verläßt, um im angrenzenden Wattenmeer Nahrung zu suchen. Die für die Nahrungssuche des Knutts geeigneten Flächen haben sich demnach durch die Eindeichung stark verringert. Die Untersuchungsergebnisse lassen erkennen, daß diese Art hier große Bestandminderungen erlitten hat, was bereits bei früheren Großeindeichungen, wie im Hauke-Haien-Koog, im Eiderästuar und im Rickelsbüller bzw. Margarethen-Koog an der deutsch-dänischen Grenze beobachtet werden konnte.

Das Beispiel verdeutlicht, daß Arten, die Beeinträchtigungen in wichtigen Phasen ihres Jahreszyklus erleiden, diese nicht ohne weiteres kompensieren können. Eingedeichte Gebiete können zwar für eine Reihe von Vogelarten ein wertvolles, neues Siedlungsareal erschließen. Der vorherige hochwertige Lebensraum, das nahrungsreiche Wattenmeer, ist aber nicht durch technisch aufwendige Salzwasserbiotope ersetzbar. Arten wie der Knutt werden durch den großräumigen Verlust an Wattfläche unmittelbar in ihren Beständen bedroht.

7.5 Tourismus

Fremdenverkehr spielt an der Nordseeküste seit jeher eine große Rolle; die ältesten Seebäder sind über 150 Jahre alt. Aber erst nach dem zweiten Weltkrieg eroberte der Massentourismus die Badeorte. In den sechziger und siebziger Jahren erreichte er auch kleinere Gemeinden ohne attraktiven Sandstrand. So vervierfachten sich in 30 Jahren die Übernachtungszahlen in Büsum, das lediglich einen „grünem Strand“ und tidenabhängige Badestellen besitzt. Heute lassen sich die Gästezahlen in der Hauptsaison nicht mehr wesentlich steigern. So gehen die Bestrebungen dahin, die Saison zu verlängern. Damit steigen aber die Belastungen des Wattenmeer-Ökosystems auch in bisher relativ ruhigen Monaten. So leiden im Juni die brütenden Küstenvögel und im September die rastenden Watvögel nun unter Störungen. Auch die Tagesausflugsfahrten an die Küste bewirken vermehrte Störungen in früher eher ruhigen Jahreszeiten. Einige Busunternehmer fahren 500 km in „Tagesfahrten“, um Besuchern aus Ballungszentren die Halligen nahezubringen. An Spitzen-Tagen wird die 130 Einwohner zählende Hallig Hooge von 2.000 Besuchern überschwemmt.

Die Zunahme des Tourismus bringt eine Reihe von **Problemen und Gefährdungen** des Wattenmeeres mit sich, von denen hier nur einige genannt werden können:

– Die besonders attraktiven Badestrände sind zugleich Brutplatz für eine Reihe von bedrohten Vogelarten, wie Zwergseeschwalbe, See- und Sandregenpfeifer.

Die auf den oberen Strandbereichen wachsenden Spülsaumgesellschaften mit verschiedenen Meldenarten, Meersenf und anderen salzertragenden Arten sind weitgehend verschwunden, da die Badestrände oft täglich gereinigt werden.

– Spaziergänger im Vorland stören und richten dadurch oft mehr Schaden an, als auf den ersten Blick offenbar wird. Der Austernfischer gilt als ausgesprochen flexible und anpassungsfähige Art. Erst sehr spät verlassen brütende Vögel bei nahenden Störungen ihr Nest. In die Nester eingelegte Mikrofone ermöglichen das Abhören der Herztöne: Beim Annähern von Spaziergängern verdoppelt sich ihre Herzschlagfrequenz schon lange vor dem Verlassen des Nestes. Die Vögel leiden, obwohl äußerlich kaum erkennbar, unter starkem Streß, was wiederum den Bruterfolg schmälert.
– Fahrten und Wanderungen zu Seehundsliegeplätzen können in den Sommermonaten fatale Folgen für die Tiere haben: Nach der Geburt ist die Nabelwunde der Jungtiere besonders empfindlich. Wenn sie bei häufigen Störungen immer wieder ins Wasser robben müssen, verletzt und infiziert sich diese Stelle. Das kann unter Umständen zum Tod führen. Heute werden den Schiffen, die die Seehundsbänke anlaufen, von den Nationalpark-Verwaltungen strenge Auflagen gemacht.
– Der geschützte Strandflieder (*Limonium vulgare*) ist in der Umgebung vieler Touristenzentren schon durch stetiges Pflücken von kleinen Mengen stark reduziert worden und vielerorts ganz verschwunden.
– Viele Touristen produzieren viele Abfälle und viele Abwässer. Gerade die Abwasserreinigung ist in kleinen Gemeinden und auf vielen Inseln immer noch ein großes Problem.

Die große Anziehungskraft, auf die die hohen Besucherzahlen schließen lassen, bietet aber auch viele Chancen und neue Aufgaben, einen **umweltverträglichen Tourismus** für das Wattenmeer zu gestalten. Vor allem muß die Information der Gäste weiter verbessert werden. Denn nach Umfragen 1991 haben nur 25% der Besucher des Wattenmeeres eine Vorstellung davon gewonnen, was ein Nationalpark ist. Zudem stehen der Wunsch und die Suche vieler Besucher nach Weite, Ruhe und Unberührtheit der Natur zunächst einmal dem Schutzzweck, nämlich Naturabläufe ungestört zu lassen, entgegen. Der umweltverträgliche, „sanfte" Tourismus erfordert ein Umdenken. Hierzu gibt es eine Reihe von positiven Beispielen:

– In den achziger Jahren erkannten die ostfriesischen Inselgemeinden den engen Zusammenhang zwischen Umweltqualität und Attraktivität auf den Tourismus. Sie gaben ein beachtetes Gutachten in Auftrag, von dem heute vieles in Handlungskonzepte umgesetzt worden ist, von verbesserter Abwasser- und Abfallbeseitigung über Schutzzonen bis zur Kanalisierung des Individualverkehrs. Mehrere Inseln sind zudem autofrei und werben erfolgreich damit. Durch Zusammenarbeit mit Naturschutzverbänden wird versucht, Touristen zu umweltbewußtem Handeln anzuleiten. Durch Aufklärung wird direkt auf Einkaufs- und Konsumgewohnheiten während des Urlaubs Einfluß genommen. Nach heutigen Erkenntnissen sind Feriengäste in den „kostbarsten Wochen des Jahres“ hierfür besonders empfänglich.

– Die „Schutzstation Wattenmeer“ arbeitet seit 30 Jahren im schleswig-holsteinischen Wattenmeer in über 10 Informationszentren erfolgreich auf dem Gebiet des pädagogischen Naturschutzes. Durch Empfinden, Wahrnehmen und Verstehen soll nicht nur die Einstellung zum Wattenmeer verändert werden, sondern erkannt werden, daß der Schutz dieses Ökosystems von jedem Einzelnen, ob am Meer oder im Binnenland, geleistet werden kann und muß.
– Auf den westfriesischen Inseln wurden trotz des steigenden Tourismus die Zahl der Betten nicht erhöht und Schutzgebiete ausgeweitet. Die Folge ist beispielsweise auf Terschelling eine erhöhte Attraktivität; über fast ein halbes Jahr sind die meisten Quartiere ausbucht. Auch hier war maßgeblich ein Naturschutzverband mitbeteiligt, die „Landelijke Vereniging tot Behoud van de Waddenzee“.
– In Dänemark wurde Wattenökologie und Wattenmeerschutz schon früh in die Fort- und Weiterbildungsangebote von Heimvolkshochschulen aufgenommen, die hier einen besonderen Stellenwert im Bildungssystem genießen. Die Efterskole in Vester-Vedsted bei Ribe bietet eine sehenswerte Ausstellung und Möglichkeiten zum Besuch entsprechender Kurse.

Für einen kritischen Besucher der Küste ergeben sich viele Möglichkeiten, die negativen Folgen des gesteigerten Tourismus zu beobachten und genauer zu analysieren:

– Wie verteilen sich Feriengäste entlang des Strandes, des Vorlandes? Wieviel Raum bleibt für Natur? Als Maß kann z.B. die Anzahl der rastenden Vögel gewählt werden. Was ergibt der Vergleich mit einem Schutzgebiet?
– Seevögel haben eine sehr große Fluchtdistanz. Bei Wattwanderungen kann diese geschätzt werden. Wieviel Nahrungsraum geht den Vögeln von mehreren Wattwanderer-Gruppen in einem bestimmten Areal verloren?
– Meinungsumfrage bei den Feriengästen: Die Fragen „Was erwarten Sie“ und „was haben sie bezüglich der Erwartungen vorgefunden“ spiegeln auch wieder, ob die erwartete Natürlichkeit der Küstenlandschaft in den Augen der Befragten existiert.
– Eine Nutzungskartierung eines Küstenbereiches zeigt oft eine erschreckende Vielzahl von menschlichen Nutzungen auf: Angeln, Surfen, Drachensteigen, Sportboote, Autos am Strand, Ausflugsfahrten, Wattwanderungen usw. stellen erhebliche Beeinträchtigungen der Natur dar.
– Auf diese Nutzungs-Karte wird mit einer Folie eine zweite Karte gelegt, die die schützenswerten Lebensgemeinschaften enthält, z.B. ungestörte Salzwiesen, Watvogel-Rastplätze. Hieraus ergibt sich eine Diskussion über Schutz-Konzepte.
– Diskussionen und Informationsveranstaltungen mit Naturschutzbehörden und -verbänden sind sehr informativ und verdeutlichen auch großräumige Zusammenhänge, die nicht unmittelbar vor Ort zu erkennen sind.

7.6 Weitere Bedrohungen

Viele weitere Probleme und Gefährdungen des Wattenmeeres treten immer wieder aktuell in den Vordergrund. So stehen alle Abschnitte des Wattenmeeres unter dem Druck industrieller Nutzung: Gasförderung in den Niederlanden, Hafenausbauten und Erdgasleitung durchs Wattenmeer in Niedersachsen, Ölförderung im Kernbereich des Nationalpark Schleswig-Holsteinisches Wattenmeer, Einleitung von Industrieabwässern in das dänische Watt vor Esbjerg. Einige Konflikte sollen genauer genannt werden, für andere muß auf die Literatur verwiesen werden (z.B. BUCHWALD 1990, LOZAN u.a. 1990, MAYWALD 1991).

Jagd im Wattenmeer ist in den großflächigen Nationalparks und Schutzgebieten eigentlich ein Anachronismus. Denn einerseits sehen die Schutzziele in den verschiedenen Regionen übereinstimmend einen ungestörten Ablauf der Naturvorgänge vor, andererseits wird hier massiv störend von wenigen Menschen in das Gebiet eingegriffen. In bejagten Zonen haben Wasservögel sehr große Fluchtdistanzen, oder sie meiden diese gänzlich. Durch die Schießerei fliegen die Tiere immer wieder auf und können dadurch weniger Nahrung aufnehmen, weniger Fettvorräte anlegen und haben so geringere Chancen, ihre langen Zugwege zu bewältigen. Der Eintrag von Bleischrot betrug alleine entlang der schleswig-holsteinischen Küste 1,65 Tonnen pro Jagdsaison, das entspricht 2 kg pro Hektar. Es ist bekannt, daß das Blei als Magenstein-Ersatz mit aufgenommen wird, was zu allmählichen inneren Vergiftungen führt. Viele angeschossene Vögel fliegen weiter: Bis zu 50 % der Entenpopulationen in bejagten Gebieten tragen Bleischrot in sich. Nach wie vor ist die Wattenjagd, bei der sich der Jäger mit angebundenen Lockenten in einem eingegrabenen Faß bei Ebbe versteckt, und die Vorlandjagd, bei der die Jäger hinter Lahnungen, Dämmen usw. lauern, in vielen Bereichen genehmigt. In Niedersachsen wurden mehrfach Sondergenehmigungen ausgestellt. In Schleswig-Holstein führte der massive Druck der Naturschutzverbände dazu, daß diese mit einem Nationalparkgedanken unvereinbaren Eingriffe vermindert werden, indem keine neuen Erlaubnisscheine ausgestellt werden.

Die **Fischerei im Wattenmeer** kann eigentlich als traditionelle Nutzung gesehen werden. Vergleicht man allerdings einen PS-starken modernen Fischkutter mit den Fotos und Modellen der kleinen besegelten Fischerboote, so ist die Veränderung der Tradition augenscheinlich. Dementsprechend sind die Folgen der fischereilichen Eingriffe massiv und über die Jahrzehnte gut zu dokumentieren:

- Das natürliche und kultivierte Austernvorkommen im Wattenmeer ist bereits in den dreißigerJahren durch Überfischung erloschen.
- Seemoos (verschiedene koloniebildende Hydrozoen-Polypen) ist weitgehend aus den Rinnen und tiefen Prielen verschwunden.
- Die „Sandkorallen“, stabile Riffe aus den Sandröhren des Borstenwurmes *Sabellaria*, sind in diesem Jahrhundert durch die Schleppnetzfischerei zerstört worden.

Diese Beispiele lassen sich fortführen, und sie dokumentieren, wie wichtig eine Reglementierung der Fischerei im Wattenmeer ist. Hierzu gibt es heute eine Reihe erfolgsversprechender Ansätze, wie Begrenzung der Anzahl der Kutter, ihrer Maschinenstärke und der Größe ihres Fanggeschirres. Ferner gibt es für die Miesmuschelfischerei Schutzzonen und ausgewiesene Fangbezirke. Bestimmte Formen der Fischerei gehören nicht ins Wattenmeer: Bei der Herzmuschelfischerei werden mit einem Sauggerät großflächig die obersten Sedimentschichten weggespült. Bei der Gammelfischerei wird mit kleinmaschigen Netzen alles, was sich fangen läßt, zu Fischmehl verarbeitet.

Von der Marine wurde das Wattenmeer seit jeher als **Raum für militärische Nutzungen** betrachtet. Große Marinestützpunkte, wie Den Helder und Wilhelmshaven, sind hier angesiedelt. Nach dem zweiten Weltkrieg begann aber in allen Wattenmeer-Anrainerstaaten eine sukzsessive Nutzung als Übungsgebiete für die Luftwaffe (Tiefflug- und Bombenabwurfgebiete) sowie als Schießplätze. In den Niederlanden sind alleine 85 000 Hektar, ein Drittel der Watten- und Inselfläche vom Militär in Beschlag genommen; besonders belastete Zonen sind die Tieffluggebiete mit Bombenabwurf auf den Inseln Texel, Vlieland und Terschelling. In Schleswig-Holstein sorgte das Schießgebiet in der Meldorfer Bucht für negative Schlagzeilen, als im Frühjahr 1985 eine Granate vor Büsum dicht neben Wattwanderern einschlug. In dem Waffenerprobungsgebiet wurde auch Napalm erprobt, bis massive Prosteste dies verhinderten. In der Reichweite der Kanonen liegt das größte Mausergebiet von Brandgänsen in der Nordsee: Um die Vogelinsel Trischen rasten im August über 100.000 flugunfähige Vögel. In Dänemark befindet sich ein Schießgebiet für Tiefflieger auf der Insel Röm und ein Infanterie-Übungsgelände bei Blåvand am Nordende des Wattenmeeres.

Es ist schwer, die Schädigungen des Wattenmeeres durch militärische Nutzung genau nachzuweisen. Für den Urlauber ärgerlich und für die Brut- und Rastvogelwelt sowie für die Seehunde auf den Liegeplätzen schädlich sind sicher **Tiefflieger**. Zwar sind zwischen Naturschutzverwaltungen und Militär minimale Flughöhen verabredet (900 m für Düsenjäger, 150 m für Helikopter). Es treten jedoch immer wieder Höhenunterschreitungen auf, deren Klärung meist scheitert. Deutlich nehmen Störungen durch **Sportflieger** zu. Flüge mit langsamer Geschwindigkeit in geringer Höhe bewirken, daß Vögel und Seehunde sofort fliehen.

Der **Schiffsverkehr** kann in mehrfacher Hinsicht zu Konflikten mit den Zielen des Naturschutzes führen:

– Schiffe sind nach wie vor in vielfacher Weise Verschmutzungsquellen des Meeres. Neben Müll und Fäkalien sind es vor allem Öle und ölverschmutzte Bilgenwässer. Zwar halten inzwischen alle Häfen entlang der Küste Entsorgungseinrichtungen für diese Abfallstoffe vor. Doch mit steigenden Gebühren erhöht sich natürlich bei schwarzen Schafen auch die Bereitschaft, illegal abzulassen oder über Bord zu werfen. In Kap. 7.1 wurde bereits auf diese Problematik eingegangen. In Häfen mit besonders dichtem Bootsbesatz, wie in Sportboothäfen, droht zudem die schleichende Vergiftung durch die bewuchshemmenden, hochtoxischen Antifouling-Anstriche an den Schiffsrümpfen.

– Indem sich die Boote, vor allem Sportboote, nicht an die ausgetonnten Fahrwasser halten, können sie an Liegeplätzen von Seehunden plötzliche Fluchtreaktionen mit den in Kap. 6.7 beschriebenen Folgen auslösen oder in Mausergebieten von Brandgänsen oder Eiderenten schlimme Störungen verursachen.
– 1993 traten im nordfriesischen Wattenmeer erstmals im Ausflugsverkehr schnellfahrende Boote mit über 30 Knoten Geschwindigkeit auf. Die Folgen dieser Störungen sind noch nicht absehbar, dürften aber erheblich sein. Eine generelle Geschwindigkeitsbegrenzung in deutschen Wattengebieten sieht die Befahrensverordnung des Bundesverkehrsministeriums bisher nicht vor.
– Sehr beliebt ist bei Sportbootfahrern das Trockenfallen während einer Niedrigwasser-Periode. Vögel und Seehunde meiden in großem Umkreis diese Stellen. Wenn das Trockenfallen an schönen Tagen weit verstreut stattfindet, ergibt sich so eine großflächige Störung des Wattenmeeres.

Der Schiffsverkehr ist deshalb so schwer zu regulieren, weil hier ein Kompetenz-Wirrwarr herrscht: Beim Trockenfallen sind die Länder zuständig, bei Hochwasser gilt das Wattenmeer als Bundes-Wasserstraße. Der Bundesverkehrsminister müßte daher eine den Naturschutzerfordernissen entsprechende Befahrensregelung für Berufsschiffahrt und Sportboote ausweisen, was bisher leider nicht geschehen ist.

8 Naturschutz im Wattenmeer

Naturschutz hat eine lange Tradition im Wattenmeer. Bereits vor 90 Jahren wurde die Hallig Norderoog vom Verein Jordsand gekauft und als Seevogelfreistätte unterhalten. Eine Reihe kleiner Inseln sind durch das Robinson-Dasein von Vogelschützern berühmt geworden: Griend, Mellum, Scharhörn, Trischen, Norderoog, Jordsand. Erst seit den siebziger Jahren setzte sich die Idee großräumiger Schutzgebiete durch. Die auflebende Küstenforschung rückte die überragende nationale und internationale ökologische Bedeutung des Wattenmeeres ins Bewußtsein. Als Folgen wurden in den achtziger Jahren drei deutsche Nationalparks an der Nordseeküste benannt. In den Niederlanden und in Dänemark entstanden Schutzgebiete mit vergleichbarem Status. Alle fünf Teilregionen des Wattenmeeres sind inzwischen als Feuchtgebiete von besonderer Schutzwürdigkeit im Sinne der Ramsar-Konvention deklariert worden. Nicht mehr der Vogelschutz alleine, sondern der Schutz des gesamten Ökosystem steht heute im Vordergrund.

Das Wattenmeer zählt in Deutschland neben dem Hochgebirge als einzige naturnahe Großlandschaft und trägt damit wesentliche **Merkmale für einen Nationalpark**, wie sie von der internationalen Naturschutzorganisation IUCN 1972 festgelegt wurden. Danach ist ein Nationalpark „ein verhältnismäßig großes Gebiet, in dem ein oder mehrere Ökosysteme nicht wesentlich durch menschliche Nutzung oder Inanspruchnahme verändert sind, in dem Pflanzen- und Tierarten, geomorphologische Erscheinungen sowie Biotope von besonderer Bedeutung für Wissenschaft, Bildung und Erholung sind oder sie eine besonders schöne natürliche Landschaft aufweist.“ Demgegenüber sollte nicht als Nationalpark bezeichnet werden „ein besiedeltes und wirtschaftlich genutztes Gebiet, in dem durch Landschaftsplanung und Erschließungsmaßnahmen ein Erholungsgebiet für den Fremdenverkehr geschaffen wurde, wo Industrieansiedlung und städtebauliche Entwicklung gelenkt werden.“

Nach diesen Maßstäben wird es schwierig sein, für alle fünf Abschnitte des Wattenmeeres eine **internationale Anerkennung** zu erreichen. Zu stark sind die menschlichen Einflüsse und Ansprüche. Dies ist umso bedauerlicher, als Großlebensräume von vergleichbarer Bedeutung in ärmeren und ärmsten Ländern einen erheblich besseren Schutz genießen als an der Küste von Ländern, die zu den 10 reichsten der Erde gehören. Die Banc d'Arguin vor Mauretanien, die eine vergleichbar große internationale Bedeutung für Watvögel besitzt, ist weitgehend frei von menschlichen Nutzungen. In Bezug auf die Schutzqualität weisen alle Teilregionen des Wattenmeeres noch Mängel auf. Zu kleinflächig sind die wirklich unbeeinflußten Kernregionen. So meinte Prof. Reise in einem Vortrag über die Zukunft des Wattenmeerschutzes treffend: „Statt konservativem musealem Bewahren von kleinen Naturresten muß man hin zu einer Entwicklung von weiträumigen nutzungsfreien Kernzonen kommen, die groß genug sind, daß sich die Natur selbständig ohne Hege und Pflege erhalten kann.“ Den bisherigen kleinflächigen Kernzonen und Schutzgebieten spricht der wissenschaftliche Ökologe die Lebensfähigkeit ab.

8.1 Niederlande

Der Wattenmeerschutz in den Niederlanden basiert auf einem Raumordnungsplan. Er wurde 1980 in einem Wattenmeer-Memorandum mit Planungszielen und 1981 in einer Naturschutzverordnung mit konkreten Schutzbestimmungen festgelegt. Danach soll das Wattenmeer als natürlicher Lebensraum geschützt, erhalten und wiederhergestelt werden. Alle menschlichen Nutzungen sollen so weit wie möglich eingeschränkt werden. Küstenschutzmaßnahmen, die für die Bevölkerung notwendig sind, werden durch dieses Schutzziel nicht beeinträchtigt. Landgewinnung ist allerdings ausgeschlossen. Das Landschaftsbild des Wattenmeeres soll bei der Planung von Bauten in der Nähe des Wattenmeeres berücksichtigt werden. Das Memorandum sieht eine Wattenmeerkommission vor, in der Staat, Provinzen und Anliegerkommunen vertreten sind. Diese legt weitere Planungsziele für den Wattenmeerraum fest, die dann für alle Gebietskörperschaften verbindlich sind. Weiterhin werden einzelne Entwicklungspläne für den Wattenmeerschutz erstellt: Beweidung, Schiffahrt, Küstenschutz, militärische Nutzung, Tourismus.

Die Naturschutzverordnung legt für das Gebiet mit 250.000 ha (Abb. 50) die Grundlagen des Schutzes fest. Sie reicht vom Fuß der Deiche am Festland bis zu den Inseln und schließt dort die regelmäßig überfluteten Teile mit ein. Auf 7 % der Fläche herrscht ein ganzjähriges Nutzungs- und Betretungsverbot. Hier liegen Seehundsbänke und Seevogel-Brutgebiete. Für die 53 % der Fläche, die regelmäßig trockenfallen, gelten die Auflagen der Naturschutzverordnung: Ohne Erlaubnis der Verwaltung sind Handlungen untersagt, die Gefährdungen oder Zerstörungen der Fauna und Flora im geschützten Gebiet bewirken. Für die restlichen 40 %, die vor allem nicht trockenfallende Flächen des Wattenmeeres umfassen, gelten die Vorschriften der Naturschutz-Verordnung nicht.

Seit Mitte der achtziger Jahre wird die Gründung eines Wattenmeer-Nationalpark bei der Insel Schiermonnikoog geplant. Konkrete Ergebnisse sind allerdings bis heute nicht vorzuweisen.

Entlang der Küste und auf den Inseln existieren eine Reihe von Informationszentren: In Lauwersoog und Harlingen, wo auch die Zentrale der niederländischen Wattenmeer-Vereinigung ihren Sitz hat, sowie auf Texel, Vlieland und Terschelling.

8.2 Niedersachsen

Das niedersächsische Wattenmeer wurde 1986 durch Verordnung zum Nationalpark erklärt (Abb. 51). Als Schutzzweck (§ 2) soll „die besondere Eigenart der Natur und Landschaft vor der niedersächsischen Küste erhalten bleiben und vor

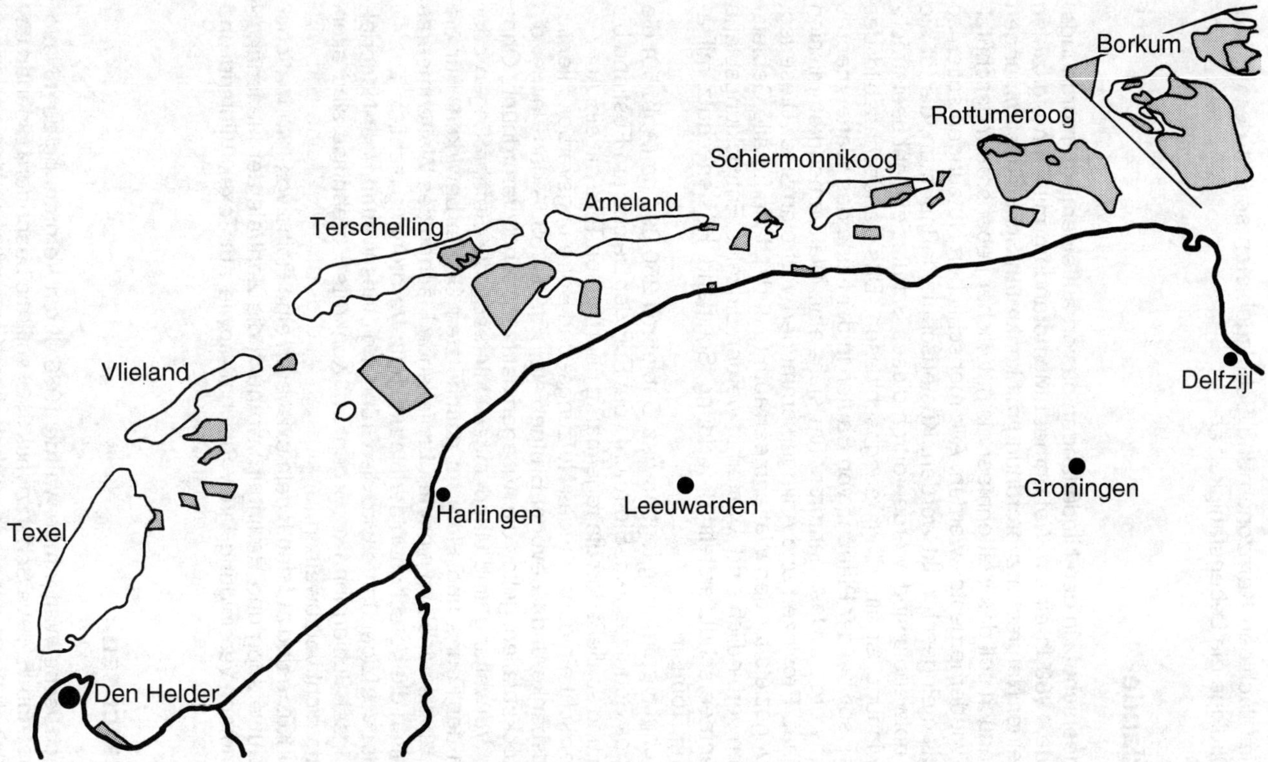

Abb. 50: Das niederländische Wattenmeer. Punktiert: Kernzonen des Schutzes. Kartenvorlage Nationalparkamt Tönning.

Beeinträchtigungen geschützt werden. Die natürlichen Abläufe in diesen Lebensräumen mit ihrem artenreichen Pflanzen- und Tierbestand sollen fortbestehen." In weiteren Paragraphen dieser Verordnung werden allerdings vielfältige Ausnahmen zugelassen: Beweidung der Salzwiesen, Jagd in der Ruhezone, Fischerei im gesamten Nationalpark, Küstenschutzmaßnahmen.

Der Nationalpark Niedersächsisches Wattenmeer umfaßt 240.000 ha. Er reicht von den Seedeichen bis zur seeseitigen Küste der Inseln; darin liegen auch die unbesiedelten Inselflächen. Die ökologisch besonders wertvollen Watten im Dollart bleiben ausgespart. Ausgeklammert wurden auch die Fahrwasser von Ems, Jade, Weser und Elbe. Der Nationalpark ist in 3 Zonen unterteilt:

- Die **Ruhezone** bedeckt 54 % der Fläche. Sie enthält Anteile der ökologisch wichtigsten Wattflächen, der Dünen auf den Inseln und der Salzwiesen. Alle Eingriffe und Zerstörungen sind untersagt. Wandern, Reiten und Kutschfahrten sind auf den ausgewiesenen Wegen gestattet. Es gibt allerdings eine Reihe von Ausnahmen, die oben bereits genannt wurden.
- In der **Zwischenzone**, die etwa 45 % der Fläche bedeckt, sind alle Handlungen, die den Charakter de Wattenmeeres beeinträchtigen, verboten. Salzwiesen können während der Brutzeit der Seevögel gesperrt werden. Der Bootsverkehr in den Fahrwassern unterliegt einigen Einschränkungen: Robben- und Vogelschutzgebiete dürfen vom 15.5. bis 31.8. und 1.4. bis 15.9. nicht befahren werden.
- Auf 1 % der Fläche entlang der Festlandsküste und der Strände der Inseln wurde die **Erholungszone** festgelegt. Hier haben touristische Aktivitäten Vorrang, soweit sie nicht durch örtliche Regelungen eingeschränkt werden.

Die Nationalparkverwaltung hat ihren Sitz in Wilhelmshaven. Sie ist zuständig für die Erarbeitung von Schutzkonzepten, Erteilung von Ausnahmegenehmigungen, Koordinierung der Forschung und Öffentlichkeitsarbeit. Ein Beirat, bestehend aus Vertretern des Naturschutzes, der Wissenschaft, der Wirtschaft, des Fremdenverkehrs, der Landwirtschaft und der Deichverbände ist bei den genannten Zuständigkeiten der Nationalparkverwaltung zu hören.

Der Nationalpark Niedersächsisches Wattenmeer hat mit einer Reihe von Problemen zur Durchsetzung der Schutzziele aus § 2 der Verordnung zu kämpfen. Neben den genannten Ausnahmeregelungen wird durch eine Reihe von wirtschaftlichen Interessen massiver Druck ausgeübt. In den letzten Jahren hat es Diskussionen um die Muschelfischerei, Fahrwasservertiefungen in der Ems, Deichneubauten und die Gaspipeline von den norwegischen Explorationsfeldern in der Nordsee zum deutschen Festland gegeben.

8.3 Hamburg

Der „Nationalpark Hamburgisches Wattenmeer" ist der kleinste und jüngste der drei Nationalparks an der deutschen Nordseeküste. 11 700 Hektar Watt- und Inselfläche, die ursprünglich für die Anlage eines Tiefwasserhafens in der Elb-

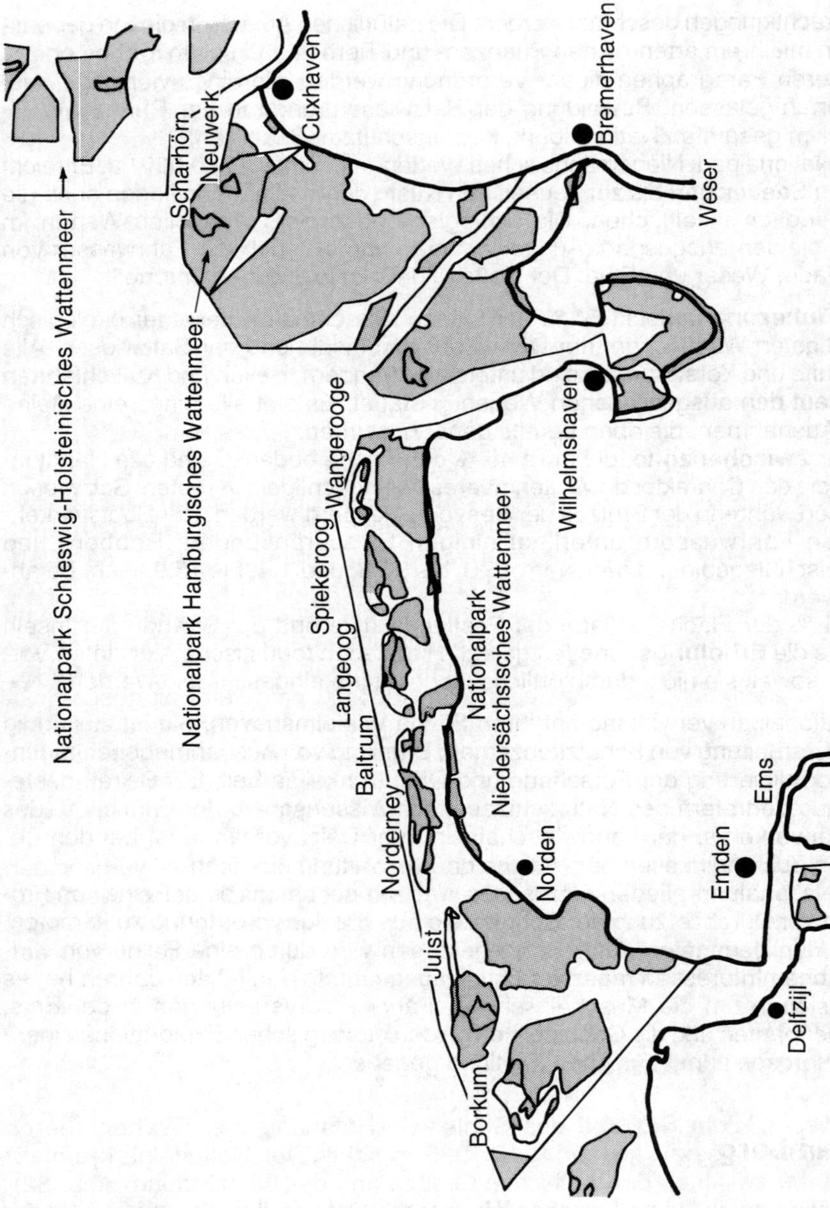

Abb. 51: Die Nationalparke Niedersächsisches Wattenmeer und Hamburgisches Wattenmeer. Punktiert: Ruhezonen bzw. Kernzonen des Schutzes. Kartenvorlage Nationalparkamt Tönning.

mündung vorgesehen waren, wurden im April 1990 als Nationalpark ausgewiesen (Abb. 51). Es ist der Schutzzweck, das Gebiet „in seiner Ganzheit und natürlichen Dynamik um seiner selbst willen und als Lebensstätte der auf diesen einmaligen Lebensraum Watt angewiesenen Arten und der zwischen diesen Arten bestehenden Lebensgemeinschaften zu erhalten und vor Beeinträchtigungen zu schützen". Insgesamt hat der Hamburger Nationalpark günstige Voraussetzungen für eine internationale Anerkennung:

- Das Gebiet ist relativ klein, überschaubar; damit sind die Schutzziele leichter zu erreichen und gut zu überwachen.
- Die Inseln gehören zum Nationalparkgebiet.
- Es wohnen wenige Menschen im Gebiet. Nur ein Naturschutzverband (Verein Jordsand) ist hier tätig; so kann die Umsetzung der Schutzziele ohne zeitraubende Diskussionen und verwässernde Kompromisse zwischen den verschiedensten Interessensvertretern abgestimmt werden.
- Es führen nur wenige Wege in das Gebiet; damit ist der Tourismus gut zu lenken.

Der Nationalpark weist folgende Kennzeichen auf: Die **Ruhezone** umfaßt etwa 90% der Fläche und ist praktisch nutzungsfrei. Muschelfischerei ist grundsätzlich verboten, Krabbenfischerei ist auf die Fahrwasser (3 % der Wattfläche) beschränkt. Diese Zone darf nur auf gekennzeichneten Wegen betreten werden. Die **Erholungszonen** liegen direkt vor der Festlandsküste und vor Neuwerk. Hier ist auch Angeln, Baden, Reiten und Befahren mit Pferdewagen erlaubt. Die Jagd ist im gesamten Nationalpark grundsätzlich verboten. Die Beweidung der Salzwiesen von Neuwerk wird stark eingeschränkt. Das Management erfolgt von der Nationalparkverwaltung der Hamburger Umweltbehörde aus. Außerdem wurde auf Neuwerk eine Nationalpark-Station für eine regelmäßige Repräsentanz vor Ort eingerichtet. Informationsmöglichkeiten bestehen auf Neuwerk und im Nationalpark-Zentrum in Cuxhaven/Sahlenburg.

Eine Besonderheit stellt die aufgespülte Insel Nigehörn dar. Sie wurde in den achziger Jahren geplant, um einen Ersatz für das bedrohlich kleiner werdende Seevogelreservat Scharhörn zu bieten. Nach der Aufspülung 1989 und einer ersten Bepflanzung mit Strandhafer wird die Entwicklung heute gemäß den Schutzzielen des Nationalparks sich selbst überlassen.

8.4 Schleswig-Holstein

Das „Gesetz zum Schutze des Schleswig-Holsteinischen Wattenmeeres (Nationalparkgesetz)" trat am 1.10.1985 in Kraft. Der Nationalpark umfaßt 285.000 ha zwischen der dänischen Grenze und der Elbmündung (Abb. 52). Landseitig beginnt er 150 m seewärts der Deichkrone bzw. der Hochwasserlinie. Eingeschlossen sind nur die kleinen unbewohnten Halligen, nicht aber die großen Halligen und die Inseln Sylt, Amrum, Föhr, Pellworm und Nordstrand.

Das Nationalparkamt in Tönning übernimmt die Verwaltung, Entwicklung und Koordination der Forschung im Gebiet.

Zone 1 umfaßt etwa 30 % der Fläche; hier liegen die wichtigsten Seehundsbänke, Brut-, Nahrungs- und Mauserplätze der Vögel, einige Salzwiesen und Wattflächen. Hier herrscht Betretungsverbot. Die im Schutzstatus abgestuften **Zonen 2** und **3** sind räumlich noch nicht festgelegt.

Der Nationalpark dient (Zitate aus § 2 des Nationalparkgesetzes) der „Bewahrung der Besonderheit, Eigenart, Schönheit und Ursprünglichkeit"; er soll den „möglichst ungestörten Ablauf der Naturvorgänge sichern". Dabei sind „unzumutbare Beeinträchtigungen der Interessen und herkömmlichen Nutzungen der einheimischen Bevölkerung zu vermeiden. Jegliche Nutzungsinteressen sind mit dem Schutzzweck im allgemeinen und im Einzelfall gerecht abzuwägen". Dieses Abwägungsprinzip führt zur Zeit zu vielfachen Schwierigkeiten bei der Umsetzung der Schutzziele. Immerhin wird ein Auslaufen der Vorlandjagd bis voraussichtlich zum Jahr 2000 ebenso erreicht wie ein Zurückführen der Vorlandbeweidung bis 1998 auf ein ökologisch wünschenswertes Maß. Andere Probleme bestehen nach wie vor:

– Militärische Erprobungen in der Meldorfer Bucht: Es wird mit Übungsmunition ins Wattenmeer geschossen.
– Bei Trischen wird Öl im Wattenmeer gefördert. Die Förderkonzession könnte nur mit sehr hohen Beträgen von den Firmen zurückgekauft werden.
– Militärischer und ziviler Flugbetrieb sind zwar durch Mindestflughöhen geregelt, aber deren Einhaltung bereitet immer wieder große Probleme.
– Da das Watt bei Hochwasser dem Bundeswasserstraßen-Recht unterliegt, greift hier das Nationalpark-Gesetz nicht, sondern die Befahrensverordnung des Bundesverkehrsministeriums. So gibt es keine Geschwindigkeitsbegrenzung, auch nicht in den Fahrwassern der Zone 1.
– Die Fischerei auf Garnelen und auf Miesmuscheln wird auf Grund des Abwägungsprinzips viel zu großzügig genehmigt.
– Der Tourismus nimmt immer mehr zu. Vor allem der Tagesausflugsverkehr zu den Inseln hat zu kaum steuerbaren Verhältnissen in manchen Regionen (Hallig Hooge) geführt.
– Der Küstenschutz hat Vorrang, muß aber mit dem Naturschutz abgestimmt werden.

Trotz aller bestehenden Probleme hat der Nationalpark sicher bereits zu einer Verbesserung der Schutzbedingungen im schleswig-holsteinischen Wattenmeer geführt. Zukünftig fordert das übergeordnete Landesnaturschutzgesetz vom 1.7.1993 ein Verbot „aller Handlungen, die zur Beschädigung ... oder zu einer Veränderung ... führen können".

Es erfolgte eine Anerkennung als Biospärenreservat der Unesco und als Feuchtgebiet internationaler Bedeutung im Sinne der Ramsar-Konvention.

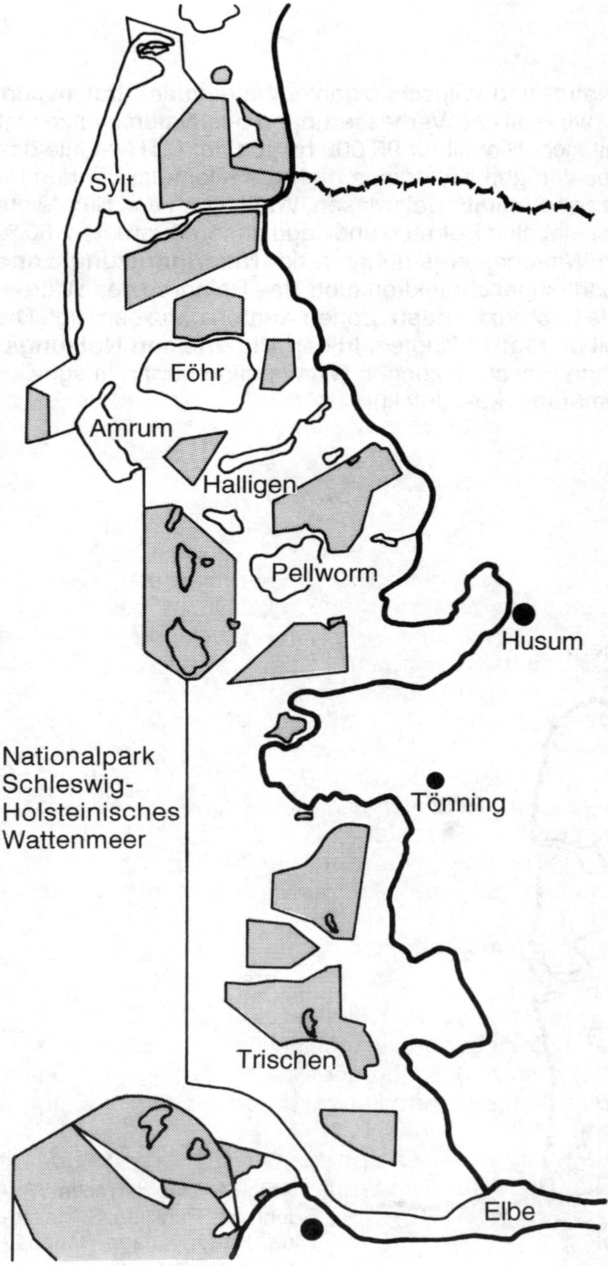

Abb. 52: Der Nationalpark Schleswig-Holsteinisches Wattenmeer. Punktiert: Zone 1. Kartenvorlage Nationalparkamt Tönning.

8.5 Dänemark

Die Verordnung für das „Natur- und Wildschutzgebiet Wattenmeer“ trat im Juni 1992 in Kraft. Sie brachte wesentliche Verbesserungen des Naturschutzes im dänischen Wattenmeer mit sich. Sie gilt für 95 000 ha von der MTHw-Linie des Festlandes bis zu einer seewärtigen Pufferzone mehrere Kilometer vor den Inseln (Abb. 53). Die **Schutzzone** umfaßt Salzwiesen, Wattfächen und Sände auf etwa 10 % des Reservates; hier sind Betreten und Jagd generell verboten. 60 % der Fläche des dänischen Wattenmeeres gehören der **Niedrignutzungszone** an; Jagd und Betretung sind eingeschränkt erlaubt. Das Befahren des Wattenmeeres wird auf Teilgebiete begrenzt; andere Zonen werden ganz beruhigt. Die maximale Geschwindigkeit beträgt 10 Knoten. In der **Allgemeinen Nutzungszone** gelten lediglich geringe Einschränkungen (Windsurfing nur an ausgewiesenen Stellen, keine Katamarane, kein Jetski).

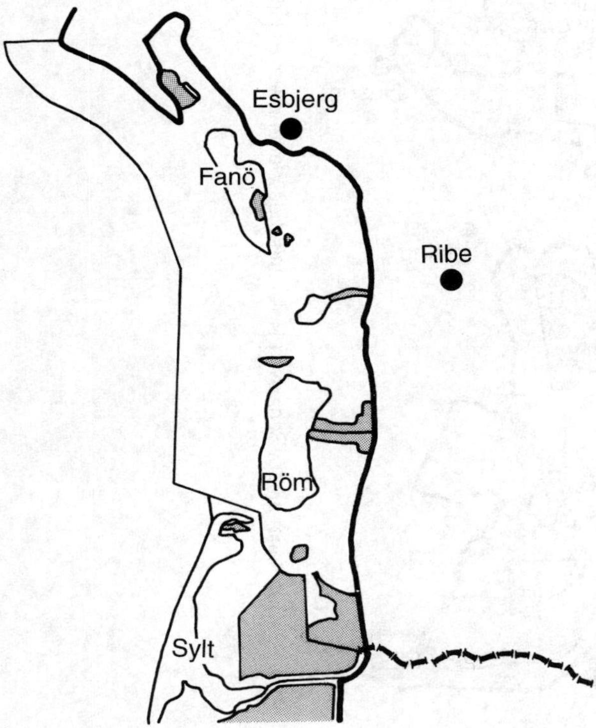

Abb. 53: Das dänische Wattenmeer. Punktiert: Schutzzone. Kartenvorlage Nationalparkamt Tönning.

Bis 1998 soll die Jagd auf Wat- und Wasservögel in mehreren Stufen im gesamten Reservat verboten werden. Der „Fang von Organismen auf und im Meeresboden" bleibt in besonders ausgewiesenene Gebieten auf Miesmuscheln und vor Esbjerg leider auch auf Herzmuscheln beschränkt. Miesmuschel-Kulturen werden nicht angelegt. Die Genehmigungen werden durch das Fischerei-Ministerium erteilt. Hier zeigt sich eine Problematik im dänischen Wattenmeer-Schutz: Es sind vier unterschiedliche Regierungsstellen mit Entscheidungskompetenz betraut. Seit 1987 ist das dänische Wattengebiet als Feuchtgebiet internationaler Bedeutung nach der Ramsar-Konvention anerkannt.

9. Adressen

Koordinierung für den Schutz des Wattenmeeres

Wattenmeer-Sekretariat (Common Wadden Sea Secretariat)
Virchowstraße 1, 26382 Wilhelmshaven, Tel. 04421-41055

Niederlande

Ministerie van Landbouw, Naturbeheer en Visserij
Postbus 20401, NL-2500 EX Den Haag, Tel. (in NL) 070-3793911

Consulentschap Natuur, Milieu en Faunabeheer in Friesland
Tesselschade 7, NL-8913 HA Leeuwarden, Tel. (in NL) 058-955255

„Het Waddenhuis" (Sitz der Naturschutzvereinigung Landelijke Vereniging tot Behoud van de Waddenzee)
Postbus 90, NL-8860 AB Harlingen, Tel. (in NL) 05178-15541

Auf den westfriesischen Inseln Texel, Vlieland, Terschelling und Schiermonnikoog sowie in Lauwersoog befinden sich Informationszentren.

Seehundaufzuchtstation:
Stichting Zeehonden,
Hoofdstraat 94 a, NL-9968 AG Pieterbuuren, Tel. (in NL) 05952-285

Niedersachsen

Nationalparkverwaltung Niedersächsisches Wattenmeer
Virchowstraße 1, 26382 Wilhelmshaven, Tel. 04421-408271

Nationalpark-Zentren:
27476 Cuxhaven, Hans-Claußen-Straße 19, Tel. 04721-28681
26382 Wilhelmshaven, Virchowstraße 1, Tel. 04421-162767
26506 Norden-Norddeich, Dörper Weg, Tel. 04931-81635
Weiterhin gibt es 12 Nationalparkhäuser auf den Inseln und entlang der Küste, die von verschiedenen Verbänden betreut werden.

Neben den bundesweit vertretenen Verbänden BUND und NABU bieten vor allem folgende Verbände Publikationen, Führungen, Informationszentren o.ä. zum Thema Wattenmeer an:

Schutzgemeinschaft Deutsche Nordseeküste
Weserstraße 47, 26382 Wilhelmshaven, Tel. 04421-44316

WWF Wattenmeer und Nordseeschutz
Am Güthpol 9, 28757 Bremen, Tel. 0421-658460

Umwelterziehung Iffens e.V.
Beckmannsfelder Weg, 26969 Iffens, Tel. 04735-318

Seehundaufzuchtstation:
Seehundaufzucht- und Forschungsstation
Dörper Weg 22, 26506 Norden-Norddeich, Tel. 04931-8919

Hamburg

Nationalparkverwaltung, Amt für Naturschutz und Landschaftspflege der Freien und Hansestadt Hamburg
Steindamm 22, 20099 Hamburg, Tel. 040-24863945

Nationalparkstation des Nationalparks Hamburgisches Wattenmeer
227499 Insel Neuwerk, Tel. 04721-69271

Schleswig-Holstein

Landesamt für den Nationalpark Schleswig-Holsteinisches Wattenmeer
Schloßgarten 11, 25832 Tönning, Tel. 04861-6160

Informationszentren des Nationalparkamtes:
Altes Schleusenhaus, 25761 Büsum, Tel. 04834-6375
Koogstraße, 25718 Friedrichskoog, Tel. 04854-1005
Meldorferhafen, 25704 Meldorf, Tel. 04832-6264
Norderhafen/Kurzentrum, 25845 Nordstrand, Tel. 04842-8009
Im Rathaus, 25938 Wyk/Föhr, 04681-4290

Viele Verbände betreiben eigene Informationszentren; die Schutzstation Wattenmeer hat auf mehreren Inseln die „Naturschule Wattenmeer“ mit Tagungsprogrammen, Unterkünften etc. aufgebaut.

WWF-Wattenmeerstelle
Norderstraße 3, 25813 Husum, Tel. 04841-62073

Verein Jordsand zum Schutz der Seevögel und der Natur
Haus der Natur, Wulfsdorf, 22926 Ahrensburg, Tel. 04102-32656

Naturschutzgesellschaft Schutzstation Wattenmeer
Grafenstraße 23, 24768 Rendsburg, Tel. 04331-23622

Naturschutzbund Deutschland
Naturzentrum Katinger Watt
Katingsiel 14, 25832 Tönning, 04862-8004

Naturzentrum Nordfriesland
Bahnhofstraße 23, 25821 Bredstedt, Tel. 04671-4555

Seehundaufzuchtstation:
Seehundstation Friedrichskoog
An der Seeschleuse 4, 25718 Friedrichskoog, Tel. 04854-1372

Dänemark

Allgemeine Informationen über das dänische Wattenmeer sind erhältlich im Tøndermarskens NaturCenter, das vom Miljøministeriet betrieben wird.

Informationszentren:

Tøndermarskens NaturCenter
Slusevej, DK 6280 Hojer, Tel. (in DK) 74789222

Fiskeri- og Søfartsmuseet, Saltvandsakvariet (mit Seehundaufzuchtstation)
Tarphagevej, DK 26710 Esbjerg-V, Tel. (in DK) 75150666

Naturinformationscenter Tønniesgaard
Havnebyvej 30, Insel Rømø, Tel. (in DK) 74755257

10 Weitere Bausteine zum ganzheitlichen Ansatz

Das Wattenmeer vermittelt mit seiner Weite, den vielfältigen Farben und unterschiedlichen Beleuchtungen und dem faszinierenden Leben seinem Besucher besonders eindrucksvolle Erlebnisqualitäten. Stünde bei einer Exkursion der Aspekt des Wissens über die Ökologie alleine im Vordergrund, so würde vieles von der Faszination des Wattenmeeres verloren gehen; das gilt für alle Altersgruppen: Kinder, Schüler, Studenten und Erwachsene. Deshalb wurde in diesem Band neben den umfangreichen Anleitungen für Versuche und Untersuchungen bereits im Kapitel 2.1. vorgeschlagen, das Watt mit allen Sinnen zu erfahren. In der Folge werden weitere Bausteine für einen ganzheitlichen Ansatz zum Kennenlernen des Wattenmeeres vorgestellt. Nach WINKEL (Schulbiologiezentrum 1988) sollen dabei möglichst viele Erfahrungsbereiche des Lernenden angesprochen werden; vorgeschlagen werden Spiel, Ästhetik, praktische Nutzanwendung, Darstellen und gesellschaftliche Bedeutung sowie die bereits behandelten Bereiche sinnliche Wahrnehmung und naturwissenschaftliche Aspekte. Bei der Planung und Durchführung einer Fahrt ans Wattenmeer hat es sich als hilfreich erweisen, ein Mosaik von Bausteinen aus den verschiedenen Erfahrungsbereichen vorzubereiten. Über einen ganzheitlichen Zugang bleiben Erlebnisse, Eindrücke, Wissen und damit letztlich Verständnis für die komlexen Zusammenhänge im Wattenmeer und für seine Gefährdungen haften. In der Folge sollen einige Bausteine aus verschiedenen Erfahrungsbereichen vorgestellt werden.

Spiele: Eine Fülle von Spielen im und ums Wattenmeer läßt sich ohne großen Aufwand spontan realisieren, wie Kim-Spiele und Orientierungsspiele. Mit geringem Aufwand sind „Suchliste" und „Arche Noah" durchzuführen. Viele weitere Ideen finden sich bei CORNELL sowie THIELEMANN & TRUMMER. Kopiervorlagen für Tischspiele mit Wattenmeer-Bezug (Lotto, Domino) sind in IPTS & NPA 1993 abgedruckt.

Am Strand erhalten alle Gruppenmitglieder eine **Suchliste** mit je nach Alter 8 bis höchstens 15 Dingen sowie einen Beutel. Die Gruppengröße ist beliebig. Am Ende der Suchaktion nach einer halben Stunde werden die Funde verglichen und begutachtet. Es ist interessant, welche unterschiedlichen Auffassungen zu den Aufgaben bestehen, denn diese sollen nicht nur das Wissen und die Beobachtungsfähigkeit fordern, sondern auch Möglichkeiten für ganz andere, phantasievolle Lösungen eröffnen:

Suche etwas Rotes; etwas Weiches; etwas was nach Meer riecht; etwas Gefährliches; etwas ganz Grades; etwas was in der Natur wichtig/unwichtig ist; etwas was sich rauh anfühlt; etwas womit wir Töne machen können; etwas was weit gereist ist; etwas sehr Altes; etwas was hier nicht hingehört; Schalen von fünf Muschelarten; mehrere Pflanzen des Wattenmeeres...

Für **Arche Noah** werden Kärtchen mit Tiernamen von Arten benötigt, die die Gruppe vor Ort kennengelernt hat, und zwar immer zwei für eine Art. Die Gruppengröße sollte zwischen 8 und 20 liegen; jeder Mitspieler erhält ein Kärtchen zugelost. Was ist so typisch an einer Strandkrabbe? Durch Bewegungen, eventuell auch durch Töne, aber keineswegs durch Sprechen, stellt jeder sein Tier dar und macht so den Partner aufmerksam. Denn auf die Arche Noah kommt man ja nur paarweise. Paare, die sich gefunden haben, melden sich beim Spielleiter und zeigen ihre Karten vor.

Beispiele: Strandschnecke, Bäumchenröhrenwurm, Strandkrabbe, Seepocke, Scholle, Lachmöwe, Eiderente, Austernfischer, Seehund, Bernsteinsucher.

Ästhetik: Die Atmosphäre des Wattenmeeres öffnet die Bereitschaft, das Empfundene und Erfahrene mitzuteilen. Hierzu ist allerdings das Einfühlungsvermögen des Gruppenleiters sowie ein Anstoß, eine Hilfestellung notwendig. Denn es fällt vielen schwer, von sich aus spontan Eindrücke, Gefühle auszudrücken. Der Erfahrungsbereich Ästhetik ist so vielschichtig, daß er eigentlich untergliedert werden müßte. Andererseits ergeben sich gerade hier viele Verknüpfungen zwischen anderen Erfahrungsbereichen. Einige Anregungen (siehe auch Darstellen):

- Farben des Himmels, des Wattbodens, einer Muschelschale mit Wasserfarben zeichnen.
- Fotoserien über Strukturen des Wattbodens (Rippeln, Spuren etc.) anfertigen.
- Eine Gruppe stellt eine Welle, die auflaufende Flut, einen Vogelschwarm mit gemeinsamen Bewegungen dar.
- Die Eindrücke von Weite, die Farben, die Geräusche werden in Gedichtform oder als Prosa gefaßt.

In einem **Wattenmeer-Tagebuch** werden Eindrücke, Empfindungen, Erkenntnisse niedergeschrieben und zum Ausdruck gebracht. Je jünger die Teilnehmer sind, desto enger muß der Rahmen vorgegeben werden. So könnten Zwölfjährige vor einem Aufenthalt an der Küste ein vorbereitetes DIN A 5-Heft mit folgendem Inhalt erhalten: Bestimmungsprotokolle für Pflanzen, Wirbellose und Vögel des Wattenmeeres, Rätsel, Erkundung von Seezeichen, Geschichte der Insel sowie mehrere Seiten, auf denen die Strukturen des Wattes gezeichnet, ein Wattenmärchen verfaßt oder ein Brief mit Wünschen für das Watt geschrieben werden können.

Praktische Nutzanwendung: Auch dieser Bereich läßt sich mit verschiedenen Beispielen füllen:

- Schiffahrt: Erkundung der Seezeichen, Nachbau eines Leuchtturmes mit Blinkeinrichtung, Navigationregeln.
- Nahrung aus dem Meer: Besuch von Krabbenfischern (gelegentlich gibt es die Möglichkeit, an einer Ausfahrt teilzunehmen; Fang von Krabben mit der Gliep in einem Priel (siehe Kap. 2.3.).
- Ernährung: Das Pulen von Krabben und die gemeinsame Zubereitung eines Krabbengerichtes sind wichtige gemeinsame Erlebnisse an der Küste, die

zugleich viele Möglichkeiten zur Kommunikation bieten. Auch Muschelgerichte oder zubereitete Pflanzen der Küste gehören zu diesem Erfahrungsbereich. So ist Suden eine fast vergessene Delikatesse: In den Monaten Mai bis Juli wurde der frische Meerstrand-Wegerich gepflückt, wegen des hohen Salzgehaltes mehrfach gewässert und anschließend wie Grünkohl oder als Spinat kleingehackt zubereitet. Dazu gab es Speck oder Ei. Suden bot den Inselbewohnern eine vitaminreiche Kost nach dem langen Winter.

– Ebbe und Flut: Die Strömungsgeschwindigkeit kann in Prielen gemessen werden. Was wird alles an der Küste von den Gezeiten beeinflußt (Fähr-Fahrpläne, Auslaufen der Fischer und der Segelboote, Öffnen von Schleusen, aber es wird den Gezeiten auch ein Einfluß auf das Wetter, die Geburt von Kälbern, Lämmern und sogar von Menschen nachgesagt (vielfach wird behauptet, daß dies überwiegend bei auflaufendem Wasser geschieht).

Darstellung: Nachdem viele Eindrücke und Empfindungen aufgenommen wurden, viele Ergebnisse vorliegen, gesammelte Materialien sich häufen und viele neue Kenntnisse über das Wattenmeer erworben wurden, ist es besonders wichtig, dies alles darzustellen. Dazu bieten sich mannigfaltige Möglichkeiten (siehe auch Ästhetik): Pinselzeichnungen mit Wattschlick auf einem Zeichenblock, ein Mobile aus Strandfunden, Müll-Collagen aus dem Spülsaum, Drucke von Vogelfedern mit Aquarellfarben, gepreßte Algen, Gipsabdrücke von Spuren des Wattbodens, Nahrungsnetze mit Funden.... . Viele weitere Anleitungen finden sich in GRIMM 1988, THIELEMANN & TRUMMER 1989 und in IPTS & NPA 1993. Sandbilder, aus einer Sand-Kleister-Mischung hergestellt, können gleichermaßen als Grundlage für eine Muschelsammlung, für ein Vertikalprofil des Wattbodens mit Spuren der Besiedlung oder für das Formen von Strukturen des Meeresgrundes dienen. Dazu wird Tapetenkleister nach Vorschrift in einem Eimer angerührt. Nach dem Quellen wird der fertige Kleister mit der dreifachen Menge trockenen, feinen Sandes gründlich durchgemischt. Diese Sand-Kleister-Mischung ist abgedeckt einige Wochen haltbar. Sie kann auf feste Unterlagen (Pappteller, Holzrahmen) dünn ausgegossen werden und trocknet dann nach ein bis zwei Tagen. Vorher können Strandfunde eingelegt oder Strukturen geformt werden.

Ein **Meergeist** läßt sich spontan am Spülsaum oder am Strand herstellen. Es werden alle vor Ort vorgefundenen Materialien verwendet. Wie wäre es z.B. mit einer wilden Haarpracht aus Seegras... . Diese Art der Darstellung fordert zugleich Phantasie, Beobachtung und Einfühlungsvermögen für die vielen Dinge, die man vorfindet. So bringt ein „Müllgeist" die Erkenntnis, was alles mit den Wellen angetrieben wird und gar nicht hingehört.

Das Darstellen in Spielform wurde bereits bei „Arche Noah" (Spiele) vorgestellt. Die **Tierpantomime** ist ebenfalls ein Beispiel hierfür. In Gruppen zu viert oder zu fünft wird etwa 5 Minuten lang eine gemeinsame pantomimische Darstellung einer Tierart geübt (Strandkrabbe, Seeringelwurm, Seestern sind gut geeignete Beispiele). Bei der anschließenden Vorführung erraten die anderen das Tier. Es gehört schon einige Kenntnis über das Aussehen und die Bewegungen des Tieres dazu, um die Aufgabe zu lösen.

Beim **Lebensnetz** gilt es, spielerisch gemeinsam komplexe biologische Zusammenhänge darzustellen. Die Teilnehmer sollten bereits einige Kenntnisse über die Nahrungsbeziehungen im Wattenmeer besitzen. 10 bis 15 Personen stellen sich in einen Kreis mit 1 bis 2 m Durchmesser. Benötigt werden eine entsprechende Anzahl von Kärtchen mit Namen von Tieren, Pflanzen oder wichtigen Faktoren (Nährstoffe, Licht, Detritus) sowie ein bis zwei Rollen Paketbindfaden (60 bis 80 m). Die Karten werden lesbar an die Brust geheftet. Die Startperson wirft das Knäuel einem Mitspieler zu, zu dessen Art er in einer Freßbeziehung steht. Dieser hält den Faden fest und wirft das Knäuel weiter (z.B. Miesmuschel - Plankton - Nährsalze - Darmtang - Strandschnecke - Silbermöwe - ...). Das Netz wird, wenn es es straff gehalten wird, immer dichter und verwobener, wie ein Beziehungsnetz in der Natur. Wie stabil ist es bei Belastungen? Kann es eine Person tragen (natürlich kein Schwergewicht!)? Was geschieht, wenn eines oder mehrere der Glieder ausfallen? Beim Loslassen wird das Netz schief, verzerrt und instabil.

Gesellschaftliche Bedeutung: Auch hier können nur einige Anregungen genannt werden:

- Informationsveranstaltungen mit Naturschutzverbänden, Behörden, verschiedenen Nutzern des Wattenmeeres (z.B. Inselbewohner, Fischer, Deichschäfer).
- Befragung von Touristen: Was ist Ihnen am Wattenmeer besonders wichtig?
- Erarbeitung der menschlichen Eingriffe an der Küste im Laufe der Geschichte: Deichbau zur Landgewinnung und als Küstenschutz, Abtorfung, Sturmfluten und Untergang ganzer Landstriche.
- Wirtschafts- und Erwerbsstruktur der Küstenbevölkerung: Welche Rolle spielt das Meer (Fischerei), der Tourismus? Welchen Stellenwert hat demnach die intakte Natur?

Das Wattenmeer ist wegen der unterschiedlichen Nutzungsansprüche der Menschen einerseits und der besonders bedrohten Naturressourcen andererseits ein besonders konfliktträchtiger Raum. **Rollenspiele** helfen in solchen Situationen, den eigenen Standpunkt zu präzisieren und den des Gegenübers besser zu verstehen. Für das Wattenmeer und die angrenzende Nordsee gibt es eine Reihe formulierter Rollenspiele (siehe z.B. HEERS 1991, IPTS & NPA 1993). Einige wichtige Grundregeln müssen bei dieser Spielform beachtet werden:

- Ein Moderator leitet die Diskussion: Er/sie erteilt das Wort, führt ggf. zur Sache zurück, achtet auf Fairneß im Meinungsstreit und läßt eventuell auch das Publikum zu Wort kommen. Dem Moderator kommt besondere Verantwortung zu; er sollte alle Rollenkarten kennen, damit er das Gespräch auch inhaltlich führen kann. Der Moderator sollte klare Zeitvorgaben machen.
- Die Diskussionsteilnehmer sollten sich auf ihre Rolle vorbereiten können. Bei jüngeren Teilnehmern und bei komplexeren Themen ist es sinnvoll, die präzisen Aussagen der Rolle vorzugeben.
- Die Diskussion sollte in einer Tischrunde ablaufen, damit jeder jeden sehen kann. Namenskarten helfen, die Mitspieler richtig anzusprechen.

– Die Rollen müssen strikt eingehalten werden; es darf also nicht in der Diskussion zwischen richtigem Namen und Rollen-Namen gewechselt werden.

11 Anhang

11.1 Literatur

A. Watt allgemein

KOCK, K. (1988): Das Watt - Lebensraum auf den zweiten Blick. Hrsg. Schutzstation Wattenmeer, Rendsburg.

Landelijke Vereniging tot Behoud van de Waddenzee (Hrsg.)(1984): Wattenmeer. Neumünster (Wachholtz).

MAYWALD, A. & K.-E. HEERS (1991): Das Watt. Ravensburg (Meier).

MEESENBURG, H., S. TOUGARD & C. C. KINZE (1976): Die Tierwelt des dänischen Wattenmeeres. Esbjerg (BYGD).

REINECK, H.-E. (Hrsg.)(1978): Das Watt. Ablagerungs- und Lebensraum. Frankfurt (Kramer).

REISE, K. (1981): Ökologische Experimente zur Dynamik und Vielfalt der Bodenfauna der Nordseewatten. Verh. Dtsch. Zool. Ges. 1981, 1-15.

REISE, K. (1985): Tidal Flat Ecology. Ecological Studies 54. Berlin u.a.O. (Springer).

REISE, K. (1991): Ökologische Erforschung des Wattenmeeres. Spektrum der Wissenschaften 5(91), 52-63.

WOLFF, W.J. (ed.)(1993): Ecology of the Wadden Sea. 3 Vols. Rotterdam (Balkema).

ZUCCHI, H., H.-H. BERGMANN, K. HINRICHS & M. STOCK (1989): Watt. Ravensburg (Otto Maier).

B. Bestimmungsbücher

JANKE, K. & B. P. KREMER (1988): Düne, Strand und Wattenmeer. Tiere und Pflanzen unserer Küsten. Stuttgart (Franckh Kosmos).

JANKE, K. & B. P. KREMER (1990): Das Watt. Lebensraum, Tiere und Pflanzen. Stuttgart (Frankh Kosmos).

KORNMANN, P. & H. P. SAHLING (1977): Meeresalgen von Helgoland. Helgol. wiss. Meeresunters. 29. Hamburg (Biologische Anstalt Helgoland).

KREMER, B. P.(1977): Pflanzen unserer Küsten. Stuttgart (Frankh Kosmos).

LUTHER, G. (1987): Seepocken der deutschen Küstengewässer. Helgoländer Meeresunters. 41, 1-43. Hamburg (Biologische Anstalt Helgoland).

MUUS, B. J. & P. DAHLSTRÖM (1968): Meeresfische. München (BLV).

WILLMANN, R. (1989): Muscheln und Schnecken der Nord- und Ostsee. Melsungen (Neumann-Neudamm).

ZIEGELMEIER, E. (1962): Die Muscheln (Bivalvia) der deutschen Meeresgebiete. Helgol. wiss. Meeresunters. 6, 1-56 (Sonderdruck).

ZIEGELMEIER, E. (1969): Die Schnecken (Gastropoda Prosobranchia) der deutschen Meeresgebiete und brackigen Küstengewässer. Helgol. wiss. Meeresunters. 13, 1-66 (Sonderdruck).

C. Spezialliteratur zu einzelnen Gruppen

Wirbellose, Meeresbiologie

DREBES, G. (1974): Marines Phytoplankton. Stuttgart (Thieme).

EMSCHERMANN, P., O. HOFFRICHTER, H. KÖRNER & D. ZISSLER (1992): Meeresbiologische Exkursion. Stuttgart u.a.O. (G. Fischer).

GÖTTING, K.-J., E.F. KILIAN & R. SCHNETTER (1982): Einführung in die Meeresbiologie. 2 Bände. Braunschweig u.a.O. (Vieweg).

HEERS, K.-E. & G. BEHRENS (1984): Der Seehund im Wattenmeer. Frankfurt (WWF).

IPTS & NPA (Hrsg.)(1990): Tiere im Wattenmeer. Herausgegeben vom Landesinstitut Schleswig-Holstein für Praxis und Theorie der Schule und dem Landesamt für den Nationalpark Schleswig-Holsteinisches Wattenmeer. Kiel (Schmidt & Klaunig).

KÜCKENTAL, W. (1984): Leitfaden für das zoologische Praktikum. Stuttgart (Fischer).

NEWELL, G. & R.C. NEWELL (1977): Marine Plankton. A practical guide. London (Hutchinson).

SCHLIEPER, C. (1968): Methoden der meeresbiologischen Forschung. Jena (Fischer).

Salzwiesen, Algen, Seegras

COCK, A.W.A.M. DE (1980): Flowering Pollination, and Fruiting in *Zostera marina*. Aquatic Botany, 9 (1980) 201-220, Elsevier, Amsterdam.

DIGGELEN, J. VAN (1988): A comparative study on the ecophysiology of salt marsh halophytes. Free University Press, Amsterdam, 1988.

HUISKEN, A.H.L., A.W. STIENSTRA, B.P. KOUTSTAAL, M.M. MARKUSSE & J. VAN SOELEN (1985b): Germination ecology of *Salicornia dolichostachya* and *Salicornia brachystachya*. Acta Bot. Neerl. 34, 369-380.

PREISING, E., H.-C. VAHLE, D. BRANDES, H. HOFMEISTER, J. TÜXEN & H.E. WEBER (1990): Die Pflanzengesellschaften Niedersachsens. Naturschutz Landespfl. Nieders., Heft 20/7, 1-44, Hannover.

RAABE, E.-W. (1981): Über das Vorland der östlichen Nordseeküste. Mitt. A.G. Geobotanik Schl.-Hol. und Hamburg, Kiel.

ROZEMA, J., J.C. VAN DER List, H. SCHAT, J. VAN DIGGELEN & R.A. BROEKMANN (1987): Ecophysiological response of *Salicornia dolichostachya* and *Salicornia brachystachya* to seawater inundation. In: A.H.L. HUISKES, C.W.P.M. BLOM and J. ROZEMA (ed.), Vegetation between land and sea, Dordrecht.

RUHLAND, W. (1985): Untersuchungen über die Hautdrüsen der Plumbaginaceen. Jb. wiss. Bot. 55, 409-498

SCHAT, H. (1986) : Niche-differentiatie bij de Zeekraal (*Salicornia*): aanpassingen aan zeewateroverspoeling. In: J.ROZEMA (ed.) Oecologie van estuariene vegetatie, 68-87, Amsterdam, Yerseke.

SCHOLTEN, M., P.A. BLAAUW, M. STROETENGA & J. ROZEMA (1987): The impact of competitive interactions on the growth and distribution of plant species in salt marshes.in A.H.L.HUISKES, C.W.P. BLOM & J. ROZEMA (eds.), Vegetation between land and sea, Dordrecht.

TISCHLER, T. (1980): Experimentelle Untersuchungen zur Ökologie und Biologie phytophager Käfer im Litoral der Nordseeküste. Diss. Kiel.

WEIGMANN, G. (1973): Ökologie der Collembolen und Oribatiden im Grenzbereich Land-Meer. Zeitschrift für wissenschaftliche Zoologie, 186, II. 3-4, 285-390.

Vögel

BERGMANN, H.-H. (1987): Die Biologie des Vogels. Wiesbaden (Aula).

BUSCHE, G. (1980): Vogelbestände des Wattenmeeres von Schleswig-Holstein. Greven (Kilda).

HÖTKER, H. & G. KOLSCH (1993): Die Vogelwelt des Beltringharder Koogs. Corax 15, Sonderheft.

KNIEF, W. (1988): Die Bedeutung des Wattenmeeres für Vögel. Seevögel 8, H.2, 23-28.

KEMPF, N., D. M. FLEET, H.-U. ROSNER & P. PROKOSCH (1989): Brut- und Rastvogelzählungen im Schleswig-Holsteinischen Wattenmeer 1987/1988. Hrsg. Landesamt für den Nationalpark S-H Wattenmeer, Tönning.

KOCK, K. & H.U. MEYER (1988): Das Wattenmeer - Drehscheibe des Vogelzuges. Unterricht Biologie 136, 46-51.

PROKOSCH, P. (1984): The German Wadden Sea. In: EVANS, P.R., GOSS-CUSTARD, J.D. & W.G. HALE: Coastal Waders and Wildfowl in Winter. Cambridge (Universitiy Press).

PROKOSCH, P. (1984): Population, Jahresrhythmus und traditionelle Nahrungsplatzbindung der Dunkelbäuchigen Ringelgans im nordfriesischen Wattenmeer. Ökol. Vögel 6, 1-99.

PROKOSCH, P. (1988): Das schleswig-holsteinische Wattenmeer als Frühjahrs-Aufenthaltsgebiet arktischer Watvogelpopulationen am Beispiel Kiebitzregenpfeifer, Knutt und Pfuhlschnepfe. Corax 12, Heft 4.

QUEDENS, G. (1976): Vögel der Nordsee. Breklum (Breklumer Verlag).

Seehunde, Robben

DRESCHER, H.E. (1979): Biologie, Ökologie und Schutz der Seehunde im schleswig-holsteinischen Wattenmeer. Beitr. z. Wildbiologie, H.1 (LJV Schleswig-Holstein).

HEERS, K.E. & G. BEHRENDS (1984): Der Seehund im Wattenmeer. WWF Umweltinformation, Frankfurt/Worpswede.

JANSSEN, W. (1992): Schwimmen und Tauchen bei Mensch und Seehund. Unterricht Biologie H. 178.

KING, J. (1983): Seals of the World. London.

KOCH, L. (1989): Kegelrobben im Wattenmeer. Hrsg. Schutzstation Wattenmeer, Rendsburg.

REIJNDERS, P.J.H. & W.J. WOLFF (ed) (1981): Marine mammals of the Wadden Sea. Leiden.

SIEVERS,J. (1985): Untersuchungen zur Nahrungsökologie des Seehunds *Phoca vitulina* im schleswig-holsteinischen Wattenmeer. Unveröffentl. Staatsexamensarbeit, Univ. Kiel.

SCHWARZ, J. (1992): Zum Status der Seehundpopulationen (*Phoca vitulina*) in der Nord- und Ostsee. Artenschutzreport H.2.

D. Pädagogik

Aktionskonferenz Nordsee e.V.(Hrsg.)(1989): Wattenmeer und Nordsee. Göttingen (Verlag Die Werkstatt).

CORNELL, J.B. (1979): Mit Kindern die Natur erleben. Prien (Ahorn-Verlag).

CORNELL, J.B. (1991): Mit Freude die Natur erleben. Mülheim (Verlag an der Ruhr).

DIETRICH, W. (1980): Meer. Unterricht Biologie, Heft 43.

DIRCKSEN, R. (1973): Wattenmeer und Inselwelt. Der Biologieunterricht, Heft 9(1).

GERHARDT, A. & R. DIRCKSEN (1982): Biologie im Freiland - Das Wattenmeer. Naturwissenschaften im Unterricht/Biologie Heft 5.

GRIMM, H. (1988): Wattenmeer. Unterricht Biologie Heft 136.

HAHNE, U. (Hrsg.)(1990): Natur im Watt erleben. Bildungs- und Öffentlichkeitsarbeit im Nationalpark Schleswig-Holsteinisches Wattenmeer. Flensburger Regionale Studien Bd. 3. Flensburg.

HEERS, K.-E. (1991): Wattenmeer. Ein Rollenspiel mit Ergänzungsmaterialien. WWF-Umweltservice, Hannover (Schroedel).

IPTS & NPA (Hrsg.)(1993): Erlebnis Wattenmeer. Bausteine zur Natur- und Umwelterziehung. Herausgegeben vom Landesinstitut Schleswig-Holstein für Praxis und Theorie der Schule und dem Landesamt für den Nationalpark Schleswig-Holsteinisches Wattenmeer. Heide (Boyens).

MEYER, H. U. (1985): Schulbiologische Untersuchungen im Wattenmeer. IPTS Beiträge für Unterricht und Lehrerbildung H. 21. Kiel (Schmidt&Klaunig).

OHNESORGE, D. & J. LEHMHUS (1990): Das Wattenmeer. Arbeitsmaterialien zum Kennenlernen eines einzigartigen Lebensraumes. Seevögel Bd. 11, Sonderheft.

PULS, E., I. PAULSEN & E. KOCH (o.Dat.): Wir erkunden die Nordseeküste. Arbeitsheft und Lehrerbegleitheft. Husum (Hrsg. Nordfriesischer Verein und Sparkasse Nordfriesland).

Schulbiologiezentrum Hannover (1988): Planung von ganzheitlichem Unterricht. Druckschrift 2.4.

THIELEMANN, H. & F. TRUMMER (1989): An der Nordsee mit Kindern die Natur erleben. Das Schullandheim 147, 22-30.

THIES, M. (1985): Biologie des Wattenmeeres. Köln (Aulis).

E. Naturschutz, Nordsee-Verschmutzung

BUCHWALD, K. (1990): Nordsee. Ein Lebensraum ohne Zukunft? Göttingen (Verlag Die Werkstatt).

FIEDLER, W. (1992): Nationalpark Schleswig-Holsteinisches Wattenmeer. Heide (Boyens).

GERLACH, S. A. (1989): Stickstoff, Phosphor, Plankton und Sauerstoffmangel in der Deutschen Bucht und in der Kieler Bucht. Abschlußbericht Eutrophierung der Nord- und Ostsee. Berlin (Umweltbundesamt).

Internationales Wattenmeersekretariat (Hrsg.)(1991): The Wadden Sea. Status and Developments in an International Perspective. Report to the Sixth Trilateral Government Conference on the Protection of the Wadden Sea. Esbjerg, November 13, 1991. Wilhelmshaven.

KEMPF, N, J. LAMP & P. PROKOSCH (Hrsg.)(1987): Salzwiesen: Geformt von Küstenschutz, Landwirtschaft oder Natur? Tagungsbericht 1 der Umweltstiftung WWF Deutschland. Husum.

LAMP, J. & H. FRIKKE (Hrsg.)(1989): Sanfter Tourismus - eine Chance für die Küste. Tagungsbericht 3 der Umweltstiftung WWF Deutschland. Bremen.

LOZAN, J.L., W. LENZ, E. RACHOR, B. WATERMANN & H. v. WESTERNHAGEN (1990): Warnsignale aus der Nordsee. Hamburg (Parey).

RÖBBELEN, M. & J. ESSER (Hrsg.)(1988): Bildungsarbeit und Information in Nationalparken. Tagungsbericht 2 der Umweltstiftung WWF Deutschland. Bremen.

RUITER, DE W. P. M., L. POSTMA & J. M. DE KOK (1987): Transport Atlas of the Southern North Sea (Computer-Programm). Den Haag (Rijkswaterstaat).

Schutzgemeinschaft Deutsche Nordseeküste (1992): Probleme der Muschelfischerei im Wattenmeer. SDN- Kolloquium. Wilhelmshaven.
Schutzgemeinschaft Deutsche Nordseeküste (1993): Geht es der Nordsee besser? SDN-Kolloquium. Wilhelmshaven.
Tougaard, S. & S. Asbirk (1987): The 5th International Wadden Sea Symposium. Esbjerg (Fiskeri- og Søfartsmuseet, Biologiske Meddelser Nr. 31).
Umweltbundesamt (1992): Daten zur Umwelt 1990/91. Berlin (Erich Schmidt Verlag).
World Wide Fund for Nature (1991): The Common Future of the Wadden Sea. Husum (WWF-Wattenmeerstelle).

11.2 Liste der deutschen und lateinischen Artnamen

1. wirbellose Tiere

Amerikanische Schwertmuschel	*Ensis directus*
Bäumchenröhrenwurm	*Lanice conchilega*
Baltische Plattmuschel	*Macoma balthica*
Brackwasser-Seepocke	*Balanus improvisus*
Einsiedlerkrebs	*Pagurus bernhardus*
Flache Strandschnecke	*Littorina mariae*
Gefleckter Blattwurm	*Anaitides mucosa*
Gekerbte Seepocke	*Balanus crenatus*
Gemeine Seepocke	*Semibalanus balanoides*
Gemeine Strandschnecke	*Littorina littorea*
Große Pfeffermuschel	*Scrobicularia plana*
Herzmuschel	*Cerastoderma edule*
Kiemenringelwurm	*Scoloplos armiger*
Kopfschildschnecke	*Retusa obtusa*
Kotpillenwurm	*Heteromastus filiformis*
Miesmuschel	*Mytilus edulis*
Nordseegarnele	*Crangon crangon*
Opalwurm	*Nephthys hombergii*
Pantoffelschnecke	*Crepidula fornicata*
Rändel-Käferschnecke	*Lepidochitona cinerea*
Rasenringelwurm (Pygospio-Wurm)	*Pygospio elegans*
Rauhe Strandschnecke	*Littorina saxatilis*
Sacculina-Parasit	*Sacculina carcini*
Salzkäfer	*Bledius spectabilis*
Sandklaffmuschel	*Mya arenaria*
Schlickkrebs	*Corophium volutator*
Seeringelwurm	*Nereis diversicolor*
Strandkrabbe	*Carcinus maenas*
Wattschnecke	*Hydrobia ulvae*
Wattwurm	*Arenicola marina*

Wellhornschnecke	*Buccinum undatum*
Strandflieder-Rüßler	*Apion limonii*

2. Vögel

Alpenstrandläufer	*Calidris alpina*
Austernfischer	*Haematopus ostralegus*
Bekassine	*Gallinago gallinago*
Brandgans	*Tadorna tadorna*
Brandseeschwalbe	*Sterna sandvicensis*
Eiderente	*Somateria mollissima*
Goldregenpfeifer	*Pluvialis apricaria*
Großer Brachvogel	*Numenius arquata*
Grünschenkel	*Tringa nebularia*
Heringsmöwe	*Larus fuscus*
Kampfläufer	*Philomachus pugnax*
Kiebitz	*Vanellus vanellus*
Kiebitzregenpfeifer	*Pluvialis squatarola*
Knutt	*Calidris canutus*
Küstenseeschwalbe	*Sterna paradisea*
Lachmöwe	*Larus ridibundus*
Lachseeschwalbe	*Gelochelidon nilotica*
Nonnengans	*Branta leucopsis*
Pfeifente	*Anas penelope*
Pfuhlschnepfe	*Limosa lapponica*
Ringelgans	*Branta bernicla*
Rotschenkel	*Tringa totanus*
Säbelschnäbler	*Recurvirostra avosetta*
Sandregenpfeifer	*Charadrius hiaticula*
Seeregenpfeifer	*Charadrius alexandrinus*
Silbermöwe	*Larus argentatus*
Sturmmöwe	*Larus canus*
Uferschnepfe	*Limosa limosa*
Zwergseeschwalbe	*Sterna albifrons*

3. Pflanzen

Andel	*Puccinellia maritima*
Blasentang	*Fucus vesiculosus*
Borstenhaar-Alge	*Chaetomorpha* spec.
Bottenbinse	*Juncus gerardii*
Darmtang	*Enteromorpha* spec.
Grüne Fadenalge	*Cladophora* spec.

Keilmelde	*Halimione portulacoides*
Meersalat	*Ulva lactuca*
Milchkraut	*Glaux maritima*
Queller, Ästiger	*Salicornia brachystachya*
Queller, Aufrechter	*Salicornia dolichostachya*
Rotschwingel	*Festuca rubra*
Schlickgras	*Spartina anglica*
Seegras	*Zostera marina*
Strandaster	*Aster tripolium*
Strandbeifuß	*Artemisia maritima*
Stranddreizack	*Triglochin maritimum*
Strandflieder	*Limonium vulgare*
Strandgrasnelke	*Armeria maritima*
Strandquecke	*Agropyron pungens*
Strandsode	*Suaeda maritima*
Strandwegerich	*Plantago maritima*
Weidelgras	*Lolium perenne*
Weißklee	*Trifolium repens*
Zwergseegras	*Zostera noltii*

11.3 Glossar

Abundanz: Individuenzahl pro Fläche
Aerenchym: Zwischenräume zwischen Pflanzenzellen, die dem Lufttransport und der Luftspeicherung dienen
Ästuar: tidebeeinflußte Flußmündung mit Brackwasser
amphibisch: sowohl im Wasser als auch an Land lebend
anaerob: sauerstofffreies Milieu
Anaerobiose: Lebensweise ohne Sauerstoff
Aräometer: Gerät zur Messung der Dichte von Flüssigkeiten
Benthos: Lebensgemeinschaften auf oder im Meeresboden
Biomasse: die Masse von Pflanzen und Tieren
Bioturbation: Verwühlung und Umschichtung des Bodens durch Lebewesen
Biozönose: Lebensgemeinschaft
Brackwasser: Gemisch aus Süß- und Salzwasser
Bruchwald: Wald auf Niedermoortorfen
Byssusfäden: eiweißhaltige Fäden, die von Muscheln zum Festheften aus einer Drüse abgegeben werden
C4-Pflanzen: Hochproduktionspflanze mit besonderem physiologischen Mechanismus zur Steigerung der Photosyntheserate
Carapax: Panzer bei Krebstieren, der Kopf- und Brustteil umfaßt
carnivor: fleischfressend
Carrier: Eiweiß, das die Membranpassage bestimmter Stoffe ermöglicht
Chemotaxis: Orientierungsbewegung in Bezug auf chemische Reize
Chromatophoren: Farbträger in Zellen; enthalten Pigmente zur Farbanpassung

Cilien: wimperförmige Zellorganelle, die zur Fortbewegung oder zum Erzeugen eines Wasserstromes dienen
Cytoplasma: Zellplasma
Deposition: Ablagerung von Stoffen, die durch die Luft transportiert werden
Detritus: anorganische und organische Substanz; Bestandsabfälle einer Lebensgemeinschaft
Dredge: Schleppnetz zum Fangen auf dem Meeresboden lebender Organismen
Ebbe: Zeitraum, in dem das Wasser während einer Tide abläuft
Eulitoral: küstennaher Meeresbereich zwischen Hoch- und Niedrigwasserlinie
euryhalin: weite Toleranz gegenüber Salzgehaltsschwankungen
euryök: weite Toleranz gegenüber Schwankungen von Umweltfaktoren
Eutrophierung: Überdüngung durch zu hohe Nährsalzzufuhr und daraus resultierende Belastungen
Exuvie: leerer Panzer von Krebstieren nach der Häutung
Flut: Zeitraum, in dem das Wasser während einer Tide aufläuft
Geest: Ablagerungen auf dem Land aus der Eiszeit, vor allem aus dem Abschmelzen der Gletscher
Gezeiten: regelmäßig wiederkehrende Wasserstandsschwankungen, die durch die Anziehungskräfte von Mond und Sonne hervorgerufen werden und als Gezeitenwelle die Ozeane durchlaufen
Gliep: breiter Netzrahmen, mit dem per Hand Nordseegarnelen in den Prielen gefangen werden
Glycophyten: Pflanzen, die keine Salzanreicherung im Boden vertragen
Groden: Marschboden, der durch Sedimentation entstanden ist
Großalgen: vielzellige, makroskopisch sichtbare Algen
Grüppen: künstlich angelegte Entwässerungsgräben im Vorland
Habitat: Wohngebiet, Lebensstätte
Halophyten: Salzpflanzen
Hochwasserlinie: höchster Wasserstand während einer Tide
homoiosmotisch: gleichbleibender osmotischer Wert im Körperinneren
hyperosmotisch: osmotischer Wert der Körperflüssigkeit liegt über dem des Außenmediums
Irrigation: Schlängelbewegung des Körpers zum Erzeugen eines Wasserstromes
Klei: durch Sedimentation entstandener und verfestigter Boden
Koog: eingedeichtes, dem Meer abgerungenes Land (auch Polder genannt)
Korngrößen: Größe der Partikel in den Böden
Kurre: Grundschleppnetze von Fischkuttern
Lahnung: Doppelreihe von Pfählen, die mit Reisigbündeln gefüllt ist; dienen dem Küstenschutz und der Förderung der Sedimentation
Mäander: große Schleifen von Prielen
Makrofauna: Bodentiere, die von einem Sieb mit 1 mm Maschenweite zurückgehalten werden
Manndränken: katastrophale Sturmfluten mit großen Verlusten an Menschenleben
Marsch: Gebiet mit nacheiszeitlichen Ablagerungen von Meeressedimenten
Meiofauna: kleine Bodentiere, die die Maschen eines 1 mm-Siebes passieren
MTHw: mittleres Tiden-Hochwasser
MTNw: mittleres Tiden-Niedrigwasser
Nährsalze: mineralische Stoffe, die die Pflanzen zum Aufbau von Biomasse benötigen
Nationalpark: großräumiges Gebiet zum Schutz der Natur mit dem höchsten gesetzlichen Schutzstatus

Niedrigwasserlinie: niedrigster Wasserstand während einer Tide
Nipptide: geringerer Tidenhub ein bis drei Tage nach Halbmond
NTHw: Nipptiden-Hochwasser
NTNw: Nipptiden-Niedrigwasser
Opportunist: Organismen, die sich sehr schnell unterschiedlichen oder wechselnden Umweltbedingungen anpassen können
Osmoregulation: Regulation des Ionengehaltes in den Zellen
Osmotikum: Stoff, der Wasser aufgrund seines Bestrebens, sich mit einer Wasserhülle zu umgeben, anzieht
osmotischer Sog (Druck): Saugkraft einer Lösung, die osmotisch wirksame Substanzen enthält; gemessen als negativer Druck
osmotischer Wert: Maß für den Druck oder Sog, der von einer bestimmten Salzkonzentration erzeugt wird
ostatlantischer Zugweg: Vogelzugweg vom Eismeer an der ostatlantischen Küste entlang über das Wattenmeer, Westfrankreich, Portugal zur afrikanischen Westküste
Plankton: im Wasser schwebende und passiv treibende Organismen
Plünnen: Kleidungsstücke
poikilosmotisch: wechselnde Ionenkonzentrationen im Körperinneren
Polder: eingedeichtes, dem Meer abgerungenes Land (auch Koog genannt)
Porenwasser: Wasser im Boden in den Poren zwischen den Sandkörnern
Prallhang: erodierendes Ufer eines Fließgewässers (Priels)
Priel: kleinere Wattrinnen, die sich durch auf- und ablaufendes Wasser in den Wattboden einschneiden
Produktion: Aufbau organischer Substanz durch Lebewesen
Pseudofaeces: Scheinkot; wird von Muscheln beim Filtrieren aufgrund der Partikelgröße aussortiert und vor dem eigentlichen Verdauen abgegeben
Refugium: Rückzugs- oder Aufenthaltsgebiet in bestimmten Lebensphasen
Remineralisation: Freisetzen von Nährsalzen durch den Abbau von Detritus
Rippelmarken: wellige Oberflächenformen des Meeresbodens, die in regelmäßigen Abständen auftreten
Salinität: Salzgehalt; wird meist angegeben in Gewichts-‰ (Gramm Salz gelöst in 1 l Wasser)
Salzwiese: Pflanzenbestand nahe der Hochwasserlinie, der vom Meer überflutet wird; enthält eine charakteristische Pflanzenwelt
Schill: Zusammengespülte Schalen und Schalenteile von Muscheln und Schnecken
Schlick: Sedimente im Meer, die überwiegend aus Partikeln geringer Korngröße (Silt, Ton) bestehen
Schulp: ins Körperinnnere verlagerter Schalenrest bei Tintenfischen
Sediment: durch regelmäßige Überschwemmungen abgelagertes Material
Seegat: breite und tiefe Rinnen zwischen Inseln und Sandbänken, durch die die Gezeitenwelle ein- und ausströmen kann
semipermeable Membran: Membran, die nur einen Teil der Teilchen durchläßt, nämlich die, die kleiner als ihre Porendurchmesser sind
Silt: Partikel der Sedimente mit den Korngrößen 2 bis 63 µm (=Schluff)
Sinkstoffe: Partikel aus mineralischer oder organischer Substanz, die durch Strömungen transportiert werden und in Ruhigwasserzonen sedimentieren
Sipho: rüsselartiger Körperfortsatz zur Nahrungsaufnahme oder zum Ansaugen von Atemwasser
Springtide: größerer Tidenhub ein bis drei Tage nach Vollmond und Neumond
SpTHw: Springtiden-Hochwasser

SpTNw: Springtiden-Niedrigwasser
Spülsaum: Hochwasserlinie, die durch angetriebenes Material (Treibsel) markiert ist
stenohalin: geringe Toleranz gegenüber Salzgehaltsschwankungen
Strandwall: durch Sedimentation gröberer Sand- und Kiespartikel erhöhter Uferstreifen
Sublitoral: küstennaher Meeresbereich unterhalb der mittleren Niedrigwasser-Linie
Sukzession: Aufeinanderfolge von Lebensgemeinschaften am gleichen Ort
Supralitoral: küstennaher Meeresbereich oberhalb der mittleren Hochwasserlinie
Telemetrie: Untersuchung von tierischem Verhalten mit Hilfe kleiner Funksender
Tide: Gezeiten; eine Tide besteht aus einer Ebbe- und einer Flutphase
Tidenhub: Differenz zwischen Hoch- und Niedrigwasser
Ton: feinste mineralische Partikel der Sedimente; Korngröße unter 2 µm
Transgression: Vordringen des Meeres infolge von Meeresspiegelanstieg oder Landsenkung
Treibsel: an die Küste geworfene treibende Teile aus dem Meer
Veliger: planktische Larvenform der Muscheln und Schnecken
Vorland: durch Sedimentation gebildetes Land vor dem Deich, das häufig vom Meer überschwemmt wird
Warft: Erdhügel, die zum Schutz gegen Sturmfluten auf Halligen, in der unbedeichten Marsch und im Vorland errichtet wurden
Watvögel: systematische Gruppe von meist langbeinigen und langschnäbeligen Vögeln, die in Wassernähe leben
Wurt: in Ostfriesland gebräuchlicher Begriff für Warft
Zoea: planktische Larvenform der Strandkrabbe und verwandter Krebstiere

11.4 Register